新形态一体化教材

"十四五"职业

旅游概论

主 编 王昆欣
副主编 兀 婷 高 明

中国教育出版传媒集团
高等教育出版社·北京

内容提要

本书为"十四五"职业教育国家规划教材。"旅游概论"是旅游类专业的专业必修课，是学生认识旅游、掌握旅游的一般规律、学习旅游业生产要素、了解旅游发展和旅游市场以及旅游业可持续发展等重要内容的课程。

本书主要内容包括：认识旅游和旅游业、旅游业的产生与发展、旅游资源——旅游发展的基础、旅游产业——旅游发展的核心、旅游新业态——旅游发展的趋势、旅游市场——旅游发展的活力、依法治旅——旅游发展的保障、生态环境保护——旅游可持续发展的要求与使命、学会旅游——旅游让世界和生活更美好，共9章。

本书为新形态一体化教材，力求体现高职旅游教育先进的教学理论和教学方法，满足学习者的需求。本书加强了实践教学内容，各章分别设置思维导图、案例导入、拓展阅读、头脑风暴、技能演练等栏目，章末设置了复习思考题。本书内容的编写以学生为本，有效避免从理论到理论的形式化写作方式。本书配套有在线开放课程，可登录智慧职教MOOC学院（mooc.icve.com.cn），在"旅游学概论（课程负责人：兀婷）"课程页面观看、学习。

本书可作为高等职业院校、职业本科院校、应用型本科院校旅游类相关专业的教材，也可作为继续教育和旅游行业从业人员的业务参考书使用。

图书在版编目（CIP）数据

旅游概论 / 王昆欣主编. -- 北京：高等教育出版社，2021.10（2024.9重印）
ISBN 978-7-04-057075-5

Ⅰ. ①旅… Ⅱ. ①王… Ⅲ. ①旅游–高等职业教育–教材 Ⅳ. ①F590

中国版本图书馆CIP数据核字（2021）第193014号

Lüyou Gailun

策划编辑	张　卫	责任编辑	张　卫	封面设计	姜　磊	版式设计	王艳红
插图绘制	李沛蓉	责任校对	窦丽娜	责任印制	赵　佳		

出版发行	高等教育出版社	网　　址	http://www.hep.edu.cn
社　　址	北京市西城区德外大街4号		http://www.hep.com.cn
邮政编码	100120	网上订购	http://www.hepmall.com.cn
印　　刷	北京中科印刷有限公司		http://www.hepmall.com
开　　本	787mm×1092mm　1/16		http://www.hepmall.cn
印　　张	15.5		
字　　数	340千字	版　　次	2021年10月第1版
购书热线	010-58581118	印　　次	2024年9月第5次印刷
咨询电话	400-810-0598	定　　价	46.00元

本书如有缺页、倒页、脱页等质量问题，请到所购图书销售部门联系调换
版权所有　侵权必究
物料号　57075-A0

前言

一

2022年10月，党的二十大在北京胜利召开，我国开启全面建设社会主义现代化国家新征程，新时代人民群众对美好生活的向往更加迫切，这既为旅游业发展拓展了空间，也对高质量发展提出了新要求。《中华人民共和国国民经济和社会发展第十四个五年规划和2035年远景目标纲要》指出：坚持以文塑旅、以旅彰文，打造独具魅力的中华文化旅游体验。深入发展大众旅游、智慧旅游，创新旅游产品体系，改善旅游消费体验；加强区域旅游品牌和服务整合，建设一批富有文化底蕴的世界级旅游景区和度假区，打造一批文化特色鲜明的国家级旅游休闲城市和街区；推进红色旅游、文化遗产旅游、旅游演艺等创新发展，提升度假休闲、乡村旅游等服务品质；建立旅游服务质量评价体系，规范在线旅游经营服务。

随着我国社会经济的快速发展，人民群众对旅游的愿望和需求越来越大，旅游业"带动一方经济，造福一方百姓"的观念深入人心。时至今日，中国国民的旅游需求已经从"见世面、观风景"的初级要求，迈入"享受美好生活"的高级阶段。在人人都能享有品质生活的新时代，旅游作为幸福产业，能为大众带来切实的获得感。更好、更美的旅游产品和旅游体验需要更多高质量的旅游人才，因此，旅游职业教育"前途广阔、大有可为"。

二

2021年3月，教育部印发了《职业教育专业目录（2021年）》，旅游大类专业目录发生了很大的变化，调整的专业达到55%，新增了定制旅行管理与服务、民宿管理与运营、智慧旅游技术应用等专业，将酒店管理专业升级更名为酒店管理与数字化运营等。新专业目录将极大地影响着旅游职业教育的发展与改革。

"旅游概论"是高职旅游类专业的重要专业必修课，是学生认识旅游、掌握旅游一般规律、学习旅游业生产要素、了解旅游发展、了解旅游市场以及旅游业可持续发展等重要内容的课程。虽然《旅游概论》教材有数十种之多，但旅游业作为现代服务业的龙头产业，发展和变化都比较快，特别是新专业目录的颁布要求有关教材也要相应改进，为了适应新专业目录的调整，我们对正在编写的《旅游概论》及时做了修正。在教材中要体现新经济、新业态、新技术、新职业。我们希望能够将较新的知识、技能、成果告诉读者，让学生们较快地了解和掌握有关旅游及旅游业的知识和技能。

三

2019年4月，全国高等职业教育旅游大类在线开放课程联盟在杭州成立，会上高等教育出版社启动了高等职业教育旅游大类新形态一体化教材编写工作。我们承担了《旅游概论》新形态教材的编写任务。为了编好教材，我们马上组建写作团队、讨论编写大纲、明确分工要求，并开始写作。

2020年11月，全国高等职业教育旅游大类在线开放课程联盟在太原举行师资培训班，期间高等教育出版社高职事业部对《旅游概论》等列入出版计划的教材进行了审议和讨论。进一步理清了新形态教材的概念和要求，明确了编写进度和质量要求。

2年多来，我们多次召开线上、线下会议，讨论和交流编写进展和研究遇到的问题，进行了数次修改，终于在2021年6月底完成了书稿。党的二十大胜利召开之后，我们对教材内容及时进行了更新，以全面落实党的二十大精神进教材、进课堂、进头脑。

写作团队由浙江旅游职业学院王昆欣、高明、刘颖、周高华和山西省财政税务专科学校兀婷组成。主编王昆欣是二级教授，长期从事旅游教育与旅游科学研究，曾任浙江旅游职业学院党委书记、院长。兀婷、高明、刘颖和周高华均为80后年轻教师，他们接受过旅游管理的专业教育，有的在国外完成了硕士研究生学习，有的正在攻读博士，为了编写好教材，他们研读文献、深入行业企业、参与社会服务、指导学生实践，将理论知识与实践探索有机结合，从他们身上看到年轻一代旅游职业教育工作者的热情与敬业。

本书具体分工为：王昆欣负责大纲设计，全书统稿，兀婷、高明参与统稿等工作，第一章（兀婷、王昆欣）、第二章（刘颖）、第三章（王昆欣）、第四章（兀婷、周高华）、第五章（高明）、第六章（刘颖）、第七章（兀婷）、第八章（高明）、第九章（王昆欣、周高华）。

本书的编写得到了高等教育出版社高职事业部陈瑛、张卫的大力支持，给予我们许多的指导和帮助；浙江旅游职业学院王方副校长、旅游规划与设计学院院长郎富平也为编写工作提供了良好的条件；本书还引用了一些学者的研究成果，引用了一些网络上的有关资料。在此深表感谢。

由于我们水平的局限和时间的有限，书中难免有不足和疏漏之处，恳请读者们谅解，倘若能够将发现的问题和错误告之，我们将感恩不尽。

王昆欣

浙江旅游职业学院教授

教育部全国旅游职业教育教学指导委员会副主任委员

2023年6月于杭州湘湖

目录

第一章 认识旅游和旅游业 / 001
第一节 旅游的认识与辨析 / 003
第二节 旅游与旅游产业 / 008
第三节 旅游与旅游者 / 017
第四节 旅游组织 / 027

第二章 旅游业的产生与发展 / 035
第一节 早期的旅游活动 / 037
第二节 近代旅游的产生 / 042
第三节 大众旅游的时代 / 046
第四节 未来旅游的畅想 / 051

第三章 旅游资源——旅游发展的基础 / 057
第一节 旅游资源的认识与分类 / 059
第二节 旅游资源的特征与作用 / 071
第三节 旅游资源的开发与利用 / 076
第四节 旅游资源的保护与管理 / 082

第四章 旅游产业——旅游发展的核心 / 091
第一节 住宿业 / 093
第二节 旅行社业 / 102
第三节 旅游景区 / 108
第四节 旅游商品 / 113
第五节 旅游美食 / 119

第五章 旅游新业态——旅游发展的趋势 / 125
第一节 文旅融合 / 127
第二节 红色旅游 / 135
第三节 乡村旅游 / 139
第四节 体育旅游 / 142
第五节 研学旅游 / 145
第六节 多元融合 / 150

第六章 旅游市场——旅游发展的活力 / 159
第一节 旅游市场的认识与分类 / 161
第二节 入境旅游 / 164
第三节 出境旅游 / 168

第四节　国内旅游　/ 172

第七章　依法治旅——旅游发展的保障　/ 177

第一节　旅游管理　/ 179

第二节　旅游法律法规　/ 183

第三节　文明旅游　/ 186

第四节　危机处理　/ 191

第五节　智慧旅游　/ 196

第八章　生态环境保护——旅游可持续发展的要求与使命　/ 201

第一节　生态环境是旅游业赖以生存的基础　/ 203

第二节　生态环境的保护与开发　/ 213

第三节　"两山"理论指引旅游业生态发展　/ 217

第九章　学会旅游——旅游让世界和生活更美好　/ 223

第一节　旅游需求　/ 225

第二节　旅游体验　/ 226

第三节　学会旅游　/ 232

参考文献　/ 237

二维码资源目录

二维码对应资源	页码
微课：旅游的定义	006
微课：旅游的本质	007
微课：旅游的基本属性	007
微课：旅游流的概念	023
微课：旅游者的流动规律	023
微课：旅游活动的类型	024
微课：世界现代旅游迅速发展的原因	048
微课：现代旅游的特点	049
微课：旅游资源的分类	064
微课：地文景观	065
微课：水域景观	065
微课：生物景观	065
微课：天象气候景观	065
微课：历史遗迹	066
微课：建筑与设施	066
微课：人文活动	066
微课：旅游购品	066
微课：世界遗产——特殊的旅游资源	068
微课：旅游资源的特征	071
微课：旅游资源的开发	076
微课：旅游资源评价的内容	079
微课：旅游资源评价的方法	079
微课：旅游资源评价的目的和原则	080
微课：旅游资源的保护	083
微课：饭店集团的经营管理	098
微课：旅游饭店的作用	099

续表

二维码对应资源	页码
微课：旅游饭店的类型和等级	100
微课：旅行社的产生与发展	103
微课：旅游商品的特点	115
视频：1995年至2019年全球各国和地区出境旅游人次排行榜	169
视频：VR+旅游的神奇体验，未来能否发展起来？	174
微课：旅游者的不文明行为	188
微课：提升旅游者文明旅游行为的途径	191
微课：应对疫情，旅游企业面临的机遇与挑战	193

第一章 认识旅游和旅游业

■ **本章导读**

旅游是社会经济发展到一定阶段的产物,是人们社会实践、认知活动和需求体验的集合,也是一种经济现象。人们为什么要旅游?这是一个有趣却难以回答的问题。但可以肯定的是,心理需求是人们产生旅游兴趣和出游动机的源泉。

旅游专业的学生作为未来旅游行业的从业人员,首先要了解什么是旅游,旅游与迁徙、旅行、休闲的关系,旅游的定义,等等。本章以"旅游"认知为导向,通过对旅游基本概念的讲解与辨析,确定旅游的概念及内涵,使学生对旅游有初步的了解,从而培养学生学习旅游知识的兴趣。

■ 学习目标

• 知识目标

1. 初步了解旅游活动、旅游者和旅游业
2. 掌握旅游的概念
3. 掌握旅游及旅游者的基本类型和特点
4. 了解旅游业的主要组织

• 能力目标

1. 结合所学知识,初步养成基本的行业认同感
2. 能够运用所学基础知识分析旅游业的特点
3. 收集旅游行业相关信息,培养融入社会、与人交往的能力,树立旅游人文观念

• 素养目标

1. 正确运用马克思主义唯物史观认识和了解旅游活动的发展,了解中华民族自古以来所具有的开放胸怀、创造精神和文化自信,增强学生的责任感和历史感
2. 初步养成对旅游业发展和旅游职业的荣誉感和认同感,增强自信心和自豪感

■ 思维导图

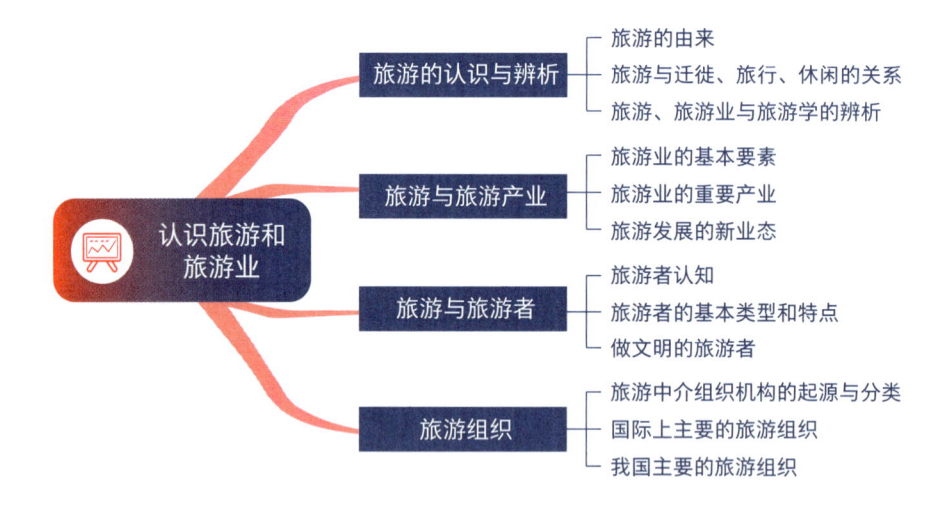

认识旅游和旅游业
- 旅游的认识与辨析
  - 旅游的由来
  - 旅游与迁徙、旅行、休闲的关系
  - 旅游、旅游业与旅游学的辨析
- 旅游与旅游产业
  - 旅游业的基本要素
  - 旅游业的重要产业
  - 旅游发展的新业态
- 旅游与旅游者
  - 旅游者认知
  - 旅游者的基本类型和特点
  - 做文明的旅游者
- 旅游组织
  - 旅游中介组织机构的起源与分类
  - 国际上主要的旅游组织
  - 我国主要的旅游组织

第一节 旅游的认识与辨析

人之所以有旅游需要,大致可以分为三个原因:自然成长的需要、社会交流的需要和精神追求的需要。人要生存需要水、空气、食物等物质,而旅游作为人们心灵的润滑剂和成长的催化剂,是人们享受高品质生活的标志性活动之一。旅游集旅行、教育、文化、休闲、愉悦、美食等多种体验于一身,不仅让人增长见识,还成为人们获得更多元、更丰富体验的重要载体。旅游活动可以帮助儿童接触自然、了解社会,可以促进青少年德、智、体、美、劳全面发展,也可以满足成年人放松身心、愉悦心情的需求。

【案例导入】

对话一　甲:国庆期间你干什么了?
　　　　乙:我跟几个同学去阳朔旅游了。
对话二　甲:你是做什么工作的?
　　　　乙:我是搞旅游的。
对话三　甲:你是学什么专业的?
　　　　乙:我是学旅游的。
思考:在以上三组对话中,分别都使用了旅游这个词,你能说出其各自准确的含义吗?

一、旅游的由来

"旅游",在《现代汉语词典》中的解释为:旅行游览。有旅游必定有旅行,有旅行不一定有旅游;旅游者同时是旅行者,旅行者不一定是旅游者。

(一)中国词典、文献中对旅游的解释

旅——离家的悲愁,游——逍遥自在。在中国古文献中,与"旅游"相近的还有"观光"和"旅行"两个词。"观光"一词最早出现于2 000多年前的《易经》和《左传》。《易经》中有"观国之光"一词,《左传》中则有"观光上国"之语。目前,中国台湾地区及深受汉文化影响的日本、韩国都普遍使用"观光"一词。

1. "旅"和"游"的独立词义

古时,"旅"与"游"是两个独立的概念。"旅"字,本身具有多重含义,指经商之人、客栈、馆驿、旅行者等。例如,唐代经学大师孔颖达在《周易正义》中释曰:"旅者,客寄之名,羁旅之称,失其本居而寄地方,谓之为旅。"这里的"旅"指的是旅居异乡的旅客,即通常所指的旅行者。"游"字,含有遨游、游览之意,即今人所谈及的旅游活动,诗仙李白《庐山遥寄卢侍御虚舟》诗中写道:"我本楚狂人,凤歌笑孔丘。手持绿玉杖,朝别黄鹤楼。五岳寻仙不辞远,一生好入名山游。"这里所说的"游",即出门旅游。

"旅"与"游"的主要区别在于:"旅"侧重于出行者因某种原因离开定居地,前往他处,着重强调生活空间的变化,如旅客、旅居等;"游"则侧重于动态的位移或行走,着重强调过程,如交游、游玩、游赏等。

2. "旅"和"游"的连用词义

旅游是人的一种行为。旅游行为的历史非常悠久。春秋时期,孔子周游列国,虽然这一旅行的主要目的并非仅为游览,但实质上已经具备了"旅游"的特征。考察"旅游"一词的词源学含义可以发现,"旅"和"游"合为一体最早见于南北朝时期。南朝梁代著名诗人沈约在《悲哉行》一诗中写道:"旅游媚年春,年春媚游人。徐光旦垂彩,和露晓凝津。"诗中所说的"旅游",就已经表达"旅行游览"的含义,与今日通常所指的旅游大体相近。

(二)西方对旅游的解释

在西方历史上,"旅游"一词源于法语中的"tour"。原意是指旋转、兜圈、环行。18世纪时,"tour"一词开始流行于英国,并专指当时英国贵族子弟在完成规定的学业后渡过英吉利海峡,前往欧洲大陆所进行的游学旅行,也称为"grand tour"即"海外大旅行"。1800年左右,"tourist"一词开始出现,表示"旅游者"的意思。"Tourism"一词最早出现在1811年英国出版的《牛津词典》中,意思是"离家远行,又回到家里,在此期间参观游览一个或几个地方"。这是具有现代意义的对"旅游"的描述。

可以看出,古代旅行不论是在中国还是外国,都不是那么令人愉悦的事情,旅途中充满了不确定性、困难甚至危险。只有当经济和社会水平发展到一定程度,人们的出行才会轻松、惬意,旅游活动才能真正成为一种放松身心、愉悦心情的生活方式。

【头脑风暴】

1. 谈一谈你对"旅游"一词由来的认识,以此树立并养成基本的职业自信。
2. 结合自身实践活动,谈谈你对当今旅游活动的理解。

二、旅游与迁徙、旅行、休闲的关系

旅游的基本特征之一是人口在空间上的流动。从历史上看,人口的流动分3种:迁徙、旅行、旅游(见表1-1)。

表1-1 旅游与迁徙、旅行、休闲的区别

名称	旅游	迁徙	旅行	休闲
目的	享乐、审美、求知、社交、体验等	生存、发展	商务、探亲、康养等	放松、休闲
空间	异地	不回原常驻地	异地	不确定
时间	暂时	永久	暂时	暂时

(一)旅游与迁徙

自然界最开始的迁徙,其主要目的是为了延长生命。一些种族或群体受自然界生存环境的压迫,被迫大规模地群移,去寻找一个更加安全和可靠的地方。

在人类社会中,迁徙是以更优越的生存环境为核心,从一处迁移到另一处的行为。迁徙是最古老的人口流动现象,可以追溯到人类社会初期。人们出于自然原因如气候、天灾等对生存环境的破坏,或者战争的威胁而被迫离开定居地,在新的地方定居下来,不再回到原来的定居点。如客家人从河南、陕西等地向广东、福建等地的迁徙,非洲人向亚洲、欧洲的迁徙,印第安人通过白令海峡向美洲大陆迁徙,成为美洲的原始居民等。现代的移民与迁徙类似。

迁徙与旅游的区别如下:

(1) 目的是为求生存而不是消遣游玩。
(2) 永久离开原来居住地而不是暂时离开。
(3) 人类迁徙活动的被迫性和求生性说明这不属于现今意义上的旅行和旅游。

(二)旅游与旅行

旅行是人们出于迁徙以外的任何目的,离开自己的常住地到异地做短暂停留并按原计划返回的行为。旅行偏重于"行",通常是一种个人活动,从这个地方去另一个地方,感受不同地方的风土人情。旅行更注重行走和修行,在乎的是行走中对周围事物的观察、体验和感受。旅游指的是外出游玩,偏重于"游",通常是一种团体活动,是一群人一起,从一个地方去另一个地方游玩。旅游更注重于游玩、观光和娱乐,讲究行程的舒适性、娱乐性、趣味性。

旅行与旅游的区别如下:

(1) 目的不同。单纯的旅游是指人们出于消遣性目的而暂时离家外出的活动;而旅行则是泛指人们出于各种不同目的,如商务、求学、打工等,往来于不同地点间的空间转移活动。
(2) 离开时间不同。旅游是人们在完成目的地访问活动后,必须返回其原来的居住地;旅行则不一定。
(3) 内容不同。旅行仅仅是为完成某个动机的一般空间流动过程,旅游则包含旅行和游览。有旅游必定有旅行,有旅行不一定有旅游;旅游者同时是旅行者,旅行者不一定是旅游者。

(三)旅游与休闲

休闲即空闲和闲适,古人对"休闲"的阐释为:"休",倚木而修,强调人与自然的和谐,"闲",娴静、思想的纯洁与安宁。马克思把休闲称为"可以自由支配的时间"。他在《剩余价值理论》的草稿中指出:对于人类发展来说,"休闲"是可以自由支配的时间,这种时间不被直接生产劳动所吸收,一是用于娱乐和休息的余暇时间;二是指发展智力,在精神上掌握自由的时间。现代一般意义上的休闲是指两个方面:一是解除身心的疲劳,恢复身体机能;二是获得精神上的慰藉,成为心灵的驿站。它是完成社会必要劳动之后的自由活动,是人的生命状态的一种形式。可见,旅游是人们利用余暇到日常生活与工作环境之外的地方进行的各种身心自由的体验。简略表述,旅游是一种"休闲型"旅行或"异地休闲性"活动。

休闲与旅游追求愉悦体验、放松身心的目的是一致的,二者在行为(活动)上高度重叠。但旅游活动更着重于活动的参与,倾向于远距离的户外活动,而休闲则更着重于自娱自乐,倾向于近距离的静态活动。休闲的外延大于旅游。

【头脑风暴】

请画出旅游与休闲的关系图,并进行说明。

三、旅游的定义

有关旅游的科学研究,是在旅游成为一种普遍的社会、经济现象的同时逐渐开始、成熟的。国内外的学者从不同的角度对"旅游"进行了定义。

微课:旅游的定义

(一)较为流行和代表性的定义

(1) 1942年,瑞士学者汉泽克和克拉普夫在合著的《普通旅游学纲要》中对旅游的定义为:旅游是非定居者的旅行和暂时居留而引起的现象和关系的总和,这些人不会永久定居,并且不从事任何赚钱的活动。这个定义在20世纪70年代被旅游科学专家国际联合会(IASET)所采用,所以习惯上被称为"艾斯特(IASET)定义"。这个定义是目前世界旅游界公认的关于旅游的最具有代表性的定义。它强调了旅游的综合性内涵。

(2) 1991年,世界旅游组织(World Tourism Organization,UNWTO)在技术层面上对旅游进行了界定:"旅游是指人们为了休闲、商务或其他目的离开他们的惯常环境,去往他处并在那里逗留连续不超过一年的活动",同时强调"访问的目的不应是通过所从事的活动从访问地获取报酬"。

这个定义有3个要点:第一,规定了外出的目的,包括休闲、娱乐、度假,探亲访友,商务、专业访问,健康、医疗,宗教朝圣等;第二,离开其惯常环境到其他地方的旅行;第三,在外连续逗留时间不超过一年。

(3) 中国经济学家于光远对旅游的定义是:旅游是现代社会中居民的一种短期性的特殊生活方式,这种生活方式的特点是异地性、业余性和享受性。

(4) 中国旅游学者李天元认为,旅游是人们出于移民或就业任职以外的其他原因离开自己常住地前往异国他乡的旅行和逗留活动,以及由此所引起的现象和关系的总和。

从上述定义可以看到不同学者对旅游认识和研究的出发点和侧重点不同。旅游是集吃、住、行、游、购、娱于一体的综合性实践活动。随着旅游研究领域的不断拓展,与旅游相关的新兴学科、交叉学科和边缘学科层出不穷,旅游实践发生了根本性的变化,给"旅游"确立一个科学而严密的定义的确有很大难度。

(二)定义的总结和旅游的界定

旅游的定义,是为了规范人们对旅游本质的认识,从理论上对旅游现象进行的抽象和概括。基于以往给旅游所下的定义,我们可以在以下4方面达成共识。

(1) 异地性。旅游是人们离开自己的常住地,去往异地的活动。

(2) 暂时性。旅游是人们前往旅游目的地、并在那里作短暂停留的访问活动,这种短期停留有别于移民性的永久居留。

(3) 非就业性。旅游外出的目的可以是消遣、休息、休养、丰富阅历、交际等。

(4) 综合性。旅游是人们外出旅行和暂时停留而引起的各种现象和关系的总和。它不仅包括旅游者的活动,而且涉及这些活动在客观上所产生的一系列现象和关系。

因此,我们将"旅游"定义为:旅游是人们出于移民和就业任职以外的其他原因,离开自己常住地前往异地的旅行和暂时逗留活动,以及由此所引起的各种现象和关系的总和。

【头脑风暴】

找出旅游定义中的关键点,谈谈你对旅游定义的认识。

【情景模拟】

1. 在进行旅游统计时,常常需要对旅游活动进行清晰的界定,如果你是一名旅游行业从业人员,请判断下列活动哪些是旅游,并说明原因。

(1) 学生异地求学。

(2) 农民异地打工。

(3) 三峡移民。

(4) 王先生到英国去担任外交人员。

(5) 某学者去外地参加学术会议。

(6) 外国商人来广州参加广交会。

(7) 日常上下班的往返交通过程。

2. 小刘从事导游工作5年了,在这5年的时间里,小刘带领不同的旅游者游遍了祖国的山水,这其中欢笑和泪水并存。小刘习惯于将每次的出团经历通过微信朋友圈发布出来。很多朋友很羡慕,给他留言:"导游这个职业可游遍万水千山,不仅免费旅游,还顺带赚钱养家。"看到这些留言,小刘总会微微一笑:"我真的是在免费旅游吗?为什么我不带团的时候,自己去旅游却没有那么疲惫的感觉呢?"

请问,小刘带团是在旅游吗?

【课外演练】

1. 以小组为单位,组织学生到旅游企业(旅行社、景区、饭店等)认知学习,体会旅游的内涵,撰写实训心得。

2. 以小组为单位,进行旅游专题阅读,记录并汇总阅读内容,制作多媒体课件,在课上交流。

3. 延伸课堂教学,以实地调查、记录、讨论等形式进行学习,体会自主学习与协作学习的差别。

第二节　旅游与旅游产业

旅游业是综合性的产业,为旅游者提供服务是旅游业的主要职能,在消费需求旺盛增长的时代,旅游业发展是历史的必然。目前,旅游业已成为促进世界经济发展的重要产业,被誉为"朝阳产业",那么,旅游业包括哪些内容?旅游业的主要产业有哪些?旅游业发展的趋势如何?本节以认知"旅游产业"为导向,通过分析旅游产业的基本要素,讲解旅游产业的构成、旅游产业的新业态,启发学生的探知兴趣。

【案例导入】

2019年11月,携程旅行网发布了一条北京6日5晚跟团游产品,该产品的行程安排是:第一天,全国出发,前往北京,入住下榻酒店;第二天,参观游览天安门广场、毛主席纪念堂、故宫博物院;第三天,看升旗仪式(根据日出时间确定,具体起床出发时间请以导游通知为准),游览八达岭长城、十三陵之定陵;第四天,游览颐和园、圆明园、奥林匹克公园;第五天,游览恭王府,乘坐三轮车游胡同,参观老北京四合院,游览前门大街、大栅栏、天坛、北海公园;第六天,游览雍和宫、国子监大街,品北京正宗炸酱面。结束行程,送您前往机场/火车站,返回温馨的家。

思考:旅游要素包括哪些?它们是如何进行有效连接的?

旅游业连接着旅游者和资源景观。旅游业为旅游者的旅游活动提供便利,使得旅游者能够顺利完成旅游活动并获得难忘的旅游经历。旅游者的消费包括吃、住、行、游、购、娱等要素,因此,为旅游者服务的旅游业,理应涵盖众多行业,这些行业的产品形式不同,经营管理方式各异,但它们具有一个共同点——服务对象都是旅游者,目的都是为旅游者的旅游活动提供便利。旅游业是一项产业,而且是一项资源消耗低、带动系数大、就业机会多、综合效益好的综合性产业。

一、旅游业的基本要素

旅游业的产生是社会经济发展的结果,也是旅游活动发展到一定阶段的产物。第二次世界大战以后,世界局势总体稳定,经济快速增长,各国交流日益频繁,这为现代旅游业的发展创造了条件。在世界范围内,旅游逐渐成为人们生活中不可缺少的重要内容,是人们的一种生活方式和一种社会经济活动。

【拓展阅读】

2009年，国务院通过了《关于加快发展旅游业的意见》，将旅游业定位为国民经济的战略性支柱产业和让人民群众更加满意的现代服务业。但是，从传统理论上讲，旅游业不是一个标准产业，它不像其他产业那样界限分明。以中国为例，《国民经济行业分类》（GB/T 4754—2017）中未列出旅游业，但早在1986年，旅游业的接待人数和创汇收入指标就已被正式纳入《中华人民共和国国民经济和社会发展第七个五年计划(1986—1990)》中。1987年，国务院再一次提出"要大力发展旅游业"。1991年，在《关于国民经济和社会发展十年规划和第八个五年计划纲要》中，正式明确将旅游业定位为产业，并将其列为加快发展的第三产业中的重点。

（一）旅游业的概念

从上面的资料中我们可以看出，旅游日渐成为国民经济的重要分支。从狭义理解上，通常将旅游业限定在旅行社业范畴内，仅仅以一个行业来代表产业。从广义理解上，在经济学中，产业经常以同一商品或服务市场为集合来划分，虽然旅游业中各企业的主要业务和产品有所不同，但作为服务业，它们都有一个共同的服务对象，那就是旅游者。旅游企业通过提供各自的产品和服务满足旅游者的需要，共同构成了国民经济中的一个组成部分——旅游业。

综上所述，在跨界融合、新业态迭代频出的新时代，旅游业已不局限在传统的旅行社的业务范畴中。我们可从更为宏观的视角将旅游业定义为：旅游业，也叫旅游产业，是以旅游资源为依托，以旅游设施为凭借，通过提供旅游服务满足旅游者各种需要的综合性产业。

（二）旅游业的性质

旅游是一种复杂的社会现象，其审美和娱乐的核心本质构成旅游者追求的目标。旅游活动的真正目的是追求审美、享乐、身心自由的感受。而旅游业作为一项经济产业，其根本目的在于通过对旅游的推动、促进和提供便利服务来获取经济利益，它具有如下性质。

1. 经济性是旅游业的本质属性，发展旅游业的根本目的在于获得经济效益

旅游业由众多企业组成，这些企业直接或间接地提供旅游活动所需的产品和服务，在满足旅游者物质和精神需要的同时，企业也获得一定的利益回报，从而满足自身生存与发展的需要。当今社会，许多国家都把加快旅游业发展作为促进经济增长的重要举措，希望旅游业能够带动相关行业的发展，从而促进整个地区经济的繁荣。

2. 旅游业具有较强的文化性

旅游者在旅游过程中进行的消费，很大部分是文化消费，如旅游者游览名山大川、探索名胜古迹、了解风俗文化、品尝美食佳肴、体验旅游乐趣，这些都是文化旅游消费行为，其动机都是为了获得物质文化和精神文化享受，满足其较高层次的心理需求。同时，旅游从业人员的职业素质、服务水平也展现出旅游目的地的文化发展水平。可以说,旅游业既是文化性的经济产业,也是经济性的文化产业。

【头脑风暴】

结合自身实践,分享一则旅游业促进经济发展的案例,分析旅游业的本质属性。

(三)旅游业的特点

旅游业除了具有经济性产业这一根本性质以外,还具有其他产业不同的特点。

1. 综合性

旅游业通过提供旅游服务来满足旅游者的需求。一次完整的旅程需要吃、住、行、游、购、娱等多方面的服务。为了满足旅游者的多方面需要,既需要直接的旅游企业,也需要间接的旅游企业为之服务。这些不同类型的企业按照传统的产业划分标准,又分别属于若干相互独立的行业,但为了满足旅游者的需要,把它们联系到了一起,成为一个新的集合体。

2. 服务性

旅游业属第三产业,称为服务业,这主要是由其性质决定的。因为旅游业的产品主要是为旅游者提供的服务,虽然有些旅游产品为有形产品(如食、购),但就一次完整的旅游活动或旅游经历而言,旅游产品实际上是一次旅游的体验和经历,旅游者评价旅游产品质量好坏的标准就是满意度,即是否得到了一定程度的物质享受和精神满足,其中涉及游览、导游、翻译、交通、住宿、餐饮、购物等许多服务。这些依附在有形产品上的无形产品是旅游企业的核心产品。因此,旅游企业必须高度重视服务质量,持续提高旅游者的满意度。

3. 敏感性

旅游业作为一个综合产业,容易受到多种内部和外部因素的影响。从内部因素来看,旅游业由众多企业和部门组成,旅游活动的顺利开展需要这些企业的相互协调、通力合作。哪个环节出现了问题,都会导致一系列的连锁反应,进而影响旅游企业的整体经济效益。从外部环境看,各种自然的、政治的、经济的和社会的因素出现任何不利的变化,都会导致旅游需求发生较大波动,从而对旅游业产生不利影响。例如,自然因素中的地震、海啸等自然灾害以及气候异常等,经济因素中的汇率变动、经济危机、能源短缺等,政治因素中的国家之间关系恶化、种族歧视、战争及恐怖活动等,都会导致旅游业的危机,从这个层面讲,旅游业的敏感性也是它的脆弱性。

【拓展阅读】

2020年8月26日,联合国发布了一份最新报告,该报告引用了世界旅游组织(UNWTO)的数据,以量化新冠疫情对全球旅游业造成的破坏性影响。报告警告称,多达1.2亿个旅游业工作岗位处于风险之中,仅在2020年,经济损失就可能超过1万亿美元。

由于2020年3月新冠病毒开始在全球范围内迅速传播,在2020年的前5个月中,国际旅游业在4月和5月停止了增长,国际旅游者数量同比减少了近60%。据测算,受新冠疫情的影响,2020年国际旅游收入下降9100亿美元,降至1.2万亿美元。

资料来源:前瞻产业研究院整理

4. 季节性

受旅游目的地气候条件、旅游资源的季节变化和旅游者的闲暇时间分布不均等因素的影响,旅游业具有较强的季节性特点。具体表现在一年中的不同时期,旅游企业的接待情况大相径庭:在旅游旺季往往供不应求,接待能力不足,接待设施和服务人员都处于超负荷运转状态,旅游资源损耗严重;而在淡季则供过于求,接待能力过剩,造成接待设施闲置和服务人员空闲。因此,只有采取必要措施减少淡旺季的差别,才能更有效地提高旅游业的经济效益。

(四)旅游业的要素组成

旅游业,是以出游行为的消费为基础,由吃、住、行、游、购、娱等产业链紧密联系组成的一个完整的经济系统结构,属于内需型消费产业。从改革开放之前的"事业接待型"到2003年左右的"市场型"转变、2006年左右的"休闲化升级"、2010年左右的"战略性支柱产业确定",中国旅游产业的内涵不断发展。对于旅游业的要素构成,有以下几种看法。

1. "三要素"说

旅游资源、旅游设施、旅游服务是旅游业赖以生存和发展的三大要素。

(1)旅游资源,包括自然风光、历史古迹、革命遗址、建设工程、民族习俗等,都是旅游吸引物。

(2)旅游设施,包括旅游交通设施、旅游住宿设施、旅游餐饮设施、旅游游乐设施等。

(3)旅游服务,包括各种劳务和管理行为,是旅游业的接待能力。

2. "三大支柱"说

根据联合国的《国际产业划分标准》,旅游业被划分为旅行社、交通客运和以旅馆为代表的住宿业3个部分。在中国,通常将旅行社、旅游交通和饭店业称为旅游业的三大支柱。

3. "五大部门"说

从旅游目的地的角度看,旅游业主要由五大部门组成,即旅行社业务组织部门、住宿接待部门、交通运输部门、游览场所经营部门和各级旅游管理部门,这5个部门之间存在着共同的目标和不可分割的关系,即通过吸引、招徕和接待外来旅游者,促进旅游目的地的经济发展,如图1-1所示。

实际上,从旅游者的旅游活动(吃、住、行、游、购、娱)来看,旅游业并不仅是上述5个组成部分。按照中国目前的情况,旅游业还应包括旅游餐饮、旅游购物、旅游娱乐等部分。

旅游业的5个主要部门

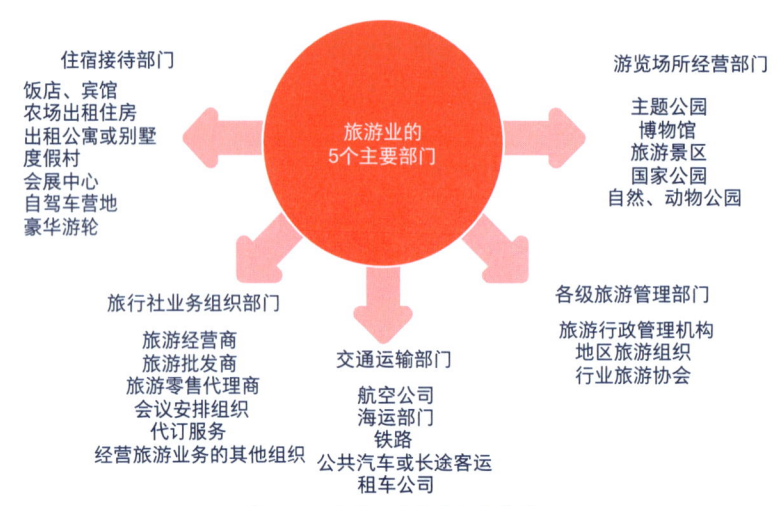

住宿接待部门
- 饭店、宾馆
- 农场出租住房
- 出租公寓或别墅
- 度假村
- 会展中心
- 自驾车营地
- 豪华游轮

游览场所经营部门
- 主题公园
- 博物馆
- 旅游景区
- 国家公园
- 自然、动物公园

旅行社业务组织部门
- 旅游经营商
- 旅游批发商
- 旅游零售代理商
- 会议安排组织
- 代订服务
- 经营旅游业务的其他组织

交通运输部门
- 航空公司
- 海运部门
- 铁路
- 公共汽车或长途客运
- 租车公司

各级旅游管理部门
- 旅游行政管理机构
- 地区旅游组织
- 行业旅游协会

图 1-1　旅游业的主要组成部分

【拓展阅读】

旅游到底有多少要素

旅游到底有多少要素？世界旅游组织提出的 SICTA 解释体系(Standard International Classification of Tourist Activities)，以及国内学者吴必虎认为：旅游系统由客源市场系统(旅游需求)、目的地系统(旅游供给)、出行系统(信息、交通、营销等)和支持系统四大系统组成，基本覆盖旅游的要素，如图 1-2 所示。

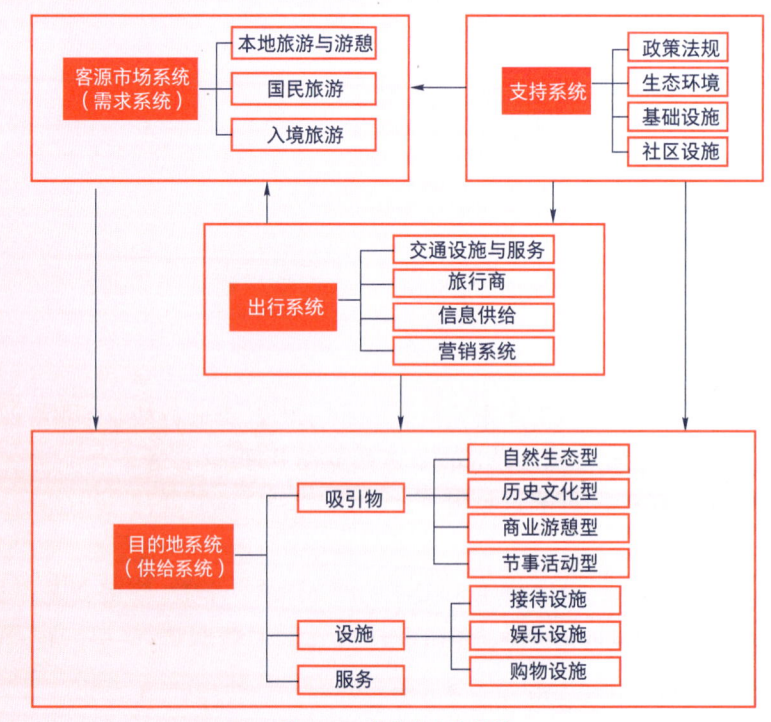

客源市场系统（需求系统）
- 本地旅游与游憩
- 国民旅游
- 入境旅游

支持系统
- 政策法规
- 生态环境
- 基础设施
- 社区设施

出行系统
- 交通设施与服务
- 旅行商
- 信息供给
- 营销系统

目的地系统（供给系统）
- 吸引物
  - 自然生态型
  - 历史文化型
  - 商业游憩型
  - 节事活动型
- 设施
  - 接待设施
  - 娱乐设施
  - 购物设施
- 服务

图 1-2　旅游系统的结构

资料来源：吴必虎.旅游系统：对旅游活动与旅游科学的一种解释.旅游学刊.1998(01)

【头脑风暴】

通过上述内容学习,在班级分享你对旅游业的认识,树立旅游的人文观念。

二、旅游业的重要产业

随着社会经济的不断发展,旅游已经成为人们一种非常重要的休闲方式。与此同时,旅游业不断发展壮大,各类旅游企业的规模日益壮大,旅游产业综合功能优势日益显著,综合贡献愈加突出。

旅游住宿业是旅游业的重要支撑,尤其是经济型酒店的蓬勃发展,为大众旅游的快速发展提供了有力支持。旅行社业是旅游产业的重要组成部分,旅行社的基本业务包括采购、组合设计旅游产品、提供旅游咨询服务、提供导游服务、委托代办业务等。旅游景区是旅游业发展的核心吸引力,在中国一般将旅游景区分为5A级、4A级、3A级、2A级和A级景区5个级别,同时,按照不同的分类标准可以分为不同的类型。其他旅游业态,如旅游购物、旅游交通、旅游美食等也是旅游产业的组成部分。

(一)旅游住宿业

旅游住宿业是指为旅游者提供住宿、餐饮及多种综合服务的行业。在旅游业的食、住、行、游、购、娱六大要素中,住宿是十分重要的,是人们在旅行游览活动中必不可少的"驿站"。

旅游饭店是现代旅游业的三大支柱之一,它有许多称谓和类型,我国通常有宾馆、饭店、酒店、旅馆、旅社、招待所、度假村、民宿等,国外有hotel(饭店)、inn(客店)、lodge(客栈)、motel(汽车旅馆)等,尽管其称谓不同,但其本质功能都是为宾客提供旅居服务。

(二)旅行社业

从行业的角度讲,旅行社应该属于代理业。一方面为旅游接待企业(景区、饭店、旅游商店、旅游交通等)提供代理营销服务,另一方面也接受旅游者的委托办理各种旅行手续。所以,旅行社是典型的旅游中介组织。就行业工作的特点而言,旅行社是为旅游者提供旅行游览服务的行业。

为了加强对旅行社的管理,保障旅游者和旅行社的合法权益,2009年2月20日,国务院正式颁布了《旅行社管理条例》,该条例指出:旅行社"是指从事招徕、组织、接待旅游者活动,为旅游者提供相关旅游服务,开展国内旅游业务、入境旅游业务和出境旅游业务的企业法人"。

(三)旅游景区

旅游景区是旅游业的核心要素,是旅游产品的主体成分,是旅游产业链的中心环节,是旅游消费的吸引中心,是旅游产业面的辐射中心。旅游景区是指以旅游及其相关活动为主要功能或主要功能之一的区域场所,能够满足旅游者参观游览、休闲度假、康乐健身等旅游需求,具备相应的旅游设施并提供相应的旅游服务的独立管理区。

旅游景区产品是一种服务产品，它具有服务性产品的一般特性，即无形性、不可储存性、不可转移性、生产与消费同时性。旅游景区产品的特殊性决定了旅游者购买旅游产品的过程不同于其他商品，这也使得旅游景区的营销也区别于其他产品营销而具有特殊性。

（四）旅游商品

旅游商品又称旅游购物品，是旅游目的地向旅游者提供的富有特色，对旅游者具有强烈吸引力，具有纪念性、艺术性、实用性的物质产品（见图1-3）。中国的旅游商品品种繁多，有旅游食品、轻工业品、纺织工业品、手工业品、工艺美术品、文物、土特产、旅游纪念品等。

在现代旅游活动中，旅游购物在旅游总收入中占据着重要的位置。从发展趋势看，旅游商品销售额在旅游总收入中呈现越来越高的比重，其生产与需求呈现越来越大的规模，旅游商品是现代旅游经济最具潜力的增长点。旅游购物若要在现代旅游产业链上表现出强劲的增势，需不断提高旅游商品的质量。

图1-3　故宫文创商品

（五）美食旅游

随着旅游业的迅速发展，以享受和体验饮食文化为主要动机的美食旅游逐渐发展成为一种新颖的旅游形式，受到广大旅游者的热爱。20世纪50年代，美食旅游在法国葡萄酒旅游、农庄旅游、乡村旅游基础上发展而来。中国学者对于美食旅游的定义非常多。有人认为，美食旅游是以追求美食为主要旅游动机，以异地体验为主要旅游经历的旅游形式。有人指出，美食旅游应具备以下条件：食品和菜肴具有鲜明的地方风味特色、烹饪技艺和制作技艺高超、良好的饮食环境和卫生条件。也有人提出，美食旅游应该是在旅游过程中，被美食及文化民俗所吸引而产生的各种与饮食相关的旅游行为。

总之，美食旅游是一种体验美食味道、感受美食文化的旅游活动，以与美食相关的旅游资源为吸引物，让旅游者通过美食获得独特、难忘的并具有文化内涵的旅游体验。美食是旅游产品的重要组成部分，随着美食旅游的兴起，加上各国政府的重视，美食旅游在全球旅游市场蓬勃发展起来。

三、旅游发展的新业态

（一）文旅融合

2018年3月，中华人民共和国文化和旅游部成立，文旅融合发展步入了快车道。随着各级政府文化旅游扶持政策的陆续出台，中国文旅融合步伐不断加快，融合领域不断拓展。"文化是旅游的灵魂，旅游是文化的重要载体"，在稳增长、调结构、促改革、惠民生的新时代背景下，文化和旅游业肩负高质量发展的历史使命。

党的二十大报告指出，坚持以文塑旅、以旅彰文，推进文化和旅游深度融合发展。我们可以从以下几个方面推进文旅融合。

1. 提升旅游的文化内涵

依托文化文物资源培育旅游产品、提升旅游品位,让人们在领略自然之美的同时感悟文化之美、陶冶心灵之美,打造独具魅力的中华文化旅游体验。深入挖掘地域文化特色,将文化内容、文化符号、文化故事融入景区、景点,把优秀传统文化、革命文化、社会主义先进文化纳入旅游的线路设计、展陈展示、讲解体验,让旅游成为人们感悟中华文化、增强文化自信的过程。提升硬件和优化软件并举,提高服务品质和改善文化体验并重,在旅游设施、旅游服务中增加文化元素和内涵,体现人文关怀。

2. 以旅游促进文化传播

发挥旅游覆盖面广、市场化程度高等优势,用好旅游景区、导游人员、中外旅游者等媒介,传播弘扬中华文化、社会主义核心价值观,使旅游成为宣传灿烂文明和现代化建设成就的重要窗口。推动博物馆、美术馆、图书馆、剧院、非物质文化遗产展示场所等成为旅游目的地,培育主客共享的美好生活新空间。

3. 培育文化和旅游融合发展新业态

推进文化和旅游业态融合、产品融合、市场融合,推动旅游演艺、文化遗产旅游、文化主题酒店、特色节庆展会等提质升级,支持建设集文化创意、旅游休闲等于一体的文化和旅游综合体。鼓励在城市中发展文化旅游休闲街区,盘活文化遗产资源。建设一批国家文化产业和旅游产业融合发展示范区。推进文化、旅游与其他领域融合发展。利用乡村文化资源,培育文旅融合业态。发展工业旅游,活化利用工业遗产,培育旅游用品、特色旅游商品、旅游装备制造业。促进文教结合、旅教结合,培育研学旅行项目。发展中医药健康旅游,建设具有人文特色的中医药健康旅游示范区。结合传统体育、现代赛事、户外运动,拓展旅体融合新空间。实施一批品牌培育项目,推动文旅融合品牌化发展。探索推进文旅融合IP(知识产权)工程,用原创IP讲好中国故事,打造具有丰富文化内涵的文旅融合品牌。

文旅产业融合发展更深刻的含义是人们需求层次的提升,是经济发展到一定阶段后的社会变革,在中国全面实现第一个百年奋斗目标的当下,愈加需要全行业、全产业、全领域联动,开创文旅产业融合发展的新局面。

(二) 红色旅游

红色旅游主要是指以中国共产党领导人民在革命和战争时期建树丰功伟绩所形成的革命纪念地、纪念物为载体,以其所承载的革命历史、革命遗迹和革命精神为内涵,组织接待旅游者进行参观游览,实现学习革命精神、接受革命传统教育和振奋精神、放松身心、丰富阅历的主题性旅游活动。红色旅游把红色人文景观和绿色自然景观相结合,融革命传统教育和旅游产业发展为一体,既可以观光赏景,也可以了解革命历史,增长革命斗争知识,学习革命斗争精神,培育新的时代精神,使之成为一种引领新时代文化发展的旅游新业态。

发展红色旅游,对于加强革命传统教育,增强全国人民特别是青少年的爱国情感,弘扬和培育民族精神,带动革命老区经济、社会协调发展,具有重要的现实意义和深远的历史意义。

> 【头脑风暴】
>
> 分组收集红色资源,课上分享以"学党史、祭先烈、知党恩"为主题的爱国主义教育感受。

(三) 乡村旅游

乡村旅游是以具有乡村性的自然和人文资源为旅游吸引物,依托农村区域的自然环境、优美景观、特色建筑和文化习俗等资源,在传统农村休闲游和农业体验游的基础上,拓展开发会务度假、休闲娱乐等项目的新兴旅游方式。乡村旅游的概念包含了两个基础元素:一是发生在乡村地区,二是以乡村性作为旅游吸引物,二者缺一不可。

中国是农业大国,乡村旅游的产生及发展对于解决"三农问题"和乡村振兴起到了重要的作用。乡村旅游作为连接城市和乡村的纽带,对于促进社会资源和文明成果在城乡之间的共享,对于逐步缩小地区间经济发展差异和城乡差别,对于推动欠发达、开发不足的乡村地区经济、社会、环境和文化的可持续发展,对于加快实现社会主义新农村建设及城乡统筹发展等方面都具有重要的意义。

(四) 体育旅游

体育旅游是人们以参与和观看体育运动为目的,或以体育为主要内容的一种旅游活动形式。

体育旅游源于西方的体育赛事。随着工业化的发展,旅游交通和时间成本在旅行中的占比大大降低,带动了旅游业的发展。同时,奥运会、足球世界杯等国际大型体育赛事的举办也使得体育旅游逐渐兴起。20世纪末,随着中国双休日、带薪年假、"十一黄金周"等节假日时间的增多,休闲度假成为人们生活的重要组成部分;且随着经济的发展,人们的可支配收入不断增加,保证了体育旅游的发展,人们通过参加体育旅游达到娱乐、健身等目的。自2008年北京奥运会后,国内体育旅游得到飞速发展。近几年,国家颁布一系列政策支持体育旅游的发展,且随着2022年北京冬奥会、2023年杭州亚运会的接续举办,体育旅游已被中国国民广泛接受,国内体育旅游有了快速发展。

(五) 研学旅游

研学旅游是学校根据区域特色、学生年龄特点和各学科教学内容需要,组织学生通过集体旅行、集中食宿的方式走出校园,在与平常不同的生活中拓宽视野、丰富知识,加深与自然和文化的亲近感,增加对集体生活方式和社会公共道德的体验的一种旅游形式。

2012年,教育部在全国选取了8个省(区、市)开展研学旅行试点工作,同时选定了12个地区为全国中小学生"研学旅行"实验区。在"研学旅行"试点实验阶段,各地、各单位开展了各具特色的"研学旅行"活动。2013年2月,国务院办公厅印发的《国民旅游休闲纲要(2013—2020年)》提出,要"逐步推行中小学生研学旅行""鼓励学校组织学生进行寓教于游的课外实践活动,健全学校旅游责任保险制度"。2014年8月,《关于促进旅游业改革发展的若干意见》中明确了"研学旅行"要纳入中小学生日常教育范畴。2014年7月,《中小学学生赴境外研学旅行活动指南(试行)》发布,对举办者安排活动的教学主题内容、合作机构选择、合同订立、行程安排、行前培训、安全保障等内容提出指导意见。2016年12月,教育部等11部门《关于推进中小学生研学旅行的意见》发布,要求中小学生研学旅行是由教育部门和学校有计划地组织安排,通过集体旅行、集中食宿方式开展的研究性学习和旅行体验相结合的校外教育活动,是学校教育和校外教育衔接的创新形式,是教育教学的重要内容,是综合实践育人的有效途径。

(六)康养旅游

康养旅游是现代旅游业发展中的新型旅游方式。康养旅游,在国际上一般被称为医疗健康旅游。目前,世界上有超过100个国家和地区开展健康旅游。2016年1月,原国家旅游局正式颁布了《国家康养旅游示范基地标准》(LB/T 051—2016)(以下简称《康养标准》),并确定了首批5个"国家康养旅游示范基地"。《康养标准》把康养旅游定义为:指通过养颜健体、营养膳食、修心养性、关爱环境等各种手段,使人在身体、心智和精神上都达到自然和谐的优良状态的各种旅游活动的总和。

《"十四五"文化和旅游发展规划》中明确提出,要积极打造多元化的生态旅游产品,推进生态与田园、康养、文化、旅游、教育、互联网等产业深度融合,大力发展以生态康养为代表的旅游业态。概括其内容和精神,就是要将旅游与健康养生和养老更好地结合起来。养生是人民生活从贫困走向全面小康和文明富裕阶段必然要兴起的。自"十三五"时期,中国文旅部门在顶层设计上十分重视康养旅游业态的发展,先后建设、命名了健康旅游示范基地、中医药健康旅游示范区(基地、项目)、综合性康养旅游基地等一批康养旅游基地。随着中国老龄化社会的纵深发展,以健康养生和健康养老为代表的"康养"概念势必成为未来中国旅游的重要形式,以健康为基本诉求,集中体现快乐、幸福等心理健康指标的产品会不断出现。

第三节 旅游与旅游者

旅游是人的活动,是人类社会实践活动的一部分。没有旅游者便没有旅游活动,更不能使旅游活动成为社会现象,从而也就不会有旅游业,所以,旅游者是旅游活动的主体。什么是旅游者?如何界定旅游者?旅游者的基本类型和特点有哪些?本节就来学习相关内容。

【案例导入】

2019年,国内旅游市场和出境旅游市场稳步增长,入境旅游市场基础更加牢固。全年国内旅游数量达60.06亿人次,比2018年同期增长8.4%;入境旅游数量达14 531万人次,比2018年同期增长2.9%;出境旅游数量达15 463万人次,比2018年同期增长3.3%;全年实现旅游总收入6.63万亿元,同比增长11.1%。

思考:文化和旅游部的旅游统计公报中,是如何界定旅游者的?旅游者的类型有哪些?

一、旅游者

对于旅游者的认知,应该从对旅游者基本概念的界定开始。对于旅游者,称谓可是五花八门,有游客、旅行者、游览者、观光客、宾客、旅客等,目前学术界用得较多的词汇是"旅游者"。

旅游者,从字面上解释,就是游客,即从事参加旅游活动的人们。但是在统计旅游者的人数时,便出现了一个难题:哪些人算旅游者?哪些人又不算旅游者?比如,一个人离开居住地到异地观光,停留时间超过了24小时,这种情况符合旅游者的界定,称为旅游者是无可非议的。但是,如果他离开家,在居住地的城市或郊野游玩了几小时,当晚又回到了住地,这种情况算不算旅游者?依一般的看法,他是旅游者,可是在国际上统计旅游人数时,又不予承认,所以,划分旅游者和非旅游者,应依标准进行。

中华人民共和国国家标准《旅游服务基础术语》(GB/T 16766—2017)中定义旅游者为:离开惯常环境旅行,时间不超过12个月,且不从事获取报酬活动的人。

以上定义是对旅游本质属性的一种概括。但在统计旅游者人数时,却难以避免一个难题:哪些人算旅游者?哪些人不算旅游者?为了有效区分旅游者和非旅游者,就涉及旅游者概念的技术性定义。

旅游者概念的技术性定义,一般是依据是否跨越国境而区分出国际旅游者和国内旅游者两个大类。目前国际上对国际旅游者的技术性定义已基本达成共识,但对国内旅游者的技术性定义至今尚无一致的看法,主要分歧集中在:是以离开常住地的时间长短为标准,还是以离开常住地的距离远近为标准来界定国内旅游者。

二、国际旅游者和国内旅游者的界定

(一)国际旅游者的界定

目前,各个国家对于国际旅游者的定义,大多数以1963年联合国罗马会议提出的"游客"(Visitor)的概念为准,在这次会议上,将游客定义为"除了为获得有报酬的职业以外,基于任何原因到其他一个不是自己常住国家访问的人员"。在此基础上,根据在一个国家停留时间的长短对游客进行细分,具体可分为两类:一类是过夜游客(tourist),是指在所访问的国家逗留时间超过24小时,且以休闲、商务、家事、使命或会议为目的的临时性游客;另一类是一日游游客(excursionist),是指在所访问的目的地停留时间少于24小时,且不过夜的临时性游客(包括海上巡游者)。

上述定义的基本特征如下:

(1)将所有纳入旅游统计的人员统称为旅游者,并具体规定包括消遣和工商事务两种目的旅游者,从而使得旅游和旅行这两个含义原本不同的术语趋于同化,扩大了旅游者的外延。

(2) 对旅游者的界定不是根据其国籍进行的,而是依据其定居国或长住国界定的。

(3) 根据其在访问地的停留时间是否超过 24 小时,将游客划分为旅游者和短程旅游者,在旅游统计中分别进行统计。

(4) 根据来访者的目的界定其是否应该纳入旅游统计中。

(二) 国家统计局对入境旅游者的定义

在中国的旅游统计中,凡在中国旅游住宿设施内至少停留一夜的外国人、华侨、港澳台同胞称为入境旅游者;凡未在中国旅游住宿设施内过夜的外国人、华侨、港澳台同胞称为入境一日游旅游者。其中,海外一日游旅游者包括乘坐游船、游艇、火车、汽车来华旅游在车、船上过夜的旅游者和机、车、船上的乘务人员,但不包括在境外(内)居住而在境内(外)工作、当天往返的港澳台同胞和周边国家的居民。

同时规定,来华旅游入境人数不包括下列人员。

(1) 应邀来华访问的政府部长以上官员。

(2) 各国驻华使领馆官员及其随行人员。

(3) 常住中国 1 年以上的外国专家、留学生、记者、商务机构人员等。

(4) 乘坐国际航班过境不需要通过护照检查进入中国口岸的中转旅客。

(5) 边境地区往来的边民。

(6) 回大陆定居的华侨、港澳台同胞。

(7) 已在中国定居的外国人和原已出境又返回在中国定居的外国侨民。

(8) 已归国的中国出国人员。

(三) 国内旅游者的界定

国内旅游者和入境旅游者的根本区别在于旅游者是否为从境外进入中国的。对国内旅游者的定义目前尚未完全统一。各个国家在参照世界旅游组织所提供的国际旅游者的定义的基础上,结合本国具体情况提出定义。

中国的旅游统计中,国内旅游者指任何因休闲、观光、度假、探亲访友、就医疗养、购物、参加会议或从事经济、文化、体育、宗教活动而离开长住地到中国境内其他地方访问,连续停留时间不超过 6 个月,并且访问的主要目的不是通过所从事的活动获取报酬的人。国内旅游者包括长住 1 年以上的外国人、华侨、港澳台同胞。

国内旅游者分为国内(过夜)旅游者和国内一日游旅游者。国内(过夜)旅游者是指中国大陆居民离开长住地在境内其他地方的旅游住宿设施内至少停留一夜,最长不超过 6 个月的国内旅游者。国内一日游旅游者是指中国大陆居民离开长住地 10 公里以上,出游时间超过 6 小时但不足 24 小时,并未在境内其他地方的旅游住宿设施过夜的国内旅游者。

三、成为旅游者的条件

综上所述,要成为一名旅游者,是需要一些条件的。这之中,既包括诸多外在条件(如政治环境、旅游可进入性等),也包括收入、时间、家庭等因素在内的内部因素,更有个人心理动机的主观因素。这些条件组成了人们外出旅游的动机,是出行的内驱力。

(一)旅游者形成的客观条件

旅游者产生的客观条件涉及收入水平、闲暇时间、身体状况、家庭情况、自然环境、交通因素、政治因素等多方面的因素。这些因素相互交融,共同影响着人们的旅游决策。其中,收入水平和闲暇时间是实现旅游活动的两个最重要的决定因素。

1. 收入水平

对旅游者个体来说,要实现旅游的首要条件是必须具有一定的经济实力。收入水平的高低直接影响着旅游活动。一般而言,一个家庭的收入并非全部都可以用于旅游。其中,可支配收入是总收入扣除纳税后的部分,可自由支配收入是总收入扣除全部纳税、社会保障性消费(医疗保险、退休金、失业保险等)以及日常生活所必需的消费部分(衣、食、住、行)之后余下的部分。准确地说,决定一个人能否实现旅游的家庭收入水平,实际上是家庭的可自由支配收入。当人均国民生产总值达到 800~1 000 美元时,居民将普遍产生国内旅游动机;达到 4 000~10 000 美元时,将产生邻近国家的旅游动机;超过 10 000 美元,将产生全球各地的旅游动机。

收入水平是影响旅游需求的重要因素。当然,这并不是说凡收入达到一定水平者都会外出旅游。事实上,即使是在最重要的旅游客源国中,也总会有一些人收入虽然相当高,但却不曾也不愿外出旅游。因此,收入水平只是经济上的影响因素,而非旅游需求的唯一决定因素。

【拓展阅读】

恩格尔系数对旅游的影响

恩格尔系数是食品支出总额占个人消费支出总额的比重。简单讲,一个国家越贫困,每个国民的平均收入中(或平均支出中)用于购买食物的支出所占比例就越大,随着国家的富裕,这个比例呈下降趋势。因此,一个家庭或国家的恩格尔系数越小,就说明这个家庭或国家经济越富裕。图 1-4 为近年来中国家庭恩格尔系数的变化情况。

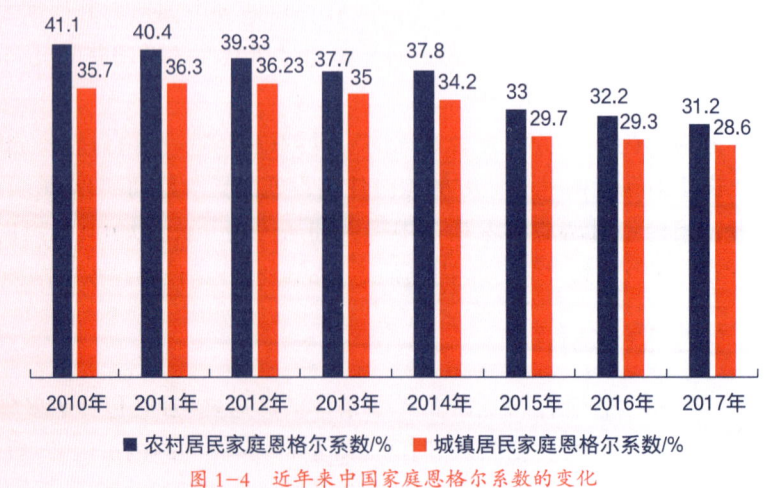

年份	农村居民家庭恩格尔系数/%	城镇居民家庭恩格尔系数/%
2010年	41.1	35.7
2011年	40.4	36.3
2012年	39.33	36.23
2013年	37.7	35
2014年	37.8	34.2
2015年	33	29.7
2016年	32.2	29.3
2017年	31.2	28.6

图 1-4 近年来中国家庭恩格尔系数的变化

【头脑风暴】

分组讨论可自由支配收入对旅游的影响。

2. 余暇时间

一般来说，人的时间可以分为工作时间、生活时间、余暇时间三大部分（见图1-5）。

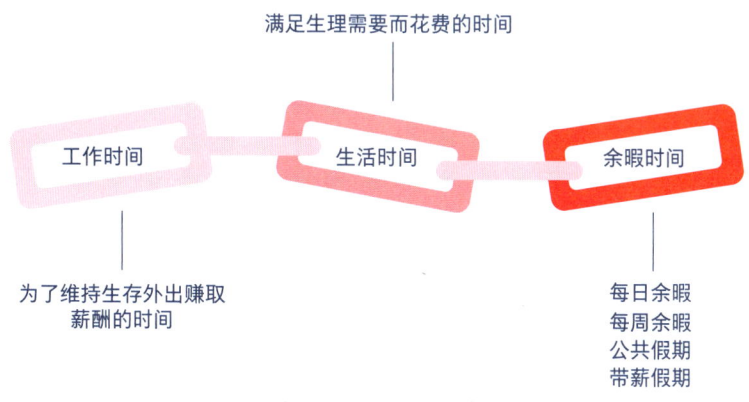

图 1-5 人的时间组成

工作时间是指人们为了维持生存，外出工作以赚取薪酬的时间；生活时间是指为了满足人们生理需要而花费的时间，如吃饭、睡觉以及处理日常琐事等；余暇时间是指可自由支配的从事娱乐、社交、消遣或其他感兴趣的事情的时间。余暇时间有 4 种情况：每日余暇、每周余暇、公共假期和带薪假期。

【拓展阅读】

改革开放以来中国节假制度的变化

改革开放以来，中国节假制度经历了从"大、小礼拜"到"双休"，再到三个黄金周的历程。2007 年，又一次对休假制度进行了调整，变成了"两大五小"的新节假日模式。

20 世纪 70 年代，中国休假制度为实行每周 6 天工作制，每周工作 48 小时。1995 年起，国家实行了周末"双休"制度，从原先的每周 6 天工作制、每日工作 8 小时变为每周 5 天工作制、每日工作 8 小时。从 1999 年起，国家开始正式实行"黄金周"制度，法定节假日由 7 天增加为 10 天：元旦 1 天，春节、劳动节、国庆节各 3 天，并通过双休日的调整，每年形成 3 个黄金周，春节、"五一"和"十一"。2007 年 11 月，国务院将国家法定节假日由 10 天增加为 11 天，三大长假被调整为"两长五小"的新模式。《职工带薪年休假条例》自 2008 年 1 月 1 日起实施，具体是取消了"五一"长假，恢复到原来休息 1 天的做法，加上双休日，实际为 3 天；增加清明节、端午节、中秋节各 1 天的公共假日，加上与一次"双休日"相衔接，形成 3 次 3 天的小长假。至此，变成了两个黄金周：春节、国庆节；五个小长假：元旦、清明节、劳动节、端午节、中秋节，出现了法定节假日与周末连休 3 天的小长假、黄金周和个人带薪休假并存的新局面。

（二）旅游者形成的主观条件

客观条件的具备为人们的出游铺平了道路，但人们究竟会不会踏上旅途，还取决于其主观上是否具有外出旅游的意愿，是否具有旅游动机。

旅游动机是指为了满足自己的某种需要而决定外出旅游的内在驱动力。即促使一个人产生有意向旅游的心理驱动力，如图 1-6 所示。

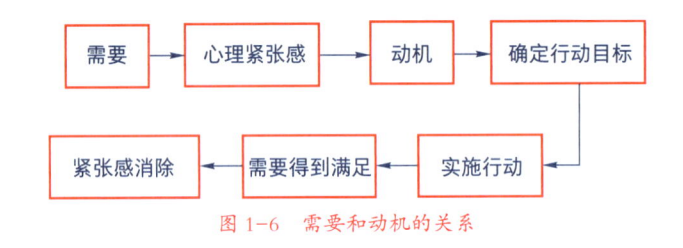

图 1-6 需要和动机的关系

动机是需要的表现形式，由于人们的需要多种多样，导致其外出旅游的动机也越来越丰富。各国的学者从不同的角度对旅游动机的类型进行总结，概括起来，旅游动机分为以下几类。

(1) 健康娱乐的动机。
(2) 好奇探索的动机。
(3) 文化方面的动机。
(4) 社会交往的动机。
(5) 探亲访友的动机。
(6) 公务、商务的动机。

实际上，旅游是一种综合性很强的活动，可以满足人们多方面的综合性需要，因此，一个人外出旅游往往会有多种动机。

（三）影响旅游动机的因素

影响旅游动机的因素多种多样，有些来自人们自身，有些来自外部的客观环境。

1. 个性心理特征

个性心理特征，就是个体在心理活动中经常地、稳定地表现出来的特征，主要体现在人的气质、性格和能力这 3 个方面。气质是人典型的、稳定的心理特点，也就是平常所说的性情或脾气，有人做事快速、灵活，而有人则做事迟钝、稳重，这就是气质的不同所引起的。性格是指人对现实的态度和行为方式中，比较稳定、独特的心理特征，有人内向，有人外向，有人活泼开朗，有人则沉默寡言，这些都是人的性格特征。而能力则是成功地完成某种活动的个性心理特征，如音乐的才能、绘画的才能以及语言的才能等，都是一个人能够顺利完成某种活动的心理前提。

不同的个性心理特征对旅游动机的形成必然会产生不同的影响,美国心理学家斯坦利·帕洛格将人的心理特征分为5种类型,即自我中心型、近自我中心型、中间型、近多中心型和多中心型。其中,自我中心型和多中心型处于两个极端,中间型属于表现不明显的混合型,近自我中心型和近多中心型则分别属于两个极端类型和中间型的过渡类型。同时,这个模型也显示,属于中间型心理类型的人占绝大多数,而属于两个极端心理类型的人在总人口中只占了很小的比例。呈现出两头小、中间大的正态分布,如图1-7所示。

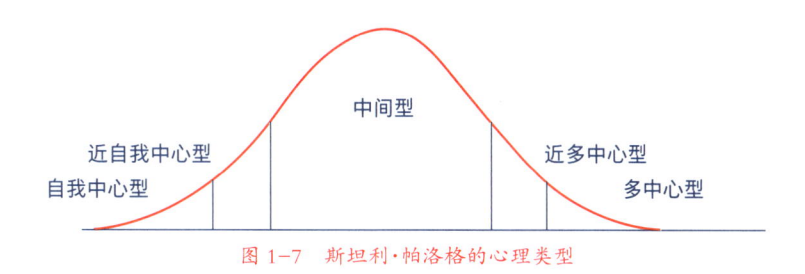

图1-7 斯坦利·帕洛格的心理类型

2. 个人自身条件

人的旅游动机也受到性别、年龄、受教育程度、家庭结构等客观条件的影响。

就性别而言,男女两性由于各自生理和心理上的不同特点,在旅游动机上有着很大的差别。男性旅游者的出行动机更多地与体育锻炼、探险、度假等有关。女性旅游者的出行动机主要有文化动机、购物动机、浪漫动机等。

就年龄而言,由于不同年龄的人所处的家庭生活周期的阶段不同,从而导致其旅游动机也各不相同。

就受教育程度而言,文化程度越高的人,其旅游的动机就越强烈。他们所掌握的知识使其对目的地有更多的了解,能更容易适应当地环境,从而克服对陌生地区的心理恐惧。因此,文化程度高的人更愿意参与到旅游活动中来。

3. 社会因素

人的旅游动机也受所处社会的政治、经济和文化环境因素的影响。稳定的政局、安定的环境会激发人们旅游的愿望。相反,战乱、恐怖活动等将抑制人们的旅游动机。处于不同文化环境下的人们在价值观念、信仰、态度等方面有较大的差别,民族习俗和宗教信仰的不同也会导致旅游兴趣的不同。

由此可见,旅游者的产生既受到客观条件的制约,又受到主观条件的影响。对这些因素进行充分而深入的研究,将有助于我们更好地了解旅游者的需求,激发旅游者的动机,将更多潜在的旅游者转化为现实的旅游者。

微课:旅游流的概念

微课:旅游者的流动规律

【头脑风暴】

采访对比周围经常外出旅游的人和几乎没有外出旅游过的人,分析他们分别具备或缺乏哪些影响旅游决策的条件。

四、旅游者的基本类型和特点

现代社会旅游者的构成日益呈现出多样化的趋势,不同的旅游者具有不同的需求和动机,购买行为和购买习惯也不尽相同,因此,旅游业所提供的产品不能局限在单一的种类上。这就需要对旅游者的类型进行分析,以便向不同的市场投放不同的产品,以最大限度地满足旅游者的需要。

(一)旅游者的类型

关于旅游者类型的划分,目前尚未形成统一的标准。人们在对旅游者的类型进行划分时,往往都会从自身研究的角度和目的出发,采用不同的标准,因而其划分的结果也必然有所差异。常见的分类方法有以下 9 种。

(1) 按照旅游者的消费特点划分,可分为消遣型旅游者、差旅型旅游者、家庭及个人事务型旅游者。

(2) 按照地理范围划分,可分为入境旅游者、国内旅游者、洲际旅游者、环球旅游者。

(3) 按照组织形式划分,可分为团体旅游者、散客旅游者。

(4) 按照计价方式划分,可分为全包价旅游者、半包价旅游者、零包价旅游者、非包价旅游者。

(5) 按照费用来源划分,可分为自费旅游者、公费旅游者、社会旅游者、奖励旅游者。

(6) 按照消费水平划分,可分为豪华型旅游者、标准型旅游者、经济型旅游者。

(7) 按照旅游交通方式划分,可分为航空旅游者、铁路旅游者、自驾车旅游者、徒步旅游者。

微课:旅游活动的类型

(8) 按照旅游距离划分,可分为短程旅游者、中程旅游者、远程旅游者。

(9) 按照旅游活动内容划分,可分为人文旅游者、观光旅游者、访古旅游者、疗养旅游者、专项旅游者等。

(二)旅游者的消费特点

根据旅游者的消费特点,可将其分为消遣型旅游者、差旅型旅游者、家庭及个人事务型旅游者。

1. 消遣型旅游者

消遣型旅游者以无任何负担、任务和压力的游乐为目的。从历年中国旅游统计年鉴公布的数据可以看出,在全国有组织接待的旅游者中,消遣型旅游者所占的比重最大。就整个世界旅游情况来看,消遣型旅游者在全部旅游者中所占比重更大。

消遣型旅游者外出旅游的季节性强。除退休者外,所有在职人员几乎都是利用带薪假期外出旅游的。此外,旅游目的地的气候条件也是助长消遣型旅游者季节性来访的重要因素。

消遣型旅游者在对旅游目的地、旅行方式以及出发时间的选择方面,拥有较大的自由度。如果某个旅游目的地的不安全因素增加或者是旅游产品的质量下降,他们都会另选其他地方作为出游目的地。此外,在出游的时间上,由于消遣型旅游者受时间限制并不严格,所以如遇天气变化,则可能改变出游的时间。因为此类旅游者选择自由度大,因而是各个旅游目的地以及旅游企业竞争最激烈的市场部分。

消遣型旅游者在旅游目的地的停留时间一般较长。例如,消遣性国际旅游者来华旅游时很少只参观游览一个城市,总要去各地走走。即使主要逗留于某一旅游胜地,由于消遣度假的原因,停留时间也会较长。

由于自费的缘故,消遣型旅游者大都对价格较为敏感。如果认为某旅游目的地旅游产品过于昂贵,则会拒绝前往而另选别处。

2. 差旅型旅游者

差旅型旅游者是旅游业的重要市场之一。差旅型旅游者在基本旅游动机方面不同于消遣型旅游者,具有以下特点。

(1) 差旅型旅游者是以工作为主、兼顾观光娱乐活动的一种旅游行为。旅游者在公务活动过程中,也需要进行调节身心健康的消遣娱乐活动。但这种消遣活动主要以调节为主,即在繁忙的公务活动之余,进行一些轻松、愉快的旅游活动。在旅游项目要求上,差旅型旅游者主要选择耗时少、距离短、方便舒适的项目。总之,差旅型旅游者的旅游活动以不妨碍公务活动的开展,又能调节、松弛紧张的身心为原则。

(2) 差旅型旅游者在人数上相对较少,但是在出游次数上却较为频繁。这是他们被旅游业所重视的主要原因之一。例如,差旅型旅游者在全球航空客运市场中所占的比例高达50%,在全球饭店业所接待的客人中,差旅型旅游者亦占相当高的比重,特别是在四、五星级的饭店中,差旅型旅游者在客人中所占的比重高达60%。

(3) 差旅型旅游者的出行是工作或业务的需要,因而不受季节的影响,或者说出行没有季节性。因为公务需要的出行,可以在任何季节,除非该目的地发生严重自然灾害或战争等因素而影响差旅之行。

(4) 差旅型旅游者对服务质量要求高。差旅型旅游者属于公费型的旅游者,在旅游期间对服务设施、服务质量要求高。因此,在外出旅游过程中,追求档次、追求舒适消费,对服务设施的服务质量较为讲究,一般对消费价格不敏感。

(5) 差旅型旅游者选择的自由度小。差旅型旅游者受公务需要的限制,对目的地的选择余地较小,甚至根本没有选择的余地,而且目的地一般都集中在经济发达的大都市,在时间的选择上也缺乏自由度。

3. 家庭及个人事务型旅游者

家庭及个人事务型旅游者是为探亲访友、调动工作、疗养治病、购物和解决其他家庭及个人事务而外出旅行者。这类旅游者的旅游活动以解决家庭及个人事务为主,消遣娱乐为辅。因而在需求方面既有不同于前两类旅游者的特点,又兼有前两类旅游者的某些特点。例如,在旅游时间上,多数人是利用节假日或带薪假期外出旅行解决家庭及个人事务,如探亲访友者相当多是选择在节假日外出。家庭及个人事务往往具有偶然性和突发性。因此,很多事务性活动的出行时间不以旅行者的主观意志为转移。就此而言,他们又有类似差旅型旅游者的某些特点。在旅游消费上,大多数家庭及个人事务型旅游者又与消遣型旅游者的需求相似,对旅游产品价格较为敏感,在旅游中以经济实惠为主。在旅游目的地的选择方面,与差旅型旅游者相同,很少或没有选择旅游目的地的自由。在目的地停留时间上,又与消遣型旅游者相似,如探亲访友、疗养治病在某地的停留时间就会较长一些。概括而言,家庭及个人事务型旅游者因具体事务差异性较大,因而又具有一定的复杂性,所以这类旅游者的情况只能根据具体情况具体分析,难以下统一的结论。

五、做文明的旅游者

旅游是休闲的重要方式,随着国内游和出境游人数的逐年增加,在旅游中的不文明行为也受到了越来越多的关注。在旅游中,我们有时可以看到这样的情景:个别旅游者不爱护旅游景区的公共财物,对公共建筑、设施和文物古迹,花草树木,随意破坏,在柱、墙、碑等建筑物上乱写、乱画、乱刻。

旅游文明素质的提高直接关系到国家的形象。那么,如何让大家都来做一个文明的旅游者,让旅游文明成为现代公民的一种生活习惯呢?

(1) 加强对公民的旅游文明素质教育。旅游与休闲相伴相生。因此,人们以为旅游这种休闲场合可以不拘小节。其实旅游礼仪"小节"的背后体现并培养着两种价值取向:一是"人与自然的和谐共处";二是"人与自身的和谐共处"。旅游不是一次"公共场地"的蚕食运动,也不是可以放纵自己的"自由活动",每一个合乎礼仪的文明举止,本质上都在呵护着我们赖以生存的大自然,维护我们身心的和谐统一。旅游文明教育,应该在旅游之前抓起。

(2) 加强管理,加强外部的制度制约,使一些人为不文明行为付出代价。对那些不文明的行为,不仅应予标牌提示和及时制止,必要时还应采取相关的惩罚措施。不文明行为之所以出现,很大程度上不是"恶习难改",而是现实生活中自己没有足够的重视,或者缺乏有关的提醒,或者没有受到应有的惩罚。

(3) 加强旅游硬件投入和软件服务的建设。旅游企业和管理部门应该在提供产品、提供服务、完善环境等方面,切实为旅游者提供一个良好的环境。垃圾箱不够用的时候,景区里随处乱扔的垃圾就会增多。肮脏的地方,随地吐痰的人也多,干净的地方这种现象就会减少。良好的旅游环境,能够给旅游者更愉悦的感受,让其更加珍惜。

总之,做一个文明的旅游者,让文明成为旅游中的一种不需要别人提醒的习惯,是我们每个人的责任。

【头脑风暴】

一名流浪者在捡拾垃圾的途中遍赏了城市的美景,为什么他不能被界定为旅游者?

某国驻华使馆人员麦克周末携妻子与女儿到北京郊外景区游玩,他们属于旅游者吗?为什么?

第四节 旅游组织

【案例导入】

2020年9月10日至12日,联合国世界旅游组织第23届全体大会在俄罗斯的圣彼得堡召开,来自124个国家和地区的1 000余名代表出席会议。中国文化和旅游部相关负责人也率团与会。本届大会聚焦旅游业对2030年可持续发展议程的积极贡献,以及旅游业与教育、就业、气候变化、创新发展等多领域的合作。大会审议了联合国世界旅游组织相关项目、预算及人力资源报告,审议通过《旅游道德框架公约》所有官方语言文本,选举世界旅游道德委员会成员,审议通过新一届执行委员会成员提名名单。中国成功连任2019年至2023年联合国世界旅游组织执行委员会成员。

思考:联合国世界旅游组织属于什么性质的旅游组织?

旅游组织的产生和发展是与旅游业的发展相辅相成的。在过去的80年里,旅游业作为全球增长速度最快、影响规模最大的行业,取得了巨大的成就。第二次世界大战以后,世界上几乎所有的国家和地区都建立了旅游组织。那么,什么是旅游组织?旅游组织的类型有哪些?国际旅游组织有哪些?中国的旅游组织如何分类?在本节将会进行学习。

一、旅游组织概述

(一)旅游组织的形成

旅游组织是社会经济发展到一定程度、旅游活动发展到一定阶段的产物,一般都遵循着先成立国内旅游组织,再设立国际旅游组织的规律。

成立于1901年的新西兰旅游局被认为是最早的国家旅游组织。最早的国际旅游组织是于1919年5月成立于巴黎的国际旅游联盟(Alliance International de Tourisme,AIT)。由此可见,旅游组织的出现仅仅是一个多世纪的时间,时间上远远短于旅游活动出现在人类社会活动中的时间。旅游组织的形成是旅游业发展的产物和要求,而旅游组织的出现,也给旅游业的发展带来了巨大的推动力。

结合旅游组织的发展历程,我们可以总结为:旅游组织是指为了加强对旅游行业的引导和管理,适应旅游业的健康、稳定、迅速、持续发展而建立起来的具有行政管理职能或协调发展职能的专门机构。

(二)旅游组织的类型

(1)以旅游组织的职能范围为划分标准,可分为国际性旅游组织、国家级旅游组织和地方性旅游组织。

(2)以旅游组织的职能性质为划分标准,可分为旅游行政组织和旅游行业组织。

(3) 以旅游组织的地域为划分标准,可分为全球性旅游组织、世界区域性旅游组织、国家旅游组织、地方旅游组织等。

(4) 以旅游组织的会员为划分标准,可分为旅游交通机构或企业组织、饭店与餐饮业协会组织以及由旅游专家和研究人员组成的旅游学会等。

(5) 以旅游组织的权力为划分标准,可分为官方旅游组织、半官方旅游组织、非官方旅游组织。

(三) 旅游组织的作用

旅游组织是旅游业发展到一定阶段的必然产物,同时又是推动旅游业更好、更快发展的重要力量。总体来说,旅游组织对于旅游业发展的影响和作用主要体现在以下方面。

(1) 树立和提升旅游目的地形象。各级旅游组织在当地一般具有广泛的代表性和影响力,旅游目的地和成员单位在接受各类旅游组织的管理、指导和帮助的同时,可以利用这种影响力来开展目的地营销,通过旅游组织发布的权威信息来树立自己的鲜明形象,扩大和提高在整个行业的知名度。

(2) 推动和促进同行的跨区域交流与合作。各级、各类旅游组织通过沟通和交流,实现资源共享和市场对接,共同推动不同区域旅游产业的合作发展。

(3) 促进旅游信息的传播和利用。各级、各类旅游组织一般都设有信息中心,负责收集行业第一手资料,并通过发布统计数据和分析报告,引导行业健康发展。

(4) 通过监督并制止组织内部成员为追求短期经济利益而进行的破坏性开发与建设活动,提高旅游资源利用效率,将环境损害程度降到最低,确保旅游业可持续发展。通过举办行业年会、专业研讨会、业务培训班等形式,提高旅游从业人员的业务水平和工作能力。在人力资源开发方面,为旅游业进一步发展提供强大支撑。

二、世界主要的旅游组织

(一) 世界旅游组织

世界旅游组织(UNWTO)是联合国系统的政府间国际组织,是旅游领域的领导性国际组织。最早由国际官方旅游宣传组织联盟(IUOTPO)发展而来。2003年11月成为联合国的专门机构。

世界旅游组织将每年的9月27日定为世界旅游日。为不断向全世界普及旅游理念,形成良好的旅游发展环境,促进世界旅游业的不断发展,每年都会推出一个世界旅游日的主题口号,以便突出旅游宣传的重点。

【拓展阅读】

2000年以来世界旅游日的主题口号

2000年　技术和自然:21世纪旅游业的双重挑战
2001年　旅游业:和平和不同文明之间对话服务的工具

2002 年	经济旅游：可持续发展的关键
2003 年	旅游：消除贫困、创造就业和社会和谐的推动力
2004 年	旅游拉动就业。
2005 年	旅游与交通——从儒勒·凡尔纳的幻想到 21 世纪的现实
2006 年	旅游让世界受益
2007 年	旅游为妇女敞开大门
2008 年	旅游：应对气候变化挑战
2009 年	庆祝多样性
2010 年	旅游与生物多样性
2011 年	旅游：连接不同文化的纽带
2012 年	旅游业与可持续能源：为可持续发展提供动力
2013 年	促进旅游业在保护水资源上的作用
2014 年	快乐旅游，公益惠民
2015 年	十亿名游客，十亿个机会
2016 年	旅游促进发展，旅游促进扶贫，旅游促进和平
2017 年	可持续旅游业如何促进发展
2018 年	旅游数字化发展
2019 年	旅游业和工作：人人享有美好未来
2020 年	旅游与乡村发展
2021 年	旅游促进包容性增长
2022 年	重新思考旅游业
2023 年	旅游促进绿色发展

世界旅游组织的宗旨是：促进和发展旅游事业，使之有利于经济发展、国际间相互了解、和平与繁荣。世界旅游组织的总部设在西班牙的马德里，其标志如图 1-8 所示。

世界旅游组织成员分为正式成员（主权国家政府旅游部门）、联系成员（无外交实权的领地）和附属成员（直接从事旅游业或与旅游业有关的组织、企业和机构）。截至 2013 年，世界旅游组织的成员包括 156 个正式成员、6 个联系成员和 400 多个附属成员。中国于 1983 年 10 月 5 日正式加入世界旅游组织，成为它的第 106 个正式成员。

图 1-8　世界旅游组织的标志

（二）世界旅游旅行理事会

世界旅游旅行理事会（World Travel & Tourism Council，WTTC）成立于 1990 年，由美国前国务卿基辛格发起，总部设在伦敦，是当今世界颇具权威性的非政府国际组织。该组织以"提升政府、公众认识旅游、旅行对经济和社会的影响力"为核心任务，通过与各国政府通力合作，推动旅游资源的开发，拓展国际旅游市场。目前，理事会会员包含世界上 100 个最著名的旅游及旅游相关企业集团的总裁（董事长、首席执行官），如美国运通、法国雅高、日本交通公社等,中国的会员有携程、中国旅游集团、广东长隆集团、首都机场等。会员企业的业务范围涵盖了旅游业的整个产业链,拥有对旅游业的宏观视野,对世界旅游产业的走势具有一定的影响力,是全球旅游业界的领袖组织。为了保持组织的高规格和权威性,世界旅游旅行理事会实行定额邀请加淘汰式会员制。会员企业必须达到全球性的经营范围,或者被认为是行业或地区内的重要参与者,才有资格被邀请加入。

(三)太平洋亚洲旅游协会

太平洋亚洲旅游协会(Pacific Asia Travel Association,PATA)成立于1952年,是亚太地区的一个权威性、非营利性的团体会员旅游机构,是具有广泛代表性和影响力的民间国际旅游组织。太平洋亚洲旅游协会宗旨是借助于官方及民间旅游机构的伙伴关系,支持、推动并引领亚太地区旅行及旅游业的可持续发展。其总部设在泰国首都曼谷,在全球设有30多个分会。

中国分会于1994年1月正式成立。太平洋亚洲旅游协会每年召开一次年会,讨论和修订协会的工作和长期计划。协会设有4个常务委员会,即管理工作常委会、市场营销常委会、开发工作常委会和调研工作常委会。此外,协会还设有出版处,出版发行各种旅游教科书、研究报告、宣传材料、旅游指南以及多种期刊,其中主要期刊为《太平洋旅游新闻》。

(四)世界旅游联盟

世界旅游联盟(World Tourism Alliance,WTA)由中国发起成立,是中国第一个全球性、综合性、非政府、非营利性国际旅游组织,该联盟的总部和秘书处设在中国杭州。截至2020年12月,世界旅游联盟共有211个会员,来自中国、美国、法国、德国、日本、意大利、保加利亚、马来西亚、巴西等40多个国家和地区。

世界旅游联盟的宗旨:旅游让世界和生活更美好。以旅游促进和平、旅游促进发展、旅游促进减贫为使命,致力于在非政府层面推动全球旅游业的互联互通和共享共治,其标志如图1-9所示。

图1-9 世界旅游联盟的标志

【拓展阅读】

世界旅游联盟为全球提供新的中国经验

2020年,在杭州举办的"2020世界旅游联盟·湘湖对话",以"信心与变革·面向未来的旅游业"为主题,来自24个国家和地区的政府部门、旅游业界、学界、旅游城市等各方代表通过现场与线上模式参会。研讨了疫情当下、明天和未来旅游业的发展。值得关注的是，来自西班牙、克罗地亚、泰国、突尼斯、哈萨克斯坦、缅甸、乌拉圭7个国家的驻华大使出席了本次活动，这是湘湖对话创办以来出席大使人数最多的一次。这从一定程度上说明，当国外还面临疫情肆虐之时，中国作为最快从疫情中恢复的国家，已经开始吸引世界的目光。

通过湘湖对话平台，中外各方共同讨论了后疫情时代旅游业的振兴、变革与发展，其中"国际合作""旅游革新""产业共同体""多边主义"等关键词被多次提及，向外界释放了进一步凝聚合力、共振信心、共渡难关的积极信号，也为中国非政府国际旅游组织参与全球旅游行业合作与治理提供了新的启发与思考。

旅游业作为中国战略性支柱产业，在面对复杂多变的国际形势尤其是境外疫情尚未完全防控时，如何重振信心、加快复苏甚至是赢得新一轮发展先机，需要有以下考量。

一是要坚持多边主义道路，积极探索全球合作。多边主义是维护世界和平、促进世界经济发展、区域合作共赢的重要基础。旅游业本身是一个高度国际化的产业，区域合作是其重要特征，共商、共建、共享的原则对全球旅游业治理具有重要的参考价值。

中国一直坚持多边主义，并赢得了其他国家的认可。目前，由包括中国在内的15个国家和地区签署了区域全面经济伙伴关系协定（Regional Comprehensive Economic Partnership, RCEP)，意味着当前世界上人口最多、经贸规模最大、最具发展潜力的自由贸易区正式启航。这是多边主义促进国际经济合作共赢的强有力实践。世界旅游联盟也一直坚持走合作共赢的道路，努力为全球旅游业界搭建共商、共建、共享的平台。联盟现有的来自40个国家和地区的211个会员，共同为推行"旅游让世界和生活更美好"的理念而努力，为实现"旅游促进发展、旅游促进减贫、旅游促进和平"的目标而奋进。

二是要积极参与全球旅游业治理，为世界旅游业提供新的中国经验。在新冠肺炎疫情爆发前，中国是世界第一大出境国。中国旅游研究院发布的《中国出境旅游发展报告2020》数据显示，2019年中国出境旅游规模达1.55亿人次，境外消费达1 338亿美元。疫情的到来彻底改变了旅游市场格局。在中国，随着疫情防控持续向好，大量出境游市场需求转化为国内游需求，并因此带动了国内旅游市场的回暖与复苏。以2020年国庆节、中秋节8天假期为例，全国共接待国内旅游者6.37亿人次，按可比口径同比恢复79%；实现国内旅游收入4 665.6亿元，按可比口径同比恢复69.9%。在疫情防控常态化的背景下，向世界交出了一份中国旅游业发展的"参考答卷"。

当前国外疫情尚未平息，此时此刻，中国可以在进一步参与全球旅游业合作与治理中，发挥更为积极的作用。比如，在推动公民旅游安全意识养成，加强旅游市场卫生、安全管理，创新无接触式的旅游产品等方面，中国都积累了成功经验，而这些经验，恰恰是当前许多国家旅游业在面对疫情防控常态化时所需要的。

三是要切实肩负起行业责任，全面深入服务行业。旅游促进发展、旅游促进减贫、旅游促进和平是世界旅游联盟的三大使命。以减贫为例，发展旅游业已经成为诸多国家消除贫困的重要手段。世界旅游联盟与世界银行、中国国际扶贫中心合作，在旅游促进减贫方面开展了大量工作，2018至2020年间，根据可量化的减贫效果、创新性、可复制性、积极的社会影响和可持续性等标准,经过专家组的遴选审议,最终确定了100个典型案例,形成《世界旅游联盟旅游减贫案例》,并拍摄"旅游让世界和生活更美好"减贫案例微纪录片,通过中国国际电视台向世界介绍旅游减贫的成功经验。2020年的"湘湖对话"上,还展示了由联盟会员——中山大学旅游学院保继刚教授团队开展的云南省阿者科村旅游减贫案例现场展示,向世界讲述中国旅游扶贫工作的故事。

除了减贫工作以外,世界旅游联盟还先后发布《中国旅游市场景气报告》《国际旅游教育发展报告》《中国入境旅游数据分析报告》《世界旅游发展报告》《中国赴柬埔寨旅游市场发展现状与未来思考》等一系列重要报告,为会员和行业提供智力支持和决策参考,为世界旅游业发展提供中国智慧和方案。

中国旅游业参与全球旅游业合作和治理,除了需要像世界旅游联盟这样高质量的非政府平台外,更需要有更多的参与者和践行者。只有坚持多边主义、共享先进经验、共担行业责任,受到疫情重创的世界旅游业才能合力防控好疫情,共同促进产业变革,推动高质量发展。

资料来源:王昆欣.世界旅游联盟为全球提供新的中国经验.人民日报·人民文旅. 2020-12-30

三、中国主要的旅游组织

(一) 中国旅游协会

中国旅游协会(China Tourism Association,CTA)是由中国旅游行业的有关社团组织和企事业单位在平等自愿基础上组成的全国综合性旅游行业协会。

1986年1月30日,中国旅游协会经国务院批准成立,是中国正式成立的第一个旅游全行业组织。

中国旅游协会的宗旨:中国旅游协会遵照国家的宪法、法律、法规和有关政策,代表和维护全行业的共同利益和会员的合法权益,开展活动,为会员服务,为行业服务,为政府服务,在政府和会员之间发挥桥梁纽带作用,促进中国旅游业的持续、快速、健康发展。

(二) 中国旅行社协会

中国旅行社协会(China Association of Travel Services,CATS)成立于1997年10月,是由中国境内的旅行社、各地区性旅行社协会等单位,按照平等、自愿的原则结成的全国旅行社行业的专业性协会,是经国家民政部门登记注册的全国性社团组织,具有独立的社团法人资格。中国旅行社协会代表和维护旅行社行业的共同利益和会员的合法权益,努力为会员服务,为行业服务,在政府和会员之间发挥桥梁和纽带作用,为中国旅行社行业的健康发展作出积极贡献。

中国旅行社协会的宗旨:遵守国家的宪法、法律、法规和有关政策,遵守社会道德风尚,代表和维护旅行社行业的共同利益和会员的合法权益,努力为会员服务,为行业服务,在政府和会员之间发挥桥梁和纽带作用,为中国旅行社行业的健康发展作出积极贡献。

中国旅行社协会实行团体会员制,所有在中国境内依法设立、守法经营、无不良信誉的旅行社及与旅行社经营业务密切相关的单位和各地区性旅行社协会或其他同类协会,承认和拥护本会的章程,遵守协会章程,履行应尽义务均可申请加入协会。

(三)中国旅游饭店业协会

中国旅游饭店业协会(China Tourist Hotels Association,CTHA)成立于1986年2月25日,经中华人民共和国民政部登记注册,具有独立法人资格。是中国境内的饭店和地方饭店协会、饭店管理公司、饭店用品供应厂商等相关单位,按照平等、自愿的原则结成的全国性的行业协会。中国旅游饭店业协会于1994年正式加入国际饭店与餐馆协会(IH&RA),并进入其董事会,成为5位常务董事之一。

中国旅游饭店业协会的宗旨:遵守国家法律、法规,遵守社会道德风尚,代表中国旅游饭店业的共同利益,维护会员的合法权益,倡导诚信经营,引导行业自律,规范市场秩序。在主管单位的指导下,为会员服务,为行业服务,在政府与企业之间发挥桥梁和纽带作用,为促进中国旅游饭店业的健康发展做出积极贡献。

【头脑风暴】

中国文化和旅游部与旅游行业组织是一种怎样的关系?

【第一章复习思考题】

1. 什么是旅游?
2. 什么是旅游业?旅游业的基本要素包括哪些?
3. 简述旅游者的基本类型和特点。
4. 从我做起,如何做一名文明的旅游者?
5. 分别列举国际上和中国主要的旅游组织。
6. 下述旅游者属于哪种类型的旅游者?为什么?

(1)某管理公司刘经理一行8人,于2019年4月到广州参加广交会,之后游览了广州长隆乐园、惠州十里银滩巽寮湾、港珠澳大桥、清远黄腾峡玻璃悬廊、黄飞鸿祠堂、小蛮腰等景点。

(2)山西的毋先生一家6人,于2018年国庆节到陕西参加其亲友的婚礼,之后游览了华清宫、兵马俑、华山、乾陵、法门寺、回民街、大雁塔等景点。

(3)北京的小李和同学利用高考结束后的假期,到云南大理进行了为期5天的"洱海深度游"。

第二章 旅游业的产生与发展

■ **本章导读**

　　旅游是一种高尚的文化生活,上自"人猿相揖别"的上古时代,下至改革开放的今天,虽历经千年却从未间断。某种意义上讲,旅游是一定时代政治、社会和经济的反映。旅游的发展历程就是人类物质文明与精神文明的创造过程。

　　现代旅游是在前人的基础上发展起来的,为更清楚地了解和研究现代旅游,我们有必要了解和研究过去的旅游。商品交换的出现是旅游需求产生的根本前提,奴隶制经济的发展是旅行活动发展的物质基础,古代国家的出现为旅游活动提供了社会保障。近代旅游的发展离不开产业革命的影响。中国现代旅游业的发展经历了从小到大、从弱到强的发展过程,已经成为促进中国经济社会进步和推动世界旅游发展的重要力量。本章内容旨在探讨旅游历史演变轨迹,进而全面、具体地对旅游活动进行审视。

■ **学习目标**

● **知识目标**

1. 理解旅游的产生背景和发展动力
2. 熟悉中国旅游业发展的总体脉络和未来旅游发展的趋势
3. 了解旅游活动的发展历程和标志性人物、事件

● **能力目标**

1. 能分析旅游活动发展的原因
2. 能简述不同时期旅游活动的特点

● **素养目标**

1. 树立正确的历史观,讲好中国旅游故事
2. 以古今中外著名旅行家为榜样,培养热爱祖国大好河山的情怀,做优秀传统文化的传承人

■ **思维导图**

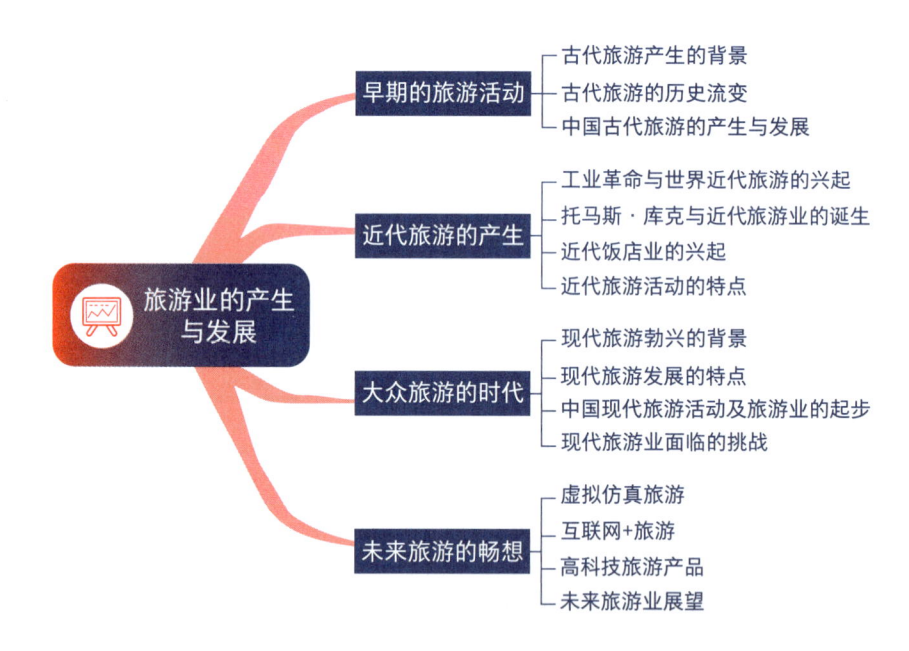

旅游业的产生与发展
- 早期的旅游活动
  - 古代旅游产生的背景
  - 古代旅游的历史流变
  - 中国古代旅游的产生与发展
- 近代旅游的产生
  - 工业革命与世界近代旅游的兴起
  - 托马斯·库克与近代旅游业的诞生
  - 近代饭店业的兴起
  - 近代旅游活动的特点
- 大众旅游的时代
  - 现代旅游勃兴的背景
  - 现代旅游发展的特点
  - 中国现代旅游活动及旅游业的起步
  - 现代旅游业面临的挑战
- 未来旅游的畅想
  - 虚拟仿真旅游
  - 互联网+旅游
  - 高科技旅游产品
  - 未来旅游业展望

第一节　早期的旅游活动

【案例导入】

旅游起源何时？

人类最早的旅游活动是以"旅行"的形式表现出来的。旅行作为一种人类有意识的活动，究竟源于何时，尚有争议，有如下两种比较极端的观点。

一种观点认为旅游"自古已有之"，人类从诞生以来，不满足于活动范围和生存空间的限制，或迫于自然灾害的威胁，从而进行的迁徙可认为是人类历史上最早的旅行。这样的观点显然将原始社会初期的人类迁徙活动与旅行混为一谈了。这种出于生存需要而远走他乡的逃荒或避难活动并非有意识的自愿外出。同时，囿于原始社会初期的社会生产力的极端低下，并不具有旅行所需的物质基础。

另一种观点则认为"旅行产生于近代"。这一说法也并不完全符合历史事实。国内学界形成的共同认识认为，人类的旅游活动的演进经历了古代旅游、近代旅游和现代旅游3个阶段。否定古代没有旅游，明显有悖事实，同时也忽略了近代旅游是在古代旅游的发展演化中逐步形成的。

那么旅行到底源起何时？据考证，旅行产生于原始社会末期，是比较可信的说法。一方面，这个时期的社会生产力有了较为显著的提高，青铜器的出现是文明进程的重要标志之一；另一方面，第三次社会大分工，使商业从农、牧、手工业中分离出来，形成了最初的旅行经商。同时，无论是神话传说还是古代文献，都能找到关于旅行的词汇。

在中国的古代文献中，距今4 000多年的甲骨文，已发现"游"字的出现，神话传说中很早就有伏羲氏"始乘桴"；始祖黄帝"作舟车以济不通，旁行天下"；尧、舜、禹也曾巡游四方。而西方文明的萌芽同样绕不开古代的旅行。在希腊传说中，有不少关于旅行的情节，而反映这一时期的书籍中，如荷马的《荷马史诗》、赫西俄德的《神谱》、奥维德的《变形记》等，虽主要描写诸神的故事但均有不少反映人类旅行的内容和情节，也涌现除了大量描述旅行活动的词汇，如旅行、航行、行船等。

神话传说虽属于虚构的范畴，但某种程度上说，这也是远古时代人类现实活动的客观反映。在原始社会后期，随着社会生产力提高导致的产品剩余和产品交换，使得人类对远方世界的渴望被激发，进而产生了旅行的雏形。

资料来源：彭顺生．世界旅游发展史．北京：中国旅游出版社，2008

一、古代旅游产生的背景

旅游是人类社会经济水平发展到一定阶段的产物,人类有意识的外出旅行可追溯到原始社会末期。在原始社会前期,也就是考古学上的旧石器时代,社会生产力水平极端低下,人们的劳动所获除了供自己食用之外几乎没有剩余,人们的社会活动基本上只限制在自己氏族部落的范围内。因此,这一时期还不具备产生外出旅行的物质条件,只有在衣食无忧的情况下,人们才会产生外出旅行的念头。由此可见,囿于社会经济条件的限制,这一时期的人类不具备旅行的物质基础,主观上也没有外出旅行的愿望,虽然有被迫性和求生性的迁徙活动,也不能称为真正意义上的旅行活动。

原始社会后期,进入考古学上定义的新石器时代。这一时期,人们掌握了更多的生产技术,生产水平因而得到大幅度提高。特别是到了原始社会的晚期,随着生产工具的不断改进和生产经验的广泛累积,原始农业和原始畜牧业逐步形成和发展,从而出现了人类历史上的第一次社会大分工。分工使得社会生产力水平大大提高,产品有了更多的剩余,交换成为一种经常性的现象。农业迅速发展,使得越来越多的农产品为人类提供了可靠的食物保障,也为手工业的发展奠定了基础。这时候第二次社会大分工随之产生,即农业和手工业分离。手工业成为专门性的行业从家庭生产中分离出来以后,劳动生产率得到进一步提高,加速了私有制的形成。与此同时,直接以交换为目的的商品生产开始出现,专门从事商品交换业务的商人应运而生,这就是第三次社会大分工。商人以从事产品交换为职业,他们需要了解其他地区的生产和需求情况,要到其他地区交换自己的产品,于是人类最初的旅游活动是以商务旅行的形式表现出来的。因此,人类最初的旅行不是为了消遣和度假,而是因扩大贸易需求而产生的活动。

从奴隶社会到封建社会,除经商旅行外,相继出现各种非经济目的的旅行活动,如帝王巡游、文人漫游、宗教朝圣旅游、学术考察旅游和航海旅游等,但这些活动参加人数较少,路程也比较短,这样的旅行活动尚不具有普遍的社会意义。

【拓展阅读】

据传说,公元前3世纪与公元前2世纪之交,希腊罗德岛的阿波罗尼奥斯创作了史诗《阿尔戈船英雄纪》。它是希腊最古老的传说之一,讲的是以伊阿宋为首的希腊英雄,乘"阿尔戈"号快船远航,夺取金羊毛的故事。伊阿宋为了夺回属于自己的财产和统治权,走遍希腊各个城邦,邀请多位具有丰功伟绩的英雄参加这次远航,共约50人,其中有宙斯的儿子赫拉克勒斯、卡斯托尔,力大无穷的忒休斯,北风神波瑞阿斯的儿子泽忒斯,墨勒阿格罗斯等,甚至著名的歌唱家奥尔普斯也加入了这次非同寻常的旅行。相传在女神雅典娜的帮助下,他们建造了一艘有10个划桨位置的大船,取名为"阿尔戈"号,参加远航的英雄们被誉为"阿尔戈"英雄。

据阿波罗尼奥斯描述,这次旅行"经过了许多国家,看到了许多人民",沿途看到了绝美的风光、奇异的动物,经历了惊心动魄的海上历险。这个传说可能是以希腊人去黑海的最初航行为基础,产生于荷马时代之前,长期在口头流传,曾是很多作家创作的素材,因而细节上不尽一致。

资料来源:彭顺生.世界旅游发展史.北京:中国旅游出版社,2008

二、国外古代旅游的历史流变

国外古代社会出现了与当时社会经济文化发展相适应的多种旅行和游览活动,如商贸旅行、游学旅行等。但是,由于古代社会生产力水平不高,经济不发达,人们生活水平低下,旅游尚未成为大众化的活动。

(一) 古埃及时期(公元前 4000 年—公元前 2000 年)

人类最初的旅行产生于原始社会末期。据考证,作为四大文明古国之一的埃及是世界上旅行与旅游活动开展得最早的国家。大约公元前 4000 年,苏美尔人发明了货币,并将其运用于贸易上。货币为贸易旅游带来了极大的便利。公元前 3200 年前后,古埃及形成了统一的奴隶制国家。国家的统一暂时结束了混战和争夺,社会秩序相对稳定,空间移动的基本条件越来越完备,为旅行活动的发展创造了条件。古埃及以法老(国王)为首的中央专制政体,大规模兴建金字塔和神庙,吸引无数前来旅行的人。

(二) 古希腊时期(公元前 1500 年—公元前 323 年)

随着古希腊的兴盛,城邦通货的交换和希腊语的广为传播,为当时的旅行提供了客观便利条件。据可靠文字记载,古希腊的奥林匹斯山是当时最著名的宗教圣地,在建有宙斯神庙的奥林匹亚村,名为"奥林匹亚庆典"是最负盛名的庆典。宙斯大祭之日,前来参观者络绎不绝,节日期间举行以寻求乐趣为目的的赛马、赛车、赛跑、角斗等竞技运动,后来发展成为奥林匹克运动。

古希腊对旅行的发展作出了巨大的贡献,其中两点尤其突出:第一,是通货交换,当时希腊城邦的货币,被公认为国际通行的货币;第二,是希腊语言的传播,语言交流的方便促进了人们外出旅游意愿的出现。这两个因素都极大地方便了当时的旅行活动。

(三) 古罗马帝国时期(约公元前 753 年—476 年)

古罗马文明既是古典奴隶制文明的最高形态,又是地中海古文明的集大成者。罗马时代也是世界古代奴隶社会旅行与旅游的全盛时期。高度发展的奴隶制,繁荣的社会经济,四通八达的交通,使得古罗马的旅行活动非常频繁。古罗马帝国于公元前 753 年兴起,公元前 2 世纪到公元 2 世纪为全盛时期。随着大规模侵略扩张行动,其疆域空前广阔,罗马政府在全国境内修建了许多宽阔的大道。甚至曾经有一句谚语形容其城市间道路网络的状况——"条条大道通罗马"。据统计,公元 1 世纪古罗马每年有 66 天节庆娱乐日,2 世纪增加至 123 天,到 4 世纪已经达到 175 天,节日期间,国家主动拨款并组织各种娱乐项目。古罗马帝国时期是西方古代旅行发展的鼎盛时期,旅行已朝着多样化的方向发展。公元476 年,古罗马帝国灭亡,西方逐渐进入封建社会,政治、经济发展缓慢,罗马教会用宗教神学控制人们思想,旅行活动处于低潮。

（四）阿拉伯帝国时期（约 7 世纪—8 世纪）

当时地跨亚、非、欧三洲的阿拉伯帝国，正处于发展的顶峰时期。阿拉伯帝国以首都巴格达为中心，广修驿道，密置驿站，交通运输空前发展，驿道四通八达，各驿站备有驿马、骡和骆驼。此时，伊斯兰教已取得合法地位并规定每一个有能力的穆斯林平生要到麦加朝觐，所以在驿道上朝圣的旅客络绎不绝，宗教旅行盛行。

（五）西方中世纪黑暗时期（约 500 年—1500 年）

到中世纪，西方封建制度逐步形成，这是欧洲最黑暗的封建时代，经济文化衰落，社会动荡不安，道路损坏失修，造成旅游发展的严重倒退。中世纪时期，宗教旅游有所增长，教徒前往圣地成为一种有组织的活动，例如，伊斯兰教徒到圣城麦加，基督教徒前往耶路撒冷和罗马。随着西方城市开始复兴，中产阶级迅速增长，外交和贸易旅行迅速发展起来。13 世纪，意大利著名旅行家马可·波罗在 17 岁的时候随着父亲和叔父沿陆上丝绸之路前来东方，在中国游历了 17 年，著名的《马可·波罗游记》大大促进了东西方经济和文化的交流。

（六）文艺复兴和大航海时期（约 14 世纪—18 世纪）

15 世纪，西方资本主义开始萌芽，西班牙、葡萄牙和英国已是海上强国。新兴资产阶级开始了对外扩张和掠夺财富。《马可·波罗游记》盛赞东方富庶，驱使欧洲商人、航海家进行远洋探险，从而形成世界大规模的航海旅行。

原始社会末期至 19 世纪中期是世界古代旅游产生、发展时期。在这一阶段，旅行者所依赖的交通工具主要为畜力，如马、牛、驴等，旅游者的食宿接待主要为客栈、客店、旅馆、别墅，旅游中介机构尚未出现。旅游的方式主要表现为商务旅行和宗教旅行，虽然具有近代性质的消遣旅游也同时存在，但毕竟不占主导地位，旅游活动的范围主要限于国内游。这一阶段旅游的特点主要表现为：就非经济目的特别是消遣性质的旅游而言，参加者多为以帝王为首的统治阶级及其附庸阶层。广大劳动人民农业劳动鲜明的季节性特点以及政治上无权、经济上受剥削的地位，使得他们在主观上缺乏对旅行度假的要求和习惯，客观上则无能力参加旅行活动，因此，该阶段的消遣旅游活动没有普遍的社会意义。

【头脑风暴】

旅游不是单一成分的旅行活动，而是具有劳作与休闲的双重性质，或者说旅游这一活动中包含着忙与闲这两种既相互对立又相互促进的成分。旅游所兼具的劳作与休闲的双重性质并非固定不变，而是随着时代的递进而彼伏此起，旅游的劳作成分在古代比重较大，而越趋现代比重越小；而休闲的比重越来越大。在远古时期，人类的祖先与恶劣的自然环境相抗衡，他们的旅游活动主要是一种工作行为，其娱乐休闲性成分是附属于劳作之上的。这决定了古代旅游的基本特征是娱乐的"非自发性"，它依赖于各种实用需要，如政治、军事、经济、意识形态等而存在和发展，在赴任、出征、经商、游学等必需活动中，时而引发旅游中的娱乐因素。因此，古代旅游的享受性、娱乐性仅仅是附属性的成分，但随着社会的进步和旅游的发展,旅游的娱乐休闲成分急剧增加,从而被视作人生的享受。以前附着于劳作之上的休闲成分,现在正好反过来,劳作成分正日益附属于娱乐之上。放眼今天的社会,人们无行不游,无游不览,行游一体化的趋势日益明朗。显然古代旅游活动以劳作成分为主,多属于价值创造性旅游;现代旅游活动以休闲成分为主,多属于价值欣赏性旅游。

参考以上内容,尝试阐述旅游概念的古今之别。

三、中国古代旅游的产生与发展

中国是世界四大文明古国之一,也是产生旅游活动最早的国家之一。中国旅游的历史可以追溯到公元前 4000 年以前,但真正意义上的中国古代旅游,是随着中国封建社会的稳定和生产力的长足发展而出现的,且表现形式也日趋复杂和多样。中国发展史也是一部伴随着旅游业的产生而发展的历史。

中国古代传说中的三皇五帝的游踪,是史前时代的人类本能的旅行。如伏羲、女娲兄妹婚配,皇帝一生不离群山,后羿历险取长生不老药,夸父追日,大禹治水等,都是中国最初的旅游活动,揭开了中国旅游史的朦胧篇章。

中国有句名言"读万卷书,行万里路",历史名人如司马迁、李白、杜甫等都曾历经千难万险,长途跋涉,游历祖国大好河山,这些经历让他们在医学、地理学、史学、文学等领域做出杰出的贡献。

夏商时期,商纣王筑鹿台,建沙丘苑台,宴饮娱乐。西周时期,周穆王长驱万里,北绝流沙,西达昆仑,游历了名山绝境。春秋战国时期,"父母在,不远游,游必有方"(《论语·里仁》)、"山林与,皋壤与,使我欣欣然而乐与"(《庄子·知北游》)等旅游理论被广泛接受。秦汉时期,帝王大兴离宫别馆,巡行天下,张骞出使西域,开辟了丝绸之路。魏晋南北朝时期,人们托意玄学,纵情山水,曹操所咏吟的"东临碣石,以观沧海"在今天仍然被广泛传诵;而"竹林七贤"开启了玄学之游;陶渊明、谢灵运退隐田园,真正实现了将"读万卷书"与"行万里路"有机结合起来。隋唐时期,隋炀帝开凿了大运河;到唐朝,旅游已成为一种社会时尚,普及各阶层,文人们留下了大量诗歌游记。宋元时期,旅游在社会动荡中进行,也激发了游人的爱国壮志与理想抱负;元朝地跨欧亚大陆,中外交流频繁,使旅游具有面向世界的可能,马可·波罗、汪大渊等使者让东西方文化得到传播与发展。明清时期,有郑和七下西洋、徐霞客饱览祖国名山大川,以及以康乾为代表的帝王巡游空前绝后。鸦片战争后,帝国主义加紧侵略中国,国内各种矛盾空前激化,社会精英阶层和爱国志士开始了为寻求救国真理而壮游海外的西学东渐之旅。

【头脑风暴】

中国旅游名人知多少？

从古到今，旅游是常谈常新的话题。古代都有哪些旅游达人？孔子、张骞、郑和……古代旅游达人还真不少，他们都是大名人。请同学们搜集以下旅游名人的历史年代、主要事迹、旅游典故等，并进行分享。

(1) 游学旅游名人——孔子。
(2) 外交旅游名人——张骞。
(3) 宗教旅游名人——玄奘。
(4) 人文旅游名人——李白。
(5) 航海旅游名人——郑和。
(6) 科考旅游名人——徐霞客。

第二节　近代旅游的产生

一、工业革命与世界近代旅游的兴起

工业革命18世纪60年代发端于英国，随后迅速扩展到美国、法国、德国、日本等国家。到19世纪中叶，欧洲主要国家和美国、日本等国先后完成了工业革命。工业革命是人类历史上划时代的革命，它使得机器大工业代替了传统手工业，它既是生产技术的革命，更是一场生产关系领域内的革命，也使得欧美地区的国内旅游和国际旅游都取得了突破性的进展。

17世纪至19世纪中期英国工业革命结束之前，资产阶级革命在欧洲取得胜利。这不仅改变了整个人类社会发展的方向，也对世界旅游产生了积极的影响。欧洲资产阶级革命确定了资本主义制度，在这一新型制度下，社会生产力快速发展，社会财富增多，刺激了富有而有闲暇的阶层产生旅游动机。这一时期规模最大、影响最深的旅游活动当属起源于英国的"海外大旅行"（The Grand Tour，又称"大巡游""壮游"）。"海外大旅行"是欧洲宗教改革和教育世俗化的产物，它在16世纪发端于英国，在17、18世纪盛行于欧洲。

在英国女王伊丽莎白一世统治时期，贵族们纷纷将自己的子弟送往欧洲大陆，去接受新思想，学习文化，随后中产阶级也纷纷效仿。教育旅行在这一时期开始发展起来，人们将它称为"海外大旅行"。"海外大旅行"的初衷是求知求学、增长见识，后来成为满足好奇心的一种旅游方式，在当时促进了欧洲旅行活动的振兴和发展，在世界旅游史上具有承上启下的积极意义。

随着工业革命的逐步深入,旅游活动也发生了质的变化。

1. 工业革命极大地促进了社会生产力的提高,促进了财富的聚集

工业革命带来了交通运输工具的发展,使得大规模的人员流动成为可能,这是近代旅游业迅速发展的必要条件。19世纪以后,蒸汽动力的轮船迅速普及和发展。1807年,美国"克莱蒙特"号轮船开始经营定期航班运输业务;1838年,英国蒸汽轮船"西留斯"号首次横渡大西洋成功。1825年,在英国享有"铁路之父"之称的乔治·史蒂文森建造了从斯托克顿至达林顿的铁路正式投入运营;1830年,从利物浦至曼彻斯特的客车铁路运输首次正式投入使用。此后,各地的铁路也开始建设起来。

2. 工业革命加速了城市化的进程

这时候欧洲的发达国家,特别是英国多数人的工作和生活地点从农村转移到城市。这一变化激发了人们需要适时逃避紧张生活节奏和拥挤嘈杂环境的欲望,回归大自然、追求宁静生活的趋向逐渐明显。

3. 工业革命使得工作变得枯燥、重复且单一

人们强烈要求假日,以便能从中获得喘息和调整的机会。同时,各级工会组织积极争取带薪假日的斗争使工人阶级有了更多的休闲时间,带薪假期因此产生。

4. 工业革命造就了大量的产业工人

产业工人在经济上虽然受资本家的剥削,但已经是自由人,拥有外出、迁徙的自由,旅游也不再是贵族阶级的特权活动,旅游人数增加,旅游阶层更加广泛。

可见,工业革命对世界旅游产生的影响是深远的,多维度的影响综合在一起,促成了世界旅游质的飞跃,世界近代旅游由此诞生。

世界近代旅游阶段约从19世纪中期至第二次世界大战结束。在这一阶段,旅游者,尤其是远距离旅游者所依赖的交通工具主要为机器动力,如火车、蒸汽船、轮船等。旅游者的食宿接待主要为宾馆、饭店。旅游中介机构如旅行社以及其他为旅游者服务的人员(如导游)、业务(如旅行支票)等已经出现。旅游的方式主要以消遣度假旅游为主。旅游活动的范围开始突破国家的界限扩展到国际舞台。这一阶段旅游的特点主要表现为:资本主义工业革命所带来的生产力的提高、财富的增加,以及高效率交通工具的出现,扩大了旅行和旅游的人数,近代旅游开始成为一项经济活动。然而,从整个时代来看,近代旅游活动虽然已有很大发展,但还未发展到能称之为独立的经济行业——旅游业的地步,它只是一种局部地区个别人经营的旅游代理业。

二、托马斯·库克与近代旅游业的产生

近代旅游业的先驱人物是托马斯·库克。托马斯·库克于1808年11月22日出生于英格兰,自幼家境贫寒,做过帮工、木工、诵经人等。为了宣传教义,他游历了英格兰的许多地方,对旅游产生了兴趣。因为宗教信仰的原因,托马斯·库克是一位积极的禁酒工作者。1841年7月5日,托马斯·库克成功地组织了一次大规模的出行活动,即从他居住的莱斯特去拉夫伯勒参加禁酒大会。他包租了一列火车,组织了570人前往,往返行程共22英里(1英里≈1.609千米),每人收费1先令(英国旧辅助币单位,1英镑=20先令),免费提供带火

腿肉的午餐及小吃,还有个唱赞美诗的乐队跟随。这次活动在旅游发展史上占有重要的地位,它是人类第一次利用火车组织的团体旅游,被公认为是近代旅游活动的开端。因为这次活动的成功举行,托马斯·库克开始了专职的旅行代理生涯,成为世界上第一位专职的旅行代理商。

1845年,托马斯·库克在英格兰的莱斯特创办了世界上第一家商业性质的旅行社——托马斯·库克旅行社(通济隆旅行社),成为旅行代理业务的开端,"为一切旅游公众服务"是它的服务宗旨。同年夏天,出于营利目的,托马斯·库克组织一批人前往利物浦观光旅游,他亲自安排和组织了旅游线路,并担任旅游团的全程陪同,还雇用了地方导游。这是一次包含了旅游线路考察与设计、旅游产品组织、旅游广告宣传、旅游团队招徕和陪同及导游等多项服务内容的旅游活动。此外,他还整理出版了世界上第一本旅游指南《利物浦之行指南》。

1846年,托马斯·库克组织350人集体到苏格兰旅游,并配备向导。旅游团所到之处受到热烈的欢迎,从此,托马斯·库克旅行社的名字开始蜚声于英伦三岛。1851年,托马斯·库克组织16.5万人参观在伦敦水晶宫举行的第一次世界博览会。4年后,博览会在法国巴黎举行,托马斯·库克又组织了50余万人前往参观,使旅游业第一次打破了国界,走向世界。至1865年,托马斯·库克成立了托马斯·库克父子旅游公司,全面开展旅游业务。同年,经托马斯·库克组织的旅游人次已累计达100万。1872年,托马斯·库克组织了9位不同国籍的旅游者进行为期222天的第一次环球旅行,使其旅行社名声大噪。

接着,托马斯·库克又在欧洲、美洲、澳大利亚与中东建立自己的系统。1880年,托马斯·库克打开印度市场,拓展了埃及市场,成为世界上第一个国际性旅游代理商。

托马斯·库克旅行社的问世标志着近代旅游业的诞生,托马斯·库克本人也被誉为世界旅游业的创始人。此后,其他国家也成立了许多类似的旅游组织。1857—1885年,英国先后成立了登山俱乐部和帐篷俱乐部。1890年,法国和德国成立了观光俱乐部。美国运通公司1850年兼营旅行代理业务并于1891年发售旅行支票。此后,日本、意大利、俄国也先后成立了旅行社。随着旅行社行业的发展,旅游活动空前兴盛。到了20世纪初,托马斯·库克父子旅游公司、美国运通公司、比利时铁路卧车公司成为世界旅行代理业的三大公司。

【头脑风暴】

托马斯·库克1841年组织的从莱斯特到拉夫伯勒参加禁酒大会的活动,为什么被称为人类历史上出于商业性目的的第一次真正意义上的团体消遣旅游?

三、近代饭店业的兴起

自18世纪后期,欧美国家开始兴建一些规模较大、档次较高的饭店,开始摆脱早期客栈时代的简陋经营模式,饭店业开启了现代化发展之路。世界近代住宿业与古代相比有了明显的变化,不仅出现了满足富有旅游者需求的大型豪华饭店,还出现了为普通旅游者开设的商业饭店,服务质量也较古代有了很大的提高。学界普遍认为,世界饭店发展经历了客栈时期、大饭店时期、商业饭店时期、现代新型饭店时期4个阶段,世界近代饭店业则主要覆盖了中间两个阶段,即大饭店时期和商业饭店时期。

大饭店时期始于18世纪末,以1794年在美国纽约建成的第一座饭店——都市饭店为标志。大饭店时期的饭店大多建在繁华的大都市、铁路沿线或码头附近,规模宏大、建筑与设施豪华、装饰讲究,许多饭店还成为当代世界建筑艺术的珍品。饭店服务的对象仅限于王室、贵族、官宦、巨富和社会名流。饭店管理工作十分重视服务质量,注重服务礼仪和服务技巧,对服务工作和服务人员要求十分严格。豪华饭店价格昂贵,投资者注重于取悦于社会上层人士。豪华饭店的出现与发展大大促进了酒店管理实践及其理论研究的发展。

商业饭店时期是指20世纪初到20世纪40年代末的40余年。美国是这一时期的发展中心地,代表性人物是被称为"酒店标准化之父"的埃尔斯沃思·斯塔特勒(Ellsworth Statler)和美国"饭店大王"康拉德·希尔顿(Conrad Hilton)。商业饭店时期,饭店的服务对象是平民,主要以接待商务顾客为主。饭店规模较大,设施设备完善,服务项目齐全,讲求舒适、清洁、安全和实用,不追求豪华与奢侈,并考虑顾客的需求和承受能力,收费合理。饭店经营者与拥有者逐渐分离,饭店经营活动完全商业化,讲究经济效益,以营利为目的。同时,饭店管理逐渐科学化和标准化,形成了行业规范和相应的管理机构,各国相继成立了饭店协会与世界性的国际饭店协会。此时,不仅饭店业成了一个重要的产业部门,饭店管理也正式成为管理学的一个重要分支。

【头脑风暴】

请思考,近代饭店业迅速发展的主要原因是什么?

四、近代旅游活动的特点

世界近代旅游阶段始于19世纪中期,止于第二次世界大战结束,是世界近代旅游产生、发展的时期,近代旅游活动具有以下特征。

(一)旅游开始成为一项经济活动

自1845年托马斯·库克创办世界第一家商业性旅行社之后,以营利为目的的旅行社在全世界范围内开始普及开来,并逐渐确立其在旅游业中的地位,成为旅游业发展经营中的重要环节,于是旅行和旅游这项古老的社会活动开始变成一项经济活动。

(二)旅游的类型增多,尤其是出现了新的旅游活动

在近代旅游史上,不仅传统的旅游活动有了很大的提升,还出现了一些新的旅游活动,如博览会旅游、城市观光旅游、博物馆旅游等。这些新的旅游活动是近代旅游产生的重要标志。

（三）旅行和旅游的人数越来越多

资本主义工业革命所带来的生产率的提高和财富的增加，扩大了旅行和旅游的人数。例如，由世界博览会拉动的世界旅游人数，少则数百万，多则上千万人。

（四）人们出游的方式出现了新的变化

古代人们出游主要依赖于畜力及用畜力作动力的交通工具。由于近代旅游产生于火车等交通工具发明之后，火车成了主要的旅游交通方式。铁路的发展，不仅能运送更多的人，而且可以到更远的地方去旅行。轮船的大型化和高速化，极大地便利了海上旅行。此外，在近代旅游后期，随着汽车的大量投入使用，汽车旅行也成为一种潮流。

（五）供旅游者住宿的设施得到了极大的改进

在近代旅游之前，人们外出旅行与旅游，一般住在只提供基本食宿的小客栈或小旅店里，设施相当简陋。例如，在古希腊，"客栈只为旅游者提供一个晚上的休息时间，客人若想洗澡，就只有带着毛巾顺着街道走到最近的公共浴室，到了那里之后，在更衣室脱去衣服，交给别人保管，以免在洗澡时被人偷去"。古罗马时代虽然出现过可为人们互相交往和交流信息的少数商业性客栈，但客栈设施依然简易。12世纪客栈真正流行起来之后，设施也未得到任何改善，且类型单一。步入近代之后，这种状况得到了极大的改进，供旅游者住宿的设施不仅类型多样，如出现了豪华饭店、商业饭店、交通饭店、度假饭店等，而且住宿的设施相当完善，可为旅游者提供食宿、休闲、娱乐、交流等多种服务。

（六）供旅游者观赏的旅游景点得到了迅速的发展

在近代，一批人文景观和自然景观被开发出来，例如，紧靠城市的山地风景区和海滨，不仅修建了公路，还逐渐建设起具有先进娱乐设备和宜人环境的旅游接待设施，那些原有的专供上层社会享受的风景区、海滨浴场，变成了常年开放的旅游点。

总体来看，近代旅游活动虽然已有很大发展，但还未发展成为独立的经济行业——旅游业。

第三节 大众旅游的时代

一、现代旅游勃兴的背景

第二次世界大战结束至今，是世界现代旅游产生、发展的时期。在这一阶段，旅游者所依赖的交通工具除火车、轮船外，还有汽车和飞机；旅游者的食宿接待出现了豪华宾馆和饭店；旅游中介机构更加完善，旅游业务更加成熟；旅游的方式更加多种多样，新的旅游方式不断涌现；国际旅游空前发展。这一阶段旅游的特点主要表现为：由于旅游交通运输工具的进一步发展缩短了旅行的时间，生产自动化程度的提高使劳动者的带薪假期得以增加，加之信息技术的进步，越来越多的人增进了对其他地区和国家的了解，因此产生了外出旅游的需求，导致了大众化旅游潮流，旅游活动也随即发展成为独立的经济行业——旅游业。

人们已越来越清晰地认识到，旅游业是具有资源消耗低、环境友好、生态共享等优势的产业；是消费潜力大、消费层次多、持续能力强的产业；是推动经济、促进就业、带动全方位开放、推进国际化发展的产业；是增强国民幸福感、提升健康水平、促进社会和谐的产业；是优化区域布局、统筹城乡发展、促进新型城镇化的产业（见图2-1）。中国改革开放的历史，集中体现了旅游"带动一方经济、造福一方百姓"的效应，成为共同富裕建设道路上的能动器。纵观全球发展，现代旅游业正在业态创新、脱贫致富、城乡统筹、生态涵养、国际合作等方面为世界旅游发展作出重要贡献。

旅游业
- 是具有资源消耗低、环境友好、生态共享等优势的产业
- 是消费潜力大、消费层次多、持续能力强的产业
- 是推动经济、促进就业、带动全方位开放、推进国际化发展的产业
- 是增强国民幸福感、提升健康水平、促进社会和谐的产业
- 是优化区域布局、统筹城乡发展、促进新型城镇化的产业

图2-1 现代旅游勃兴的背景

中国已连续多年蝉联世界第一大出境旅游客源国，庞大的出境旅游人数和国际旅游消费量为世界旅游业的发展带来巨大红利。在全球旅游格局中，中国旅游市场的体量、分量和质量越发突出，成为影响全球旅游版图和竞争格局的重要力量。

二、现代旅游发展的特点

在20世纪的上半叶，人类经历了两次世界大战，这两次世界大战的间隔期又发生了经济危机，当时社会、经济的动荡给全球社会造成了极大的影响。在经历了半个世纪的风雨洗礼之后，世界范围的旅游发展迎来了雨后彩虹。

（一）现代旅游发展概述

如果说第二次世界大战之前的旅游发展尚有较多的局限，那么第二次世界大战后的现代旅游业则实现了长足发展。旅游作为一种群体性的活动开始普及，旅游业以飞快的速度向前发展。据统计，过去60年中，旅游业收入年均增长率达6.9%。世界旅游及旅行理事会报告显示，旅游业对世界GDP的贡献约占全球经济总量的1/10。经济发展带动人民生活水平的提高，对旅游的需求也在不断增长。中国改革开放40年，入境旅游人数从1978年的180.92万人次增加到2018年的14 120万人次，增长了78倍，年均增长13.2%。旅游总收入的增长率超过许多行业，显现出良好的发展趋势。根据中国社会科学院旅游研究中心的长期跟踪研究，全球旅游经济的80%集中于旅游总收入排名前20的国家，我们称之为T20（Tourism20）国家。2019年，T20国家分别为美国、中国、德国、日本、英国、意大利、法国、印度、墨西哥、西班牙、澳大利亚、泰国、巴西、加拿大、菲律宾、土耳其、俄罗斯、奥地利、韩国、瑞士。

但是，2020年，受新冠肺炎疫情的影响，全球旅游业面临有记录以来最严重的冲击。世界旅游组织数据显示，新冠肺炎疫情使2020年前10个月全球国际旅游人数同比减少9亿人次，降幅为72%，造成经济损失9 350亿美元。

（二）现代旅游业发展的原因

1. 第二次世界大战后世界人口迅速增加

在第二次世界大战之前，世界人口增长缓慢，尤其在第二次世界大战期间，人口大量减少。而第二次世界大战之后,人口增长明显加速。到了20世纪60年代,世界人口已经增加到36亿,在20年中增加了44%。这种人口基数的扩大为旅游人数的增加奠定了基础,比如,在1950~1960年,全世界的国际旅游人次大约增长了3倍。

2. 第二次世界大战后世界经济的快速发展

第二次世界大战后,几乎所有国家国民经济的增长速度都大大超过了战前,经济的快速发展,使得众多国家的人均收入迅速增加,尤其是原来经济基础就比较雄厚的西方国家,到了20世纪60年代,开始形成所谓的"富裕社会"。人们收入的增加和致富能力的提高,对旅游的迅速发展和普及无疑起到了重要的作用。

3. 社会闲暇时间增加

伴随着劳动生产率的提升,社会必要劳动时间大大缩短,这样相应就增加了社会闲暇的时间,特别是在20世纪的60年代以后,许多国家都在不同程度上规定了带薪休假的制度,这样的变化,保证了人们闲暇时间的活动能够得以开展,外出旅游时间有了保证,在外游览、逗留的时间也相应地加长了,于是就促进了旅游和休闲成为一种常态化的生活方式。

4. 旅游交通条件的快速改进

第二次世界大战后,火车、轮船仍然是重要的旅行交通工具,但是在发达的国家,汽车、飞机在旅行交通中的地位日益凸显,拥有小汽车家庭的比例在不断攀升,私人的小汽车已在这一时期成为重要的内陆交通工具,与此同时,航空运输的发展非常迅猛,使得人们能够在比较短的时间内进行长距离的旅行。

如图2-2所示。

微课:世界现代旅游迅速发展的原因

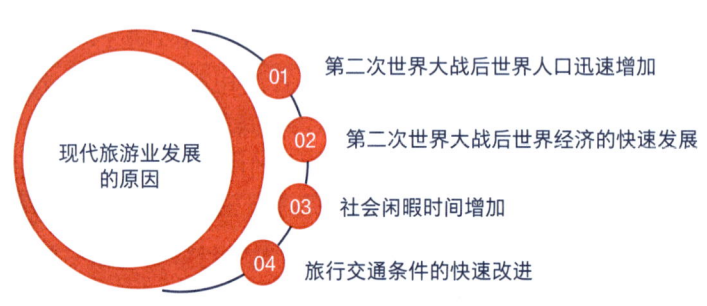

图2-2 现代旅游业发展的原因

(三)现代旅游的特点

1. 旅游活动主体的大众化

旅游曾经是少数人的特权,是少数特权阶级特享的活动,第二次世界大战以后,旅游活动参加者的范围大大扩展,扩展到了普通的劳动大众阶层。世界旅游组织(WTO)在1980年发表的《马尼拉宣言》中明确提出,旅游活动是现代人类社会的基本需要之一,旅游度假应成为人人享有的权利。伴随着每个个体旅游需求的实现,旅游活动就成为普通大众的消费形式,并且以大规模、集体化的形式普及开来。

2. 旅游活动空间的扩大化

伴随着科学技术的进步,包括交通工具的发展,旅游活动空间日益扩大,这就加快了国际旅游发展的步伐。旅游迅速向全球化的方向扩展开来。旅游空间扩大化的过程中,世界性、区域性、行业性的旅游组织逐渐完善起来,旅游发展、合作日益加强,旅游经济的全球化、区域化程度越来越高,也进一步推动了旅游空间活动的扩大。

3. 旅游活动形式的多样化

在现代旅游发展的过程中,旅游活动形式越来越丰富,除了我们常见的传统的欣赏自然山水、历史遗迹等旅游活动,也出现了许多特殊的观光旅游和度假旅游形式,如主题公园旅游、农业旅游、工业旅游、会展旅游、体育旅游、健康旅游等。这些新的观光休闲活动,受到不同旅游者的青睐。

现代旅游的特点如图 2-3 所示。

图 2-3 现代旅游的特点

微课:现代旅游的特点

三、中国现代旅游活动及旅游业的起步

中国现代旅游阶段主要指新中国成立以后的阶段,它以改革开放为界限,分为前后两个发展阶段。

第一个阶段为 1949—1978 年,由于一系列因素的影响,中国生产力水平仍然较低,商品经济不发达,国内旅游活动的规模比较小,旅游业处于一个比较低的发展水平。据有关统计,1949—1978 年,全国入境旅游者接待量不到 70 万人次,而同期,世界旅游业却经历了加速发展的黄金时期,全球国际旅游收入在 30 年中增长近 33 倍。由此看出,中国旅游的发展存在着明显的短板。总体来看,这段时期,中国的旅游业是作为外交事业的延伸和补充,承担的是民间外事接待的功能,不具备现代旅游产业的特征。

第二个阶段是全面发展期,即 1978 年至今,党的十一届三中全会以后,党和国家的工作重心发生转移,社会主义市场经济蓬勃发展起来,社会生产力和人民生活水平得到了大幅提升,为中国旅游的发展奠定了基础。总体来说,改革开放后 40 多年的时间里,中国旅游业经历了从小到大、从弱到强的发展过程,已经成为促进中国经济社会进步和推动世界旅游发展的重要力量。当我们回顾这 40 多年的旅游发展历程时,有如下几个宏观层面的发展特征。

1. 旅游产业的地位日益突出

在 20 世纪 80 年代,旅游业主要是创汇产业,国家发展旅游业的主要是补充外汇短缺。

049

1981年,全国旅游工作会议提出旅游事业是一项综合性的经济事业;90年代,国家提出把旅游业培育成为新的经济增长点,让旅游业成为一种扩大内需的重要手段;党的十七大(2007年)以后,旅游业被定位为国民经济的重要产业,进一步成为涉及政治、经济、文化、生态等等方面的复合型产业;党的十八大(2012年)以后,旅游业被定位为国民经济的战略性支柱产业和现代服务业。显而易见,旅游产业在中国经济社会中的地位日益突出。

2. 旅游市场逐步扩大

改革开放初期的旅游以接待境外入境旅游为主,国内也仅以小规模的差旅公务活动为主。因此,从严格意义上讲,并不能完全以国内旅游来概括,更不存在出境旅游。整个旅游市场相对单一、薄弱。20世纪80年代中期以后,伴随着综合国力提升,居民收入水平提高,国内的旅游市场发展起来了,尤其是90年代以后,国家大力发展国内旅游,把旅游作为扩大内需的重要手段,1995年实行的"双休日"制度,2000年开始的"黄金周",使得居民闲暇时间增多,国内旅游在假日期间出现了"井喷"现象。在20世纪90年代中后期,随着国家宏观政策的放宽和人们经济水平的提高,出境旅游随之升温。从早期的"新马泰"(新加坡、马来西亚、泰国)到其他东南亚国家,出境旅游的人数和目的地数量快速增加,如今已经形成了入境旅游、国内旅游和出境旅游三足鼎立的格局。三大旅游市场均衡发展是中国旅游市场全面发展的必然结果。

3. 旅游产业体系日趋完善

改革开放之初,旅游的接待设施和接待水平比较差,甚至出现短缺的现象,比较突出的是当时的旅行社、旅游饭店和交通服务短缺。20世纪80年代中期,中国旅游工作的重点转移到旅游产业体系的培育上,旅游饭店、旅行社、旅游交通都逐步发展起来,从吃、住、行、游、购、娱到商、养、学、闲、情、奇,整个旅游产业体系逐渐丰满起来。旅游产业的发展经历了从计划到市场、从封闭到开放、从单一到多元、从局部到全面、从粗放到集约这样一条发展主线。

4. 旅游管理方式发生转变

改革开放以来,中国旅游业的发展主要是政府主导型,政府起到了重要的推动作用,伴随着旅游产业的地位在国民经济体系的提升,各级政府都更加重视和支持旅游业的发展,政府的职能从管制、主导和引导逐渐向服务和监督转化,而旅游业的管理方式自然就经历了企业管理、行业管理到公共管理的演变过程。在这过程中,旅游管理和服务的水平逐步提升,这对中国旅游产业的快速和健康发展是十分有利的。

40多年的发展历程,中国旅游业完成了从旅游资源大国到旅游经济大国的转变,并实现了向世界旅游大国的跨越。未来中国还要实现世界旅游强国的宏伟目标。中国旅游业之所以取得令人瞩目的成就,离不开改革开放释放的红利,离不开党和政府的政策引导和支持,更离不开每一个旅游人做出的贡献。

四、现代旅游业面临的挑战

(一)旅游开发与生态环境保护之间的矛盾依然存在

旅游与生态的话题由来已久,各国旅游业发展日益重视对生态环境的保护,把旅游目的地产业与当地环境看作一个紧密联系的系统,整合经济、社会、自然生态等多个目标,对旅游活动进行系统规划、管理和创新,生态文明必然要求旅游开发过程中,资源约束趋紧、生态保护从严、环境治理从重。这就造成了旅游开发与生态、土地、资源保护之间存在一定的矛盾。传统的粗放型旅游发展模式面临转变,如何减小旅游项目对生态环境的不良影响、提高资源利用效率、实现可持续发展,成为全球旅游业发展亟须解决的问题。

(二)旅游产品供给与需求之间尚存在差距

随着大众文化和旅游消费持续提升,人们的文化审美水平得到快速提高,对基础设施、公共服务、生态环境的要求越来越高,对个性化、特色化产品和服务的要求也越来越高,体验需求的品质化和高端化趋势日益明显。在中国,大部分地区的旅游业仍处于转型升级阶段,文化场馆和传统景区面临提质扩容的问题,中高端需求供给不足、体验不佳,优质旅游产品供给滞后于市场发展,产品和服务质量还不能完全满足广大人民群众美好生活的需要。

(三)旅游业天然敏感脆弱性的挑战

旅游业的敏感性,决定其健康发展必须依赖于社会经济秩序平稳、安全运行这个前提。无论是地震、极端天气、台风、洪流等多发性自然灾害,还是传染病疫情、食物中毒等公共卫生事件,抑或是景区安全事故、设施隐患、交通隐患、购物纠纷等,都会对旅游目的地的发展造成致命的打击。

新冠疫情成为影响旅游发展的"黑天鹅"事件,曾给旅游市场带来巨大冲击,居家防控期间产生的心理焦虑和经济压力压抑了部分人群的旅游需求。人们因对目的地安全应急保障缺乏信心而形成远程旅行观望心理,中远程旅游市场、过夜游市场和邮轮旅游市场、场馆演艺市场面临信心重塑的挑战。

【头脑风暴】

如何应对现代旅游业所面临的各种挑战?

第四节　未来旅游的畅想

一、虚拟仿真旅游

旅游者希望更深入地了解旅游地的社会、文化现象,更加注重参与体验的心理历程,虚拟仿真技术把体验的主题与艺术性、趣味性、参与性融为一体,生动反映一个地区的民族文化、艺术传统,因此能很好地满足旅游者的生理、心理及精神的需求。这样的"模拟体验"不但被广泛应用于博物馆、主题公园和游乐场,而且也开始大量引入了旅游景区。

例如,在乡村旅游中,把传统的农耕文化、农事活动和农村习俗进行挖掘、提炼、创新,策划设计出参与性、体验性、趣味性很强的"乡村嘉年华",在生动的农村体验旅游中,添加了许多虚拟仿真体验。例如,耕地、播种、收割、打场、拉磨、推碾、舂米、车水、纺纱、织布、运粮去集市、粮仓打老鼠等传统的农事活动,让旅游者在充满趣味的游乐中模拟体验农家的劳作,感受古老的农耕文化。

除此之外,赛车、驾机、滑雪、冲浪、搏击、战斗等紧张激烈的情景体验和地震、洪灾、遨游太空等气势磅礴的惊险场景,都能借助模拟游戏设备,让旅游者如身临其境般体验,使其感知无比宽阔的天地,体验无法想象的经历。

【拓展阅读】

广西宜州下枧河的流河寨,是刘三姐的故乡,景区策划者让旅游者全程参与体验"刘三姐故事"的实境演出:乘船途中教唱刘三姐的歌,从旅游者中选出莫老爷和"酸秀才",船到寨子前与岸上的壮家歌手互动对歌,在三姐家楼台前抛绣球唱山歌,听媒婆调侃,坐花桥取乐,与壮族姑娘、小伙子一起游戏、跳舞。整个活动都是围绕着刘三姐的故事情节,让旅游者一步步地亲身感受,从中体会到歌仙文化的丰富有趣、壮族青年的热情奔放和好客,收获模拟体验中的快乐。

二、互联网+旅游

如今,互联网和科技创新改变了人们的生活,也改变了旅游产业的发展模式。互联网对旅游的影响表现在以下几个方面。

(一)大数据为旅游企业提供更好决策依据

未来旅游业发展的方向必然是更加追求个性化、特色化、定制化,互联网时代的到来,特别是互联网产生的大量数据信息,为旅游经营者改善旅游服务提供了重要契机。大数据使得旅游者的信息更容易被经营者掌握,从而有针对性地开展个性化服务。智能旅游建设决定旅游业的发展,如大数据对旅游者旅游信息的掌握更便于对旅游项目建设、资源开发进行投资,便于旅游活动的组织与管理;推动旅游营销方式与服务方式的转型,利用大数据来加强旅游管理等。

(二)数字赋能推动旅游创新

数字化是旅游业面临的最大机遇。在文旅融合的大背景下,科技进步尤其是以大数据、人工智能、5G为代表的新技术主导着文化内容创新,会促进形成很多新的消费热点。新的场景正层出不穷地被定义,新的业态不断被需求创造,新的商业模式也正被不断升级重塑。网络虚拟景区之外,旅游+直播、智能地图等更多线上新的消费增长点被挖掘和创新。VR(虚拟现实)、AR(增强现实)等技术与博物馆、科技馆结合,丽江古城、故宫等景区与游戏的结合,都是很好的尝试,通过强化与用户的互动,给用户更好的体验,让旅游者对目的地有更全面的感知。

(三)UGC模式带来旅游营销新观念

UGC是User Generated Content的缩写,中文可译为"用户原创内容"。UGC的概念最早起源于互联网领域,即用户将自己原创的内容通过互联网平台进行展示或者提供给其他用户。这种模式下,网友不再只是观众,而是成为互联网内容的生产者和供应者。传统的旅游营销活动一般是通过参加旅游交易会、发宣传单,或者是在电视台、广播台进行旅游形象广告来推动的。随着网络时代的到来,互联网正在成为旅游企业营销的主渠道,也是一条旅游营销的新兴渠道。在移动互联网时代,内容营销更多元化,传播和分享的门槛更低。

【拓展阅读】

2016年5月,河北省推出"河北旅游口号,你来定!"——河北省旅游主题口号及标识全球有奖征集活动,在征集过程中,通过举办旅游达人体验活动、全媒介推广、专家对话等策略进行持续宣传,共收到公众投稿作品40 000多条(件),最终评选、确定"京畿福地,乐享河北"为河北省旅游新形象口号。这次征集活动,把征集的全过程,通过创意策划打造成一场与世界旅游者共谋共享、同策同力的创意营销,对河北旅游资源和形象的传播产生了积极的带动作用。

新媒体时代的旅游营销,要推动内容的创作从"主创"向"客创"转变,内容的传播,从"单向度"向"多向度"转变。只有把内容的创作权和决策权交给大众,大众才能在内容的营销和传播的过程中,有更亲近的价值认同,旅游营销的转化才更有情感基础。

资料来源:孙小荣.中国旅游营销新价值时代.北京:新华出版社,2017

三、高科技旅游产品

5G浪潮将给文化和旅游产业带来一场新的变革。专家预测,5G与人工智能技术的大规模应用,将提供更丰富的高科技旅游产品,使得高品质的AI(人工智能)、VR技术进入寻常百姓家,从而改变消费者的消费决策和出游体验。

截至2020年,国内已有至少20个城市、1 000家景区开通了线上游览服务。宁夏推出的"全域宁夏"线上旅游专题,可让旅游者足不出户体验360°或720° VR影音资料,营造"身在宁夏"的浏览体验。江西丰富了"云游江西"平台关于赣鄱美景、美食等相关内容,开放了省内300多个景区的在线VR导览和语音讲解。黑龙江采用VR推出全景虚拟旅游项目,百余家景区、展馆均可"宅"在家中免费体验。

"大盛敦煌艺术大展"将敦煌石窟"搬"到北京城,通过高保真壁画复刻、彩塑三维重建艺术还原、分层壁画立体呈现、VR呈现敦煌洞窟以及全息舞蹈、敦煌复刻乐器展等展示,使现代科技与文化艺术深度融合,为观众营造可感、可视、可听、可触的观展体验。深圳欢乐谷与中国电信拟合作建设"中国首个5G+体验乐园"。未来,旅游者在深圳欢乐谷园区内,将体验到全息影像游乐产品、园内交通工具自动驾驶、智能客服机器人、MR体验式导览、智能售卖机器人等。锦绣中华景区以高科技无人车平台为载体,为旅游者提供全新的零售服务体验。旅游者通过招手即停或者手机召唤等方式,使用无人车就可轻松购买食品、饮料、文创纪念品等商品。旅游领域有着丰富的应用场景,这对于新科技而言具有强烈的吸引力和开发空间。无人机、无人车、水下机器人、智能服务机器人等将带给旅游者更多精彩。

【拓展阅读】

科技创新——新技术引爆新的旅游经济增长点

如今,互联网和科技创新改变了人们的生活,也改变了旅游产业的发展模式。数字化是旅游业面临的最大机遇,在文旅融合的大背景下,科技进步尤其是以大数据、人工智能为代表的新技术主导的文化内容创新,会促进形成很多新的消费热点。

"目前来看,VR、AR等技术与博物馆、科技馆结合,丽江古城、故宫等景区与游戏的结合,都是很好的尝试,通过强化与用户的互动,给用户更好的体验,让旅游者对目的地有更全面的感知。"腾讯文旅相关负责人说。

在移动互联网时代,内容营销更多元化,传播和分享的门槛更低。中国旅游集团相关负责人举例说,在新趋势的推动下,重庆、西安、厦门等一批旅游城市成为"网红",重庆李子坝轻轨站、西安永兴坊"摔碗酒"、厦门鼓浪屿"土耳其冰激凌"等成为热点,旅游者人数和旅游收入显著增长。

在世界旅游联盟副秘书长王昆欣看来,5G浪潮将给文旅产业带来一场新的变革。他预测,5G与人工智能技术的大规模应用,很可能在将来让智能机器人成为提供旅游服务的主体,使得先进的AI、VR技术进入寻常百姓家,从而改变消费者的消费决策和出游体验。

资料来源:鲁元珍.中国为世界旅游发展注入活力.光明日报,2019-10-10(10)

四、未来旅游业展望

(一)"旅游+"的平台化发展模式前景广阔

旅游业不仅是传统劳动密集型产业,也是互联网与大数据应用的密集区,并日益成为各种现代技术应用集成的前沿领域,是传统企业、互联网企业与科技产业的融合体。未来的旅游业将更多发挥旅游业的拉动力、融合力和催化力,为相关产业和领域发展提供平台,形成新业态。"旅游+"的发展模式为各方搭建巨大的供需对接平台,不仅可以拓展旅游自身发展的空间,也可以将旅游发展的创新成果深入融合与经济社会各领域的发展中。

(二)产业创新加速传统旅游产业迭代

产业迭代使产业不断成长并升级满足市场需求。产业迭代不仅是产品的更替,更是新思维、新技术、新商业模式的建立。大众旅游产品的要求更高,也更关注自身的出游体验。智慧旅游将加强关键技术应用,营造外来旅游者和城乡居民共享的生活空间和消费场景,推动5G、大数据、人工智能等新型基础设施建设,将是旅游行业未来发展的重要方向。

(三)旅游新需求推动旅游企业转型

登山、滑雪、潜水等主题旅游兴起,定制团和精致小团需求激增,自驾游成为生活方式,景区消费从门票转向多种玩乐体验。旅游业要顺应人们对新消费理念、新消费需求、新消费产品的期许。年轻化、个性化、品质化出行,渐渐成为旅游消费新需求。比如在旅游出行方式上,租车、自驾、房车等以往小众的出行方式开始渐渐被大众所接受,尤其在周边游、短途游产品中;在旅游组团形式上,私家团、自组团、小型团等因其安全性、私密性高等特点,越来越受到旅游者青睐;旅游咨询的传播渠道,不再是以简单的网页宣传为主,更不是以传统的宣传单、报纸等为主,而是通过微信、抖音等各类新媒体和携程旅行网等大型旅游电商、美团等综合性网络购物平台等为主,并集中于"618""双11""双12"等时段。这些变化将对企业经营行为产生深远影响。旅游企业之间愈演愈烈的竞争,以及旅游者越来越小众而多元的需求,将推动旅游企业的重新洗牌。一个清晰的趋势是,随着旅游市场越来越细分,只有专注于某个细分领域做精、做细,才能做大、做强。开元旅业集团引入欧洲流行的短期度假生活方式,创新研发"酒店+乐园"一站式休闲度假综合体——开元森泊度假乐园,面对突然来袭的疫情,2020年仅用4个月时间就追平了2019年7个月的营收。与此同时,户外、自然、摄影、人文等休闲类主题产品也纷纷亮相,成为新的市场热点。

(四)旅游电子商务企业持续升温

在互联网时代,在线旅游预订业务、电子旅游信息、电子签证和电子商务正在改变旅游业的市场环境和销售模式。在线旅游服务商不断丰富具有本地生活化特点的旅游服务和产品来吸引用户,同时开发出功能各异的旅游服务App来争夺移动端市场,用户对旅游的市场需求得到进一步细分。社交媒体对旅游决策和体验的影响日益显现,在线旅游企业与社交媒体的组合将不断加深。以互联网为代表的信息技术,彻底颠覆了人们的生活方式,而天生具有移动属性的旅行,对互联网,尤其是移动互联网的依赖度和黏性更高。研发旅游App,实现移动端预订绑定,成为旅游电商(OTA)巨头们抢占移动端入口的利器。以携程旅行网、飞猪旅行为代表的线上旅游电商群体,其无接触、个性化、人文化、特色化的产品服务理念越来越深入人心,人们可以根据自身需求,快速找到甚至定制所需的旅游产品。

【拓展阅读】

为了更好地促进文化和旅游融合发展,凸显文化引领和科技应用,中国旅游研究院表彰了一批典型案例和创新项目,评选出了"2020年旅游集团融合创新发展十大案例"(见表2-1)和"2020年文化和旅游融合发展十大创新项目"(见表2-2)。

《夜上黄鹤楼》《南京喜事》《故宫以东 一见如故》等项目上榜,沉浸式演艺、光影"黑科技",以及一批新锐动漫IP,让许多原本就闻名遐迩的旅游景区"老树开新花"。这些创新项目盘活了城市的文化资源,让城市形象更加丰富,让旅游业更有活力。

表2-1 2020年旅游集团融合创新发展十大案例

序号	案例	开发者
1	江苏省大运河文化带建设地方政府专项债	江苏省文化投资管理集团有限公司
2	国家文化公园的投建运营创新案例	杭州市运河综合保护开发建设集团有限公司

续表

序号	案例	开发者
3	文化央企的市场化转型	中国东方演艺集团有限公司
4	新航旅模式	绿地酒店旅游集团
5	欢乐互联平台案例	融创文旅集团
6	传承·融合·新生——文化新商业	秦森集团
7	从购物中心到城市中心文化旅游目的地建设	正佳企业集团有限公司
8	资源型企业的文化转型	河南银基集团
9	新媒体数字化营销	广东省旅游控股集团有限公司

表 2-2　2020 年文化和旅游融合发展十大创新项目

序号	项目	开发者
1	"故宫以东　一见如故"旅游产品	中国旅游集团旅行服务有限公司
2	洛宝贝成长乐园	智游(北京)儿童乐园有限公司
3	山西文旅数字体验馆	山西省文化旅游投资控股集团有限公司
4	南京喜事	南京旅游集团
5	无锡拈花湾	无锡拈花湾文化投资发展有限公司
6	祥源·星球花园	祥源控股集团有限责任公司
7	中环格林童话世界	安徽中环控股集团
8	建业华谊兄弟电影小镇	建业住宅集团(中国)有限公司
9	夜上黄鹤楼	良业科技集团股份有限公司
10	"夜夜夜阿狸"主题夜游	融创文旅集团

【第二章复习思考题】

一、简答题

1. 人类最初的旅游需要是如何产生的？
2. 为什么说托马斯·库克是旅游业的先驱人物？
3. 简述工业革命对近代旅游发展的影响。
4. 简述现代旅游发展的特点。

二、论述题

1. 结合世界旅游的发展历程，阐述为什么说旅游是一定时代政治、社会和经济情况的反映。
2. 试论述旅游业未来的发展趋势。

三、实践题

调研旅游企业，列举未来可能存在的旅游产品 2~3 个。

第三章 旅游资源——旅游发展的基础

■ **本章导读**

　　任何产业的发展,首先要解决的都是资源问题。一个国家或地区旅游业的发展,在一定程度上取决于其旅游资源的特色、丰度、分布状况以及开发和保护水平。从这个意义上讲,旅游资源是旅游研究中的一个基本概念。那么,什么是旅游资源?旅游资源具有哪些基本特征?应如何开发和保护旅游资源?这些是本章需要学习的内容。

■ 学习目标

● 知识目标
1. 认识和掌握旅游资源的定义与分类
2. 掌握旅游资源的基本特征及其作用
3. 了解旅游资源的开发与利用
4. 了解旅游资源的保护与管理

● 能力目标
1. 深化对旅游资源的理解和认识,可以分析某地的旅游资源
2. 能结合所学知识,树立旅游资源开发与保护的双重意识
3. 能结合所学知识,分析旅游资源在旅游业发展中的重要作用

● 素养目标
1. 树立绿水青山就是金山银山的生态文明理念,强化人类命运共同体意识,践行旅游业绿色发展的理念
2. 以马克思主义辩证观看待旅游资源开发与保护二者关系,践行旅游可持续发展的使命感和责任感

■ 思维导图

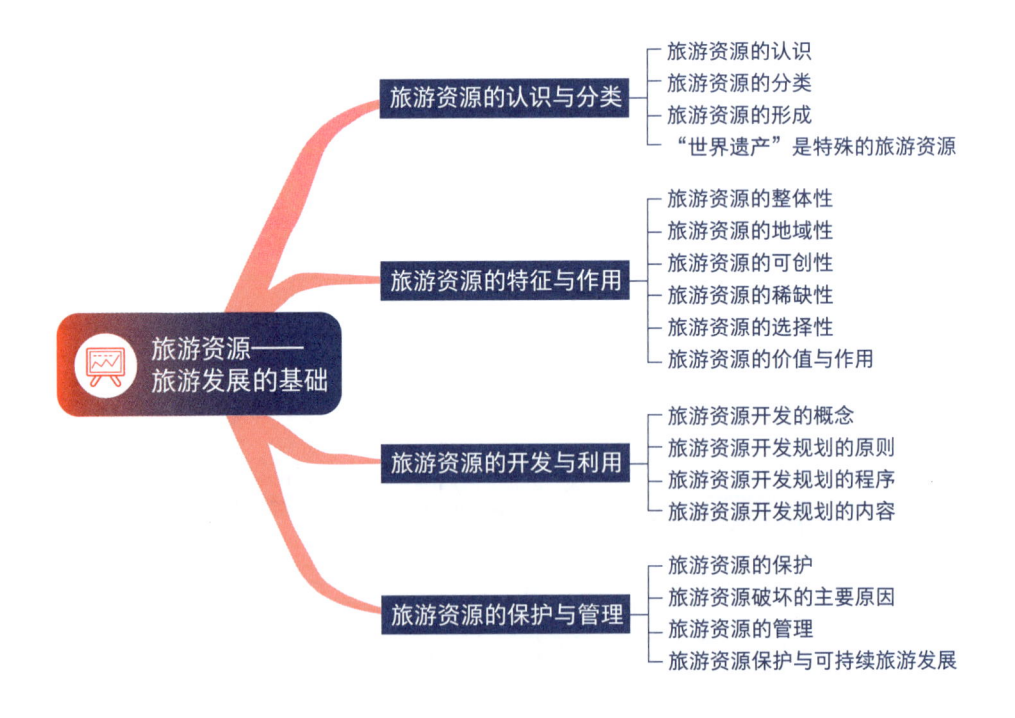

旅游资源——旅游发展的基础
- 旅游资源的认识与分类
  - 旅游资源的认识
  - 旅游资源的分类
  - 旅游资源的形成
  - "世界遗产"是特殊的旅游资源
- 旅游资源的特征与作用
  - 旅游资源的整体性
  - 旅游资源的地域性
  - 旅游资源的可创性
  - 旅游资源的稀缺性
  - 旅游资源的选择性
  - 旅游资源的价值与作用
- 旅游资源的开发与利用
  - 旅游资源开发的概念
  - 旅游资源开发规划的原则
  - 旅游资源开发规划的程序
  - 旅游资源开发规划的内容
- 旅游资源的保护与管理
  - 旅游资源的保护
  - 旅游资源破坏的主要原因
  - 旅游资源的管理
  - 旅游资源保护与可持续旅游发展

【案例导入】

平遥古城的文旅融合发展道路

30余年前,整个山西的文旅事业由晋中的乔家大院起步,而平遥又是整个晋中文旅的重心。平遥是目前唯一以整座古城进行申报并获得成功的世界文化遗产,这个略显破落的小县城,承载着山西最高的文化浓度。

"华夏文明看山西",电视剧《乔家大院》、话剧《立秋》、纪录片《晋商》等反映山西历史文化的文艺作品,在政府的支持下陆续推出,山西再度找回了文化自信。平遥拥有全国唯一一个由县级行政区投资的国际影展,3年投入8 000万元。摄影节的成功证明,用节庆活动内容来填充古城是有效的。差异化的、不可替代的东西才能为平遥带来吸引力、竞争力,但单凭一个摄影节,无法支撑平遥的文化成为一个持续性产业。

2011年,王潮歌的"又见系列"被引进山西,《又见平遥》和《又见五台山》被列为山西能源大省向文化大省转型的标杆项目。这是平遥推出的第一个根植于山西本地文化开发的文创项目。从"又见系列"开始,本地出现了活跃的文化商人,推动了后续文创项目的发展。

30余年过去了,旅游业已经成长为平遥的支柱产业,第三产业的占比超过60%。1997年,平遥申遗成功,当年共接待5万旅游者,综合收入1 250万元;2019年,这两个数字上涨为1 765.04万和209.72亿元。

资料来源:智库旅游发展研究院

思考:1. 旅游业可以成为平遥的一个支柱产业吗? 2. 平遥最有影响力的旅游资源是什么?

第一节 旅游资源的认识与分类

一、旅游资源的认识

资源是资财之源或财富之源,是一种可以利用并产生价值的物质。资源一般可分为自然资源与社会资源(见图3-1)。

自然资源的概念是资源中最重要、最核心,也是使用最广泛的概念。自然资源是指天然存在的自然物,它是自然界长期演化形成的各种有用自然物,例如,未开垦的土地、森林、草原、水流、地下矿藏,以及生长在陆地和江、河、湖、海中的野生动植物资源等。

社会资源是指在一定时空条件下,人类通过自身劳动在开发利用资源过程中所提供的物质和精神财富的统称。社会资源一般限于劳动力、物资、资金、科技、信息等与自然资源演变有直接关系的社会生产要素。从资源科学发展的进程看,如今的资源学界对自然资源研究得比较系统,自然资源学及其分支科学发展也比较快,而对社会资源的认识和研究则处在逐步发展阶段。

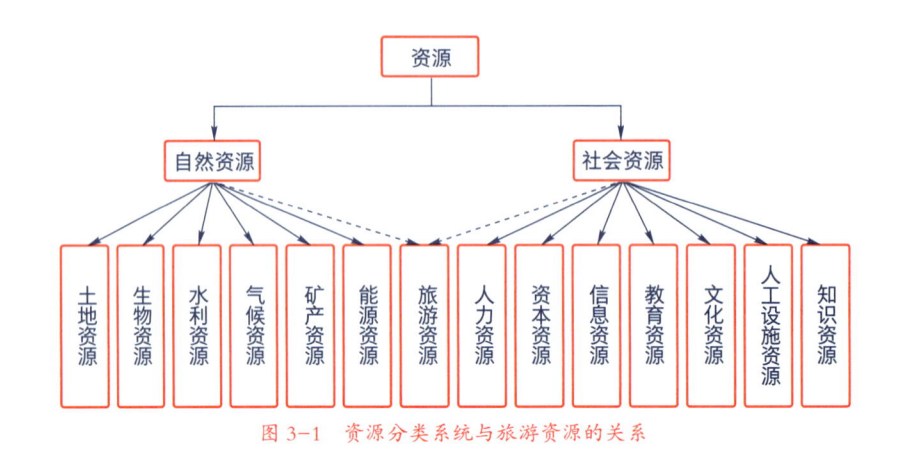

图 3-1 资源分类系统与旅游资源的关系

旅游资源是资源概念在旅游业中的延伸和引用,其实质是一种客观存在的、对旅游者产生吸引力并能产生效益的物质。资源和旅游资源是两个不同范畴,又相互联系的概念,资源是一个广义的概念,旅游资源作为一种特殊的资源丰富了资源的内涵,同时具有独特的内容。在资源开发上,旅游资源具有其他资源开发相似的地方,也有不同之处。

旅游资源是激起旅游者开展各种旅游活动最直接的重要因素,是旅游业赖以存在和发展的重要物质基础和保证。因此,一个国家和地区旅游资源的丰富程度,是决定旅游业发展的根本前提条件之一。

人们对旅游资源的了解、认识和研究,是随着旅游业的发展而不断加深、完善的,尤其是 20 世纪 80 年代以来,旅游资源开发规划的热潮推动了对旅游资源的研究。中外学者关于旅游资源的定义和争论就像旅游资源本身那样多种多样和层出不穷。

由原国家旅游局资源开发司、中科院地理所在 1992 年制定的《中国旅游资源普查规范(试行稿)》中对旅游资源的定义为:"自然界和人类社会凡能对旅游者产生吸引力,可以为旅游业开发利用,并可产生经济效益、社会效益和环境效益的各种事物和因素都可视为旅游资源。"

傅文伟在《旅游资源评估与开发》(1994)中认为,"概括言之,凡是具有旅游吸引力的自然、社会景象和因素,统称为旅游资源。也就是说,旅游资源是指客观存在的包括已经开发利用和尚未开发利用的,能够吸引人们开展旅游活动的一切自然存在、人类活动以及它们在不同时期形成的各种产物之总称。"

陈传康、刘振礼在《旅游资源鉴赏与开发》(1990)中认为,"旅游资源是在现实条件下,能够吸引人们产生旅游动机并进行旅游活动的各种因素的总和。它是旅游业产生和发展的基础。"

其他学者从不同的角度和理解,诠释了旅游资源的概念。"旅游资源就是吸引人们前往游览、娱乐的各种事物的原材料。这些原材料可以是物质的,也可以是非物质的。它们本身不是游览的目的物和吸引物,必须经过开发才能成为吸引力的事物。"(黄辉实,1985)

"旅游资源是指特定地理环境(自然环境和社会环境)中,能够激发人们的旅游动机并产生旅游活动的各种因素的综合。"(肖星,严江平,2000)

为了了解和认识"旅游资源"的概念,我们进行进一步的分析。

第一,旅游资源与其他资源一样,是一种客观存在。换言之,旅游资源具有客观性。同时,旅游资源具有资源意义上的基本属性,它又有旅游业中特有意义上的属性。例如,杭州西湖风景名胜区,从一般意义上的资源观察,它是一个客观存在的物质,它的水光山色、动植物、文物古迹都是物质资源。然而,西湖还兼有着旅游资源特有意义上的属性,如《白蛇传》《梁山伯与祝英台》等传说,《水浒传》中关于杭州风土人情的描述等,这些"文化"的产物,使得西湖更具有吸引力和旅游价值,而且这种精神文化往往是物质景点的灵魂所在。从这点出发,人们便把旅游资源分为自然旅游资源和人文旅游资源。但无论是物质资源还是人文资源都是客观存在的。

第二,旅游资源具有激发旅游者兴趣和吸引力的属性。只有那些能够萌发旅游兴趣和需求,并能为旅游业所利用的各类事物和因素,才能成为旅游资源,这是旅游资源的特点和核心,也是与其他资源区别的重要方面之一。为此,西方学者也将"旅游吸引物"(tourism attractions)作为旅游资源的代名词。

第三,既然作为一种资源,其必然要体现一种价值性。资源是满足人们必要且重要的经济、政治、社会以及与此相关的各种需要的东西。"旅游资源"的价值性主要体现在经济效益、社会效益和环境效益3个方面。

第四,旅游资源是一个发展的概念。在旅游业发展的不同历史阶段,对旅游资源的内涵会有不同的理解和认识。随着科学技术的进步,旅游资源的科技含量增加,资源潜能将进一步得到发挥,而且科技本身也可成为新的旅游资源。

综上所述,我们认为旅游资源应是客观存在、具有吸引力、体现价值和发展的。2017年修订并公布的国家标准《旅游资源分类、调查与评价》(GB/T 18972—2017)将旅游资源定义为"自然界和人类社会凡能对旅游者产生吸引力,可以为旅游业开发利用,并可产生经济效益、社会效益和环境效益的各种事物和现象"。

二、旅游资源的分类

随着旅游业的迅速发展,人们对旅游资源的需求正在迅速扩大,为满足这种需求,对旅游资源的信息和数据进行技术性标准评估、排序、存储和运用,是十分迫切的任务,而尽快建立旅游资源分类和评价系统,是完成这一任务的关键所在。2003年5月1日,国家标准《旅游资源分类、调查与评价》(GB/T 18972—2003)(通常简称"旅游资源分类国家标准")开始在全国实施。该标准的出台,从实际应用层面对旅游资源进行分类、调查和评价,对旅游资源的研究和认定起了重要的作用。2017年12月发布了修订的《旅游资源分类、调查与评价》(GB/T 18972—2017),新版本充分考虑了2003版本颁布以来,旅游界对旅游资源的含义、价值、应用等多方面的研究和实践成果,重点对旅游资源的类型划分进行了修订,使标准更加突出实际操作、突出资源与市场的对接、突出旅游资源开发利用的综合评价,更加适用于旅游资源开发与保护、旅游规划与项目建设、旅游行业管理与旅游法规建设、旅游资源信息管理与开发利用等方面的工作。

　　该标准依据旅游资源的性状,即现存状况、特性、特征划分类型。将全部旅游资源划分为 3 个层次,依次称为"主类""亚类""基本类型"。其中主类和亚类为"构造层",基本类型为"实体层"。构造层是旅游资源的框架支撑,实体层是分类、调查、评价的实际对象,因此,基本类型在本标准分类中是最实际的资源单位。标准中,旅游资源被分成 8 个主类和 23 个亚类,共 110 个基本类型。8 个旅游资源主类分别是地文景观、水域景观、生物景观、天象与气候景观、建筑与设施、历史遗迹、旅游购品和人文活动。

　　根据旅游资源的性状,一般将旅游资源划分为自然旅游资源和人文旅游资源两大类。自然旅游资源是指能使旅游者产生美感的自然景观和因素。它是自然形成的而不是人为的,因而它们具有自然的属性。人文旅游资源是人类在发展过程中,社会、政治、经济和文化活动的记录和遗存,也称人文景观。它是人为创造的,不是自然形成的。两大类旅游资源,再根据它们的成因、存在状态及组成要素,又可细分为具有从属关系的不同等级的类别系统。

【拓展阅读】

　　表 3-1 为国家标准《旅游资源分类、调查与评价》(GB/T 18972—2017)的旅游资源分类表。

表 3-1　旅游资源分类

主类	亚类	基本类型
A 地文景观	AA 自然景观综合体	AAA 山丘型景观　AAB 台地型景观　AAC 沟谷型景观　AAD 滩地型景观
	AB 地质与构造形迹	ABA 断裂景观　ABB 褶曲景观　ABC 地层剖面　ABD 生物化石点
	AC 地表形态	ACA 台丘状地景　ACB 峰柱状地景　ACC 垄岗状地景　ACD 沟壑与洞穴　ACE 奇特与象形山石　ACF 岩土圈灾变遗迹
	AD 自然标记与自然现象	ADA 奇异自然现象　ADB 自然标志地　ADC 垂直自然带
B 水域景观	BA 河系	BAA 游憩河段　BAB 瀑布　BAC 古河道段落
	BB 湖沼	BBA 游憩湖区　BBB 潭池　BBC 湿地
	BC 地下水	BCA 泉　BCB 埋藏水体
	BD 冰雪地	BDA 积雪地　BDB 现代冰川
	BE 海面	BEA 游憩海域　BEB 涌潮与击浪现象　BEC 小型岛礁
C 生物景观	CA 植被景观	CAA 林地　CAB 独树与丛树　CAC 草地　CAD 花卉地
	CB 野生动物栖息地	CBA 水生动物栖息地　CBB 陆地动物栖息地　CBC 鸟类栖息地　CBD 蝶类栖息地

续表

主类	亚类	基本类型
D 天象与气候景观	DA 天象景现	DAA 太空景象观赏地　DAB 地表光现象
	DB 天气与气候现象	DBA 云雾多发区　DBB 极端与特殊气候显示地　DBC 物候景象
E 建筑与设施	EA 人文景观综合体	EAA 社会与商贸活动场所　EAB 军事遗址与古战场　EAC 教学科研实验场所　EAD 建设工程与生产地　EAE 文化活动场所　EAF 康体游乐休闲度假地　EAG 宗教与祭祀活动场所　EAH 交通运输场站　EAI 纪念地与纪念活动场所
	EB 实用建筑与核心设施	EBA 特色街区　EBB 特性屋舍　EBC 独立厅、室、馆　EBD 独立场所　EBE 桥梁　EBF 渠道、运河段落　EBG 堤坝段落　EBH 港口、渡口与码头　EBI 洞窟　EBJ 陵墓　EBK 景观农田　EBL 景观牧场　EBM 景观林场　EBN 景观养殖场　EBO 特色店铺　EBP 特色市场
	EC 景观与小品建筑	ECA 形象标志物　ECB 观景点　ECC 亭、台、楼、阁　ECD 书画作　ECE 雕塑　ECF 碑碣、碑林、经幢　ECG 牌坊牌楼、影壁　ECH 门廊、廊道　ECI 塔形建筑　ECJ 景观步道、甬道　ECK 花草坪　ECL 水井　ECM 喷泉　ECN 堆石
F 历史遗迹	FA 物质类文化遗存	FAA 建筑遗迹　FAB 可移动文物
	FB 非物质类文化遗存	FBA 民间文学艺术　FBB 地方习俗　FBC 传统服饰装饰　FBD 传统演艺　FBE 传统医药　FBF 传统体育赛事
G 旅游购品	GA 农业产品	GAA 种植业产品及制品　GAB 林业产品与制品　GAC 畜牧业产品与制品　GAD 水产品及制品　GAE 养殖业产品与制品
	GB 工业产品	GBA 日用工业品　GBB 旅游装备产品
	GC 手工工艺品	GCA 文房用品　GCB 织品、染织　GCC 家具　GCD 陶瓷　GCE 金石雕刻、雕塑制品　GCF 金石器　GCG 纸艺与灯艺　GCH 画作
H 人文活动	HA 人事记录活动记录	HAA 地方人物　HAB 地方事件
	HB 岁时节令	HBA 宗教活动与庙会　HBB 农时节日　HBC 现代节庆
数量统计		
8 主类	23 亚类	110 基本类型

上述 8 类旅游资源从实际分类的情况看，是从自然旅游资源和人文旅游资源的角度进行划分的，显然，前面 4 个主类，即地文景观、水域景观、生物景观、天象与气候景观为自然旅游资源，后面 4 个主类，即建筑与设施、历史遗迹、旅游购品、人文活动为人文旅游资源。

旅游资源分类国家标准具有可操作性,在很大程度上改善了中国旅游资源分类混乱、数量不清、定位不准和随意评价的情况。

从分类上看,资源系统中的一部分被开发利用成了旅游资源。旅游资源的产生、形成丰富了一般意义上的资源内涵。例如,森林、草场、水、动物等资源均可被旅游业所利用和开发;环境资源中的空气、气候、阳光等资源更是成为吸引旅游者的重要因素。所以资源被开发利用后就可成为旅游资源。同时,旅游资源又丰富了资源的内涵,如旅游现象中的文化属性,是其他资源所不具有的,但人文资源确实因存在而成为一种特殊的资源。

三、旅游资源的形成

考察旅游资源形成的过程,可以加深对旅游资源的认识。

(一)自然旅游资源的形成

自然旅游资源是人类活动所涉及的地球各个圈层,形成各种自然旅游资源。地表圈层各组成要素,包括地质、地貌、气候、水文、土壤、植被、动物等,在一定地域或一定地点相互联系、相互制约,形成了具有内部相对一致性的自然景观单元。岩石圈表面形成山川、峡谷、溶洞、奇石等地文景观旅游资源;水圈形成海洋、江河、湖泊、飞瀑、流泉等水域风光旅游资源;生物圈内有数以万计的动植物及其繁衍进化演变形成的生物旅游资源;大气圈形成有风雨、雷电、气温、温度等天象与气候旅游资源。此外,由于太阳能按纬度分布不均匀及与之有关的许多现象按纬度有规律的分异和决定海陆分布、地势起伏、岩浆活动等现象的地球内能作用的影响,地表自然景观呈现出地带性分异,形成具有全球性、大陆性、海洋性、区域性、地方等的千姿百态的自然景观旅游资源。

1. **地质构造和地质作用形成地文景观旅游资源**

地球的内营力是决定海陆分布、岩浆活动、地势起伏等的地球内能,它对自然景观旅游资源的类型与形成具有一定的控制作用。各种内动力地质作用可以形成不同类型的自然景观,如火山作用形成现代火山地貌、地热景观;构造运动形成若干断陷湖泊、断块山、峡谷等旅游景观;地质作用下形成的岩石及地层中的化石也是重要的旅游资源。此外,风蚀、水蚀、冰蚀和岩溶等外营力作用在不断改变着地表形态,形成诸如雅丹地貌、喀斯特地貌和千奇百怪的冰川地貌等旅游资源。

2. **地球水体的水文特征形成水域景观旅游资源**

地球表面的水体有海洋、冰川、河流、湖泊、瀑布、涌泉等多种类型。它们与地质、地貌、气候、植被等因素相结合,形成丰富的水域风光旅游资源。在大洋型地壳地质构造与海底地貌特征、海洋气候与洋流、海洋生物等因素的控制下,陆地边缘形成滨海旅游资源,海洋内部形成珊瑚礁、海洋生物及海火、海光等海洋奇景旅游资源。河流既是重要的构景素材,又是刻画地表形态的主要动力。在同一条河流的上、中、下游河段,由于不同的水文特征,造成江河源头神秘莫测,上中游峡谷众多,下游河汊纵横、河网密布,特色迥然不同。

3. **地球生物的多样性形成生物景观旅游资源**

生物是地球表面有生命物体的总称,从大的方面可以分为植物、动物、微生物三类。在地球发展的不同历史时期,由于地理环境条件的不同,生物种群也在不断演化。大量的古生物,因地质历史环境的变迁而灭绝,其遗体或遗迹保存在地层中,成为重要的旅游资源。另一些动植物,在特定的条件下生存下来,成为再现古地理环境和研究古生物演变的"活化石",如大熊猫、银杏、水杉等,成为重要的观赏性动植物。为保护这些珍稀动植物而建立的各类自然保护区,已成为科学研究和旅游开发的重要场所。不同地理环境下生存的植物群落或动物群落,在景观上存在着明显的地域差异,可以形成独具吸引力的旅游资源。

4. 气候的区域性差异形成天象与气候景观旅游资源

气候作为某一地区的多年天气综合特征,也是外动力作用的决定性因素之一,对旅游资源中风景地貌的塑造、风景水体的形成、观赏生物的生长和演变,有着控制性的影响。地球表面气候的差异,首先决定于太阳辐射。由于太阳辐射强度具有随纬度升高而减弱的趋势,导致高低纬度之间分别形成冰原带到热带雨林带等对比明显的自然景观,成为重要的旅游资源;其次,受制于海陆分布、巨型地貌形态和大气环流的特征,对大气能量和水汽输送与交换产生巨大影响,从而形成气候的区域性差异和不同的自然景观。此外,在特定的时空下,康乐气候环境和天象奇观,也是重要的旅游资源,前者如山岳与海滨的避暑胜地,热带与亚热带的避寒胜地等;后者如吉林雾凇、黄山云海、峨眉佛光、蓬莱仙境(海市蜃楼)等。

(二) 人文旅游资源的形成

人文旅游资源是整个人类生产、生活的艺术成就和文化的结晶,以其多姿多彩的造型、宏微有序的布局、五彩缤纷的色调、神奇奥妙的物象,展示了人类活动的大千世界,给旅游者以各种各样的美感。大体而言,其形成主要有以下几个方面。

1. 珍贵的历史遗存

在人类发展的历史长河中,不同历史阶段具有不同的文化现象和特征,形成了反映时代特点的风物。它们从不同的角度展示了特定历史条件下的生产力发展水平和社会生活风情,是古代人类文明的珍贵遗产。随着现代旅游活动的日益兴盛,"好古"成为广大旅游者普遍的心理倾向,凭吊悠久的历史文化古迹成为旅游者外出的旅游动机之一。于是,众多的古人类遗迹遗址、古代建筑、雕塑、壁画、文学艺术、伟大工程、帝王陵寝、名人故居等,成为重要的旅游资源,许多地方凭借文物古迹的强大吸引力成为人们游览的热点。

2. 显著的文化地域差异

不同地域、不同社会形态、不同民族的社会文化差异,是人文旅游资源形成的重要方面。正是社会文化的差异,造成不同居住地的人群对居住地以外区域的未知感、神秘感,从而导致旅游者从一地向另一地移动。社会文化的差异,是文化地域分工的必然结果。文化是人类创造的,也是现实存在的。人与文化,就是人与其生活方式,总是分布于一定的地理空间范围内。世界上存在着多种文化,人类在长期适应环境、改造利用环境的过程中,不同的人群对于环境的感知不同,形成了对自然环境的不同看法,这种看法必然影响到人们利用自然的方式,使他们形成自己特有的生产、生活方式——文化。也正是这种文化规范着人们的行为,使人类通过自己对自然环境施加影响而形成具有地方文化特色的自然景观和特定地域上的特殊文化现象。这是文化与自然生态环境和谐分工的体现。社会文化差异导致了旅游者在不同地域上的流动；而文化地域分工，则是促使地方文化成为旅游资源的根本的原因。

由于文化本身是一个涵盖面很广的概念，社会文化差异也具有十分丰富的内涵。无论是不同民族间在生产方式、生活习俗（民居、饮食、服饰等）、民族礼仪、神话传说、歌舞盛会、节日庆典等方面的差异，还是不同国家和地区人们（不管民族相同或不同）在生活习惯、生产方式乃至城镇布局、建筑风格等方面的差异，都是极具特色和开发价值的重要旅游资源。

【头脑风暴】

谈谈你对人文旅游资源存在文化地域差异的理解。

微课：历史遗迹

微课：建筑与设施

微课：人文活动

微课：旅游购品

3. 深刻的宗教影响

宗教是一种特殊的社会文化现象，它自诞生之日起，就伴随着交通运输的发展、民族的迁移和日益频繁的地区间经济文化交流，而向世界各地迅速传播，并对世界经济、政治及社会生活产生极为深刻的影响。宗教之所以能成为旅游资源，是与其作为一种意识形态的强大感召力和它在地域上的广泛分布分不开的。目前，世界性的主要宗教有佛教、基督教和伊斯兰教等，它们各自在早期的传播过程中与所传入地区的地域特点相结合，又衍生出许多的分支。共同的宗教信仰，把散居在不同地域的同一宗教的信徒联结成一个紧密的整体。基于对宗教的敬仰和对宗教圣地的向往，以"朝圣"为主要目的的宗教信徒在空间上的流动，自古就非常频繁，成为较早的旅行活动之一。宗教建筑、雕塑、壁画等宗教艺术，不仅对于众多的教门弟子有着极强的吸引力，而且有极高的美学价值。除建筑艺术外，庄严隆重且颇具神秘感的宗教活动也是一个重要吸引物，成为广大非宗教信徒的重要游览对象。甚至，在一些宗教历史悠久、宗教影响力较大的地区，这种非宗教朝拜目的的旅游者数量也已大大超过宗教信徒。由此看来，宗教文化是人文景观旅游资源的重要组成部分。

4. 快速发展的社会经济

20世纪以来，快速发展的社会经济一方面极大地推动了现代旅游业的发展，另一方面推动形成了具有特色的人文旅游资源。"迪士尼"的成功是一个很好的例子。迪士尼公司从动画电影行业起步，创作了卡通人物"米老鼠"和"唐老鸭"，闻名于世。迪士尼公司利用在动画片取得的轰动效应，把动画片所运用的色彩、刺激、魔幻等表现手法与游乐园的功能相结合，1955年推出了世界上第一个现代意义上的主题公园——洛杉矶迪士尼乐园。所谓主题公园，就是园中的一切，从环境布置到娱乐设施都集中表现一个或几个特定的主题。全球已建成的迪士尼乐园有6座，分别位于美国的佛罗里达州和南加利福尼亚州、日本的东京、法国的巴黎、中国的香港和上海。迪士尼乐园涉及的各大产业都受到了广大消费者的好评，取得了丰硕的商业价值。

由于社会经济的发展，奥林匹克运动会、世界博览会、世界性的艺术活动（如戛纳电影节)等都成为著名的人文旅游资源。

四、"世界遗产"是特殊的旅游资源

1972年11月,联合国教科文组织在巴黎总部举行的第17届大会上专门通过了一项《保护世界文化和自然遗产公约》(简称《世界遗产公约》),对世界文化和自然遗产的定义作了明确的规定,并随之确定了实施公约的一系列指导方针。《世界遗产公约》是联合国教科文组织在全球范围内指定和实施的一项具有深远影响的国际准则性文件,它的宗旨在于促进世界各国人民之间的合作与相互支持,为保护人类共同的遗产做出积极的贡献。主要任务就是确定和保护世界范围内的自然和文化遗产,并将那些具有突出意义和普遍价值的文物古迹和自然景观列入《世界遗产名录》。

(一)《世界遗产公约》概述

《世界遗产公约》提供了一个在法律、管理和财政方面的国际合作的永久性框架。在全球范围内,迄今共有180个国家和地区加入《世界遗产公约》,从而成为国际上最通行的遗产保护法规。

1.《世界遗产公约》中有关遗产的概念

"世界遗产"是全人类共同继承的文化及自然遗产,它集中体现了地球上文化和自然的丰富性和多样性。

第一条 为实现本公约的宗旨,下列各项应列为"文化遗产"。

古迹:从历史、艺术或科学角度看具有突出的普遍价值的建筑物、碑雕和碑画、具有考古性质的成分或构造物、铭文、窟洞以及景观的联合体。

建筑群:从历史、艺术或科学角度看在建筑式样、分布均匀或与环境景色结合方面具有突出的普遍价值的单立或连接的建筑群。

遗址:从历史、审美、人种学或人类学角度看具有突出的普遍价值的人类工程或自然与人的联合工程,以及包括有考古地址的区域。

第二条 为实现本公约的宗旨,下列各项应列为"自然遗产"。

从审美或科学角度看具有突出的普遍价值的由物质和生物结构或这类结构群组成的自然景观。

从科学或保护角度看具有突出的普遍价值的地质和地文结构以及明确划为受到威胁的动物和植物生境区。

从科学、保存或自然美角度看具有突出的普遍价值的天然名胜或明确划分的自然区域。

2.《世界遗产公约》中有关"口头及非物质遗产"的定义

在1972年通过《世界遗产公约》后,一部分会员国提出在联合国教科文组织内制订有关民间传统文化非物质遗产各个方面的国际标准文件。2003年10月,联合国教科文组织第32届大会通过了《保护非物质文化遗产公约》,宣布将"人类口头和非物质遗产代表作"的遗产纳入人类非物质文化遗产代表作名录。

"口头及非物质遗产"的定义叙述如下:

目的:号召各国政府、非政府组织和地方社区采取行动对那些被认为是民间集体保管

和记忆的口头及非物质遗产进行鉴别、保护和利用。

定义：传统的民间文化是指来自某一文化社区的全部创作，这些创作以传统为依据、由某一群体或一些个体所表达并被认为是符合社区期望的，作为其文化和社会特性的表达形式、准则和价值，通过模仿或其他方式口头相传。它的形式包括语言、文学、音乐、舞蹈、游戏、神话、礼仪、习惯、手工艺、建筑艺术及其他艺术。除此之外，还包括传统形式的联络和信息。

"世界遗产"实际上是最具吸引力的旅游资源，分布在各国的"世界遗产"几乎成为该国旅游业的象征。

（二）中国的"世界遗产"

中国历史悠久，文化灿烂，山川秀丽，民族众多，无论是文化还是自然遗产都极其丰富，它们是中国人民和世界人民的共同财富。自1985年11月22日，中国批准加入《世界遗产公约》以来，中国联合国教科文组织全国委员会秘书处为《世界遗产公约》在中国的实施做出了积极的努力，有组织、有计划地向《世界遗产目录》申请和推广中国的具有突出价值的遗产。

中国于1986年开始向联合国教科文组织申报世界遗产项目，到2021年7月，中国共有56项世界遗产被列入《世界遗产名录》，其中，世界文化遗产33项，世界自然遗产14项，世界文化与自然双重遗产4项、文化景观遗产5项。世界遗产总数与意大利并列居世界第一。首都北京拥有7项世界遗产，是世界上拥有遗产项目数最多的城市。

到2020年底，中国共计42项人类口述和非物质遗产代表作列入《非物质文化遗产名录（名册）》，其中，人类非物质文化遗产代表作34项、急需保护的非物质文化遗产名录7项、优秀实践名册1项，总数位居世界第一。

微课：世界遗产——特殊的旅游资源

【拓展阅读】

表3-2与表3-3为中国的"世界遗产"目录和"非物质世界遗产"目录。

表3-2 中国的"世界遗产"目录

世界遗产项目	目录
世界文化遗产（33项）	北京故宫（1987） 沈阳故宫（1987） 长城（1987） 北京周口店北京猿人遗址（1987） 陕西秦始皇陵及兵马俑（1987） 甘肃敦煌莫高窟（1987） 西藏拉萨布达拉宫（1994） 河北承德避暑山庄及周围寺庙（1994） 湖北武当山古建筑群（1994） 山东曲阜的孔庙、孔府及孔林（1994） 山西平遥古城（1997） 云南丽江古城（1997） 江苏苏州古典园林（1997） 北京天坛（1998） 北京颐和园（1998） 重庆大足石刻（1999） 安徽古村落：西递、宏村（2000） 四川青城山和都江堰（2000） 明清皇家陵寝（2000） 河南洛阳龙门石窟（2000） 山西大同云冈石窟（2001） 高句丽王城、王陵及贵族墓葬（2004） 澳门历史城区（2005） 河南安阳殷墟（2006） 广东开平碉楼与村落（2007） 福建土楼（2008） 河南登封"天地之中"历史建筑群（2010） 内蒙古元上都遗址（2012） 丝绸之路起始地段：长安—天山走廊的路网（2014） 大运河（2014） 中国土司遗址（2015） 福建厦门鼓浪屿：历史国际社区（2017） 浙江杭州良渚古城遗址（2019） 泉州：宋元中国的世界海洋商贸中心（2021）

续表

世界遗产项目	目录
世界自然遗产（14项）	四川九寨沟国家级名胜区(1992)　四川黄龙国家级名胜区(1992)　湖南武陵源国家级名胜区(1992)　云南三江并流(2003)　四川大熊猫栖息地(2006)　中国南方喀斯特(2007)　江西三清山(2008)　中国丹霞地貌(2010)　云南澄江化石地(2012)　新疆天池(2013)　湖北神农架(2016)　青海可可西里(2017)　贵州梵净山(2018)　中国黄（渤）海候鸟栖息地(2019)
世界文化与自然双重遗产（4项）	山东泰山(1987)　安徽黄山(1990)　四川峨眉山—乐山风景名胜区(1996)　福建武夷山(1999)
世界文化景观遗产（5项）	江西庐山风景名胜区(1996)　山西五台山(2009)　浙江杭州西湖(2011)　云南红河哈尼梯田(2013)　广西左江花山岩画(2016)

表3-3　中国的"非物质世界遗产"目录

非物质世界遗产项目	目录
人类非物质文化遗产代表作（34项）	昆曲(2001)　古琴艺术(2003)　新疆维吾尔木卡姆艺术(2005)　蒙古族长调民歌(2005)　中国传统桑蚕丝织技艺　南音　南京云锦织造技艺　宣纸传统制作技艺　侗族大歌　粤剧　格萨(斯)尔　龙泉青瓷传统烧制技艺　热贡艺术　藏戏　玛纳斯　花儿　西安鼓乐　中国朝鲜族农乐舞　中国书法　中国篆刻　中国剪纸　中国传统木结构营造技艺　端午节　妈祖信俗　中国雕版印刷技艺　呼麦（以上为2009年）　中国针灸(2010)　京剧(2010)　中国皮影戏(2011)　中国珠算(2013)　二十四节气(2016)　藏医药浴法(2018)　太极拳(2020)　送王船(2020)
急需保护的非物质文化遗产名录（7项）	羌年　黎族传统纺染织绣技艺　中国木拱桥传统营造技艺（以上为2009年）　麦西热甫　中国水密隔舱福船制造技艺　中国活字印刷术（以上为2010年）　赫哲族伊玛堪(2011)
优秀实践名册（1项）	福建木偶戏后继人才培养计划(2012)

资料来源：根据中国非物质文化遗产网·中国非物质文化遗产数字博物馆整理，2021-02-28

中国被列入《世界遗产目录》的项目无一例外地成为中国重要的旅游目的地，毫不夸张地说，中国的"世界遗产"已经形成了一个独特的、极其珍贵的自然与人文旅游资源，其吸引力和价值都是难以估量的。它极大地推动了中国旅游业的可持续发展。

【拓展阅读】

保护良渚文化遗址 传播中华文明瑰宝

2019年7月6日,在阿塞拜疆首都巴库举行的世界遗产大会通过决议,将良渚古城遗址列入《世界遗产名录》。良渚文化作为中华民族的文化瑰宝和全人类共同的文化遗产,成为中国向世界展示中华文明和文化自信的又一重要窗口。

1. 之于文化自信——中国五千年文明获得国际认可

世界遗产委员会认为,良渚古城遗址展现了一个存在于中国新石器时代晚期,以稻作农业为经济支撑并存在社会分化和统一信仰体系的早期区域性国家形态,印证了长江流域对中国文明起源的杰出贡献。遗址真实地展现了新石器时代长江下游稻作文明的发展程度,揭示了良渚古城遗址作为新石器时代区域性城市文明的全景,符合世界遗产的真实性和完整性要求。良渚古城遗址列入世界遗产名录,标志着中华五千年文明史得到了国际学术界的广泛认可。

2. 之于文化传承——中国古代先民智慧的典型例证

良渚古城遗址的发现和发掘,不仅证明了长江流域和黄河流域一样,孕育了中华民族的诞生、成长和发展,也代表了中国人民的文化基因、文明记忆和民族精神,在讲好中国故事、传达中国精神方面,具有重要意义。这其中,良渚遗址的水利系统就充分体现了中国古代先民的智慧。

良渚古城外围发现的水利系统是中国迄今发现最早的大型水利工程遗址,也是目前已发现的世界上最早的堤坝系统之一,距今已经有4700到5100年,比传说中的"大禹治水"还要早1000年。可能有人会认为这不稀奇,因为从世界早期文明来看,发展水平较高的地区都有治水工程,如古埃及文明、哈拉帕文明都有因防洪、运输、灌溉的需要而修建的水坝。但是良渚先民的智慧在这里得到了进一步体现。与古埃及先民以石块作为主要建筑材料、哈拉帕先民用土坯砖筑成河堤的做法不同,良渚人造坝的材料是遍地可取的草和淤泥,也就是"草裹泥",相当于现在防洪常用的袋装土。因为草裹泥本身体量小可塑性好,与外面草茎贴合紧密,所以堆垒后,彼此贴合紧密,完全不会漏水。可以说,中国人的智慧不仅在于四大发明,而是从古代起就已经有了如良渚先民般的智慧和能力。

3. 之于文化传播——成为世界遗产保护与开发的"中国样板"

良渚古城遗址,不仅是中国人民的良渚,更是世界人民的良渚。从1936年良渚遗址被发现,到2007年300万平方米良渚古城重见天日,再到2019年申遗成功,良渚带给世人的震撼接连不断。随着良渚古城遗址考古发掘的不断深入,相信会取得更多成果,让当今世人对当时中国社会的情况有更多的了解,对中华文明古国的文化有更深入的理解。而良渚申遗成功之后,面临的最主要问题就是保护与开发利用的问题。

据报道,从2019年7月7日开始,良渚古城遗址公园有限开园,首批旅游者近距离领略了古城遗址。目前,遗址公园需预约参观,同时出于有效保护遗址的需要,每日限流

3 000人。

目前良渚古城的主要价值体现在文化价值方面,随着申遗成功,其在国内外的曝光度会大幅提升,在学界、旅游业界的影响力、知名度也会有得到显著增强,与之相对应的是经济价值会越来越凸显。按照旅游地生命周期理论,随着时间推移,旅游地会经历探索、起步、发展、稳固、停滞、复兴(或衰落)等阶段。伴随良渚古城申遗成功,预计因其产生的旅游需求会进入快速发展阶段,直接表现为旅游者数量增长,以及餐饮、住宿、旅行社等旅游企业快速进驻,容易对当地交通、治安甚至遗产管理、保护带来较大影响,对遗产完整性形成潜在威胁。

保护不等于不利用开发,有效利用和开发可以促进古城遗址保护,它们应该是相辅相成的。保护开发利用好良渚遗址,重点应该做好三件事:一要严格按照联合国教科文组织《世界遗产公约》规定,做好遗址保护和开发规划,确保保存其原有面貌,保存其原来的历史,保存其原来的文明讲述方式;二要处理好文旅融合与遗产保护的关系,让政府这只"看得见的手"和市场这只"看不见的手"携手共赢,推动社会资源优化配置,实现遗产保护与经济社会和谐发展;三要建立遗产保护的补助机制,将一定的经济收入反哺于遗产保护和当地民生工作,让更多的人关注遗产保护和开发利用。只有全社会关注、支持、保护良渚世界遗产,才能让良渚文化成为展示人类古代文明的"中国样板",成为向世界弘扬中国优秀传统文化的"美丽名片"。

资料来源:王昆欣.保护良渚文化遗址传播中华文明瑰宝.学习强国,2019-07-10

第二节　旅游资源的特征与作用

旅游资源有着一些基本特征,对这些特征的了解和认识,可加深对其内涵的理解,对旅游资源开发与规划具有指导意义。

一、旅游资源的整体性

微课:旅游资源的特征

一种旅游资源与另一种旅游资源之间,旅游资源与社会、自然环境之间,存在着内在的深刻联系,它们相互依存,相互作用,互为条件,彼此影响,构成了一个有机的整体,这就是旅游资源的整体性。

在自然旅游资源中,整体性的特征尤为明显,它们都植根于共同的地学基础。西北地区的层层黄土、荒漠地形和气候,形成了独特的自然景观;南方地区众多的瀑布、清流和葱郁的森林植被,种类繁多的珍稀动物及适宜的气候共存于一体。即使小的系统和范围也是一样。不同地区的旅游资源景观有其自身的特点和优势,但往往是多种资源的组合和群体存在,很少是单一的。例如,海南三亚海滨旅游胜地是沙滩、阳光、大海、绿色、空气以及特有的热带植物等多种自然旅游资源要素的共生并存体。

人文旅游资源也是如此,因为任何一个地区只要存在着人类活动,就都凝结着不同时期各种社会文明的积淀。不论是遗存下来的,还是后创造的,都同样并存为互为影响和联系的建筑、民俗、文化和艺术。

自然旅游资源与人文旅游资源之间也存在着一定的内在联系。几千年的历史说明,特定时空条件下的自然环境,形成了独具特色的天然景观,并产生了与之相应的地方民族文化。这种文化又反作用于孕育它的自然环境,创造了相应的有其自身特点的人文景观。这种自然和人类活动的交融影响和渗透,构成了旅游资源在更大范围内统一性和整体性的特点。

认识旅游资源的整体性特征,对于旅游资源的开发建设和保护都具有重大的意义。

首先,在旅游资源的开发建设中,必须正确处理自然景观与人文景观的相互关系,做到建筑与环境协调一致,人文与自然融合统一。几千年来,自然与人文长期的相互影响、渗透,形成了独具一格的一体化的风景文化资源,构成了统一的资源整体。泰山、黄山、西湖、桂林……均是如此。对于诸如此类的旅游资源,任何开发建设都必须在继承保持已有的整体性的基础上发扬光大,而不允许割断它们的内在联系,更不得随意破坏。

其次,加强旅游资源的综合开发,发挥资源的整体优势。旅游资源存在着整体性的特征,在开发利用一种主要资源时,应当同时注意发掘和利用其他"伴生"资源;同样,在开发建设自然景观的同时,也应当调查和开拓位于"自然和人类生活交接面"上的人文景观资源。这种综合开发利用对发挥旅游地的资源潜力和整体优势,形成烘托个性化的全方位开发是十分重要的。

第三,认识资源整体性的特征,对于保护旅游资源提供了科学依据。如果旅游地森林资源大面积遭到破坏,最终将改变水资源的时空分配,从而加重整个生物资源结构的变化,以至改变整个旅游社会环境和自然生态系统。其他社会人文旅游资源遭到破坏的后果也一样。这样连锁式的反应,是由资源的整体性所决定的。因此,必须注意和重视旅游资源及环境的整体与个别的保护,防患于未然,以利于旅游资源各要素之间、旅游资源与外部环境之间实现良性循环和永续利用。

二、旅游资源的地域性

地域性是许多资源分布的共同特性之一,旅游资源的地域性,是指任何形式的旅游资源必然受到当地的自然、社会、文化、历史、环境的影响和制约,某地的一种旅游资源移植到另一个地域,或许变样,或许不再成为一种旅游资源。

地域性表现在旅游资源的差异上,一种景观,一种戏曲,一种饮食,一种宗教,一种民俗都体现了地域的差异,这种差异形成了不同地域的特色。

地域性表现在旅游资源所在地域的相对固定上,一旦被移植,其特有的内涵即发生变化。以法国巴黎著名的埃菲尔铁塔为例,1889年3月31日,当时世界第一高度的埃菲尔铁塔落成使用,其高度达到300米,这座巨大A形的钢筋铁骨是在一片争议中设计建造的。百余年来,数以亿计的来自世界各地的旅游者登上铁塔,它高大耸立,势压全城,与巴黎建筑景致相适应,它的现代美征服了各界人士。巴黎埃菲尔铁塔已举世闻名,成为巴黎、甚至法国的象征。近年来,主题公园在中国逐渐盛行,将欧美著名景点汇集在一起的各种公园为数不少,北有北京的"世界公园",南有深圳的"世界之窗",虽然埃菲尔铁塔被一再复制,但游人却不可能在复制品中体会到站在巴黎仰望铁塔的感受,也不可能领略登上300米高的塔顶,令人心旷神怡的风景,这说明旅游资源具有相对固定的地域特性。

正确认识和理解地域性使得在旅游资源开发中有了方向和目标。

首先,是自然地理特征的研究一个地方是否在地理特性方面具有与其他地区截然不同的特征,或者占有特殊地位,这些都有可能被强化为地方性,成为吸引旅游者的事物。如浙江杭州的西湖,被誉为"天下西湖三十六,就中最好是杭州"。西湖之妙,秀质天成,为山不高,为水不广,三环水回,婉约清逸。宋代著名诗人苏轼诗云,"水光潋滟晴方好,山色空蒙雨亦奇。欲把西湖比西子,淡妆浓抹总相宜。"把西湖雨后初晴的风光描绘得淋漓尽致。在地方旅游开发中,抓住这些地理特征有时对吸引旅游者有很强的作用。

其次,是历史文化特征的研究对地方的历史过程进行观察分析,寻找具有一定知名度和影响力的历史遗迹、历史人物、历史事件和古代文化背景,作为地方性的构成要素。如陕西西安"秦始皇陵兵马俑博物馆"是目前中国最大的遗址性博物馆,并于1987年被联合国教科文组织列入世界文化遗产目录。1974年3月,临潼宴寨公社下河大队西阳生产队(现西安市临潼区宴寨乡西阳村)的社员打井抗旱时,发现了陶俑,1975年,国务院批准在一号坑的原址上建一座博物馆,是中国最大的遗址性博物馆,秦兵马俑以中国古代最完整的军阵实例、中国古代最大规模的陶制品和中国古代最杰出的写实主义艺术群雕而闻名于世,已成为世界级的名胜。

第三,是现代民族民俗文化的研究在历史记载和考古发现尚未充分的地区,同样可以通过对当地现代民族文化和民俗文化的考察分析,提炼出有地方特色的景观特性。特别是在一些少数民族集中地区,民族文化往往构成具有旅游号召力的精彩内容,为旅游形象的设计和旅游目的地的营销,打下坚实的基础。

【头脑风暴】

结合自身实践,你认为旅游资源存在地域性的特点是影响人们选择旅游地的主要因素吗?

三、旅游资源的可创性

旅游资源并不是一成不变的、死板的,是可以根据人们的意愿和自然的规律进行创造、制作而再生、再现的,比如苏州的园林,就是历代达官贵人、豪商富户和文人所建,是中国私家园林的典型代表,这些私家园林规模较小,但园中奇石秀水、亭台楼阁、珍树奇花,无不典雅秀美,且能以小见大,仿效自然,显"移天缩地"之功。位于苏州市娄门内东北街的拙政园,建于明代,占地约4.1公顷,水面占三分之一。全园分东、中、西三部分。东区景物空阔,中区景物紧凑,西区以三组厅馆组成,深得山水画技法、疏密得当、错落有致、风格独特,堪称苏州园林之冠。苏州园林是典型的再创旅游资源。

自改革开放以后,中国各地掀起了一股主题公园热、城市旅游热。为了吸引旅游者,地方政府纷纷挖掘甚至创造一些旅游吸引物,如上海市虽然自然人文风景平平,既无名山秀水,又无著名历史遗迹,且成为商业城市只有300多年的历史(1648年以后),但现在每年到上海旅游的海外旅游者数以百万计,国内旅游者数以千万计,成为国内华东旅游线的重要城市之一,这与上海旅游业的定位与开拓密切相关。上海旅游业的发展定位为都市型旅游,其特色是融都市风光、都市文化和都市商业为一体。上海市在旅游资源开拓有许多可取之处。第一是充分利用人文资源和经济中心城市的优势,上海于1986年被国务院列为中国历史文化名城之一,古迹文物独特。第二是充分发挥城市新景观的作用,最著名的是1995年落成使用的东方明珠广播电视塔,其主体结构高350米,全塔总高468米。东方明珠塔选用了东方民族喜爱的圆形作为基本建筑线条,其设计有"大珠小珠落玉盘"的优美含意。东方明珠塔的主体由3个斜筒体、3个直筒体和8个球体组成,形成巨大空间框架结构,是具有鲜明特色的海派建筑,做到了现代科技与东方文化的完美统一。此外,上海博物馆、上海国际会议中心、金茂大厦和外滩上的一幢幢各具风格的建筑构成了上海特有的旅游资源。第三是充分发挥城市综合服务功能,积极发展商贸、物流、金融、服务业、旅游业。

旅游资源可创性给我们的启示主要如下:

(1)随着时间的推移,人们的兴趣、需要以及时尚观也随之发生变化,这使得旅游产品的创新成为必要和可能,如对某一旅游景区的内容、形式的不断变化和创新可以形成新的旅游吸引力,从而使旅游景区得以持续发展。

(2)在传统旅游资源匮乏的地区,为了发展旅游业,也可凭借自己的经济实力人为地创造一些旅游资源。从深圳市旅游发展的历史考察,其旅游资源是在20世纪80年代作为经济特区以后得以开发和创建的,由于旅游资源和产品创新及时,风格独特,使深圳成为中国华南地区重要的旅游城市。

四、旅游资源的稀缺性

旅游资源的稀缺性是指旅游资源是有限的,一些资源是不可再生的。旅游资源中无论是自然资源还是人文资源,一旦遭到损坏,其再利用就很困难。一些重要的文物古迹等历史遗存,是在特定的历史条件下形成的,很多都是唯一的,遭到损坏即便进行人工修复,也会丧失其历史价值和观赏价值,例如,巴黎圣母院被烧毁事件。

2019年4月15日下午6点50分左右,法国巴黎圣母院发生火灾,整座建筑损毁严重。着火位置位于圣母院顶部塔楼,大火迅速将圣母院塔楼的尖顶吞噬,尖顶如被拦腰折断一般倒下。这是巴黎圣母院遭遇的有史以来最严重的一次火灾。这座著名的教堂位于塞纳河的西堤岛,始建于1163年,拥有850多年的历史,在1345年完工,圣母院建筑总高度超过130米,是欧洲历史上第一座完全哥特式的教堂,具有划时代的意义,是巴黎历史悠久且最具代表性的古迹,1991年被联合国教科文组织列入世界遗产名录。

旅游资源的稀缺性警示人们要合理地开发、利用旅游资源。如在开发和利用世界遗产地旅游资源的过程中,要重视遗产保护与旅游开发的关系,遵循"保护第一"的原则,强调保护世界遗产地的整体旅游环境，维护世界遗产地的形象。要重视遗产旅游质量，不要一味追求旅游接待能力和规模，要优化旅游供给，提高质量。

五、旅游资源的选择性

旅游资源的选择性是指一种旅游资源往往具有多种功能、多种用途。例如一个湖泊，在旅游开发中可以开辟水上游乐场，可以作为钓鱼场，也可以种植荷花供游人观赏，旅游资源的选择性是客观存在的。在旅游资源开发利用时要充分考虑和重视资源的选择问题，注重有效地发挥资源的综合效应，在详细分析旅游资源的各种用途的基础上，综合考虑，权衡利弊，选择效益最大的方案。

与资源的可选择性一样，我们在利用旅游资源的时候，可根据资源的特点进行有效的选择。首先，要尽可能地保持资源的特色，旅游资源贵在稀有，其质量在很大程度上在于其与众不同的特色上，要充分突出这种特色，即所谓"人无我有，人有我优，人优我特"，同时尽可能保持自然和历史形成的原始风貌。任何过分的修饰和全面毁旧翻新的做法，都是不可取的。其次，要合理选择利用旅游资源，实现经济效益、社会效益、环境效益的最大化。此外，对于旅游资源的多用途而言，一些用途之间相互排斥，一些用途之间可以相容。例如湖泊，作为游乐场和钓鱼场的用途是相容的，而种荷花与做游乐场便是相互排斥的。

六、旅游资源的作用与价值

旅游资源是构成旅游业发展的基础，旅游资源是旅游者产生旅游动机的直接因素之一。旅游资源是一个国家和地区人文资源、自然景观的精华，是展示民族文化和民族历史的窗口。对一个地区的认识往往是通过对当地的文化历史、风土人情、自然景观的了解，进而了解该地区的政治、经济、社会、文化的。旅游资源就是一个窗口，人们透过窗口认识一个国家和地区，因此，旅游资源通常是旅游目的地的标志之一。

旅游作为一种社会经济活动，是人类社会发展到一定时期的产物，更是社会经济进步的一种反映。作为推动这一进步的旅游资源，理应是旅游业研究的一个重要方面。旅游资源研究的主要目的是从科学和历史文化的角度挖掘旅游资源的丰富内涵，提升旅游资源的品位，全面展现所在区域旅游资源的整体面貌。

旅游资源通过旅游景区的形式成为旅游产品，而旅游景区是旅游业的重要组成部分，它是旅游业重要的生产力。旅游景区作为一种旅游产品其本质是供游人游览、娱乐。我们通常将吃、住、行、游、购、娱作为旅游业的六要素，其中娱、游要素与旅游景区直接相关，而吃、住、行、购等要素与旅游景区也关系密切。旅游景区能较好地满足人们希望通过旅游活动增长知识、开阔视野、愉悦情感、探险猎奇、扩大交往、陶冶情操等愿望。中国旅游资源非常丰富，具有广阔的开发前景，在旅游研究、区域开发、资源保护等各方面受到广泛的应用，越来越受到重视。

对旅游资源的分类、调查、评价与开发的讨论，目的是为了更好地进行旅游资源开发与保护、旅游规划与项目建设、旅游行业管理与旅游法规建设、旅游资源信息管理与开发利用等方面的工作。

第三节　旅游资源的开发与利用

一、旅游资源开发的概念

微课：旅游资源的开发

旅游资源开发是指通过运用一定的经济技术手段，将存在于所开发地区的各种旅游资源先后有序、科学合理地利用和保护，使其能被持久永续地利用，实现经济效益、社会效益和生态效益的协调发展。

（一）旅游资源开发的内涵

旅游资源的开发包括三重含义：一是对尚未被旅游业所利用的潜在旅游资源进行开发；二是对现实的、正在利用的旅游资源进行再开发，延长其生命周期，拓展其旅游功能和旅游产品范围；三是借助经济、科学技术手段创造旅游资源，开发相应的旅游产品。

旅游资源开发通常是指针对一个旅游目的地的开发，在特定地域内开发自然或人文旅游资源，突出旅游吸引物、兴建旅游基础设施、完善旅游产业配套服务等的一系列活动。因此，也可以将旅游开发理解为以振兴旅游事业和发展旅游产业为目的的开发活动，开发的是提供旅游、娱乐、休闲、购物、美食等场所。

一个旅游地的旅游资源开发，往往包括多种类型的旅游开发。首先，从开发角度看，在突出标志性重要旅游资源的开发的同时，还应兼顾其他类型资源的开发，以形成丰富多彩的旅游产品。其次，从开发区域看，要在将核心景区作为重点区域的基础上，分期、分批地对周围的景区进行开发，进行资源的优化组合，组成科学、合理的旅游网络，发挥旅游资源的规模效益。再次，从开发内容上看，应综合考虑旅游者吃、住、行、游、购、娱等多方面的需要，在满足旅游者"游"的基础上，做好配套服务设施的建设工作。此外，还要注重发挥旅游产业的联动作用，为多元化经营做好准备，注重带动其他行业的发展，使当地呈现"旅游兴、百业兴、旅游更兴"的良性循环。

要有效地开发旅游资源，一般要进行开发规划。"规划"从词意上理解，规者，有法度也；划者，戈也，分开之意。规划，即进行比较全面的中长期发展计划，是对未来整体性、长期性、基本性问题的思考、考量，设计未来的整套行动方案。在经济社会发展中，规划一般分为产业规划和形态规划两类，两者相辅相成，旅游资源开发规划属于产业规划范畴。

在《旅游规划通则》（GB/T 18971—2003）中有旅游发展规划和旅游区规划的概念，《旅游规划通则》中定义，"旅游发展规划"是根据旅游业的历史、现状和市场要素的变化所制定的目标体系，以及为实现目标体系在特定的发展条件下对旅游发展的要素所做的安排。"旅游区规划"是指为了保护、开发、利用和经营管理旅游区，使其发挥多种功能和作用而进行的各项旅游要素的统筹部署和具体安排。

本书对旅游资源开发规划的表述是，即主要针对某一地的旅游资源开发工作所制定的规划。它指旅游资源优化配置与旅游系统合理发展的结构性筹划过程。"旅游资源优化配置"指自然旅游资源、人文旅游资源、公共投资、技术与人力资源、信息与宣传设施、服务设施、基础设施等旅游产业要素及相关社会经济资源的优化配置。要指出的是,旅游资源开发规划是指资源开发的规划,通常表述的旅游规划其实主要是旅游资源的开发规划。

旅游资源开发规划,可以说是某一区域范围内的旅游资源开发项目(主要指狭义的旅游产品)规划,是整个旅游产业规划的核心内容。与此同时,旅游业的综合性决定了旅游资源开发规划必然与本区域旅游业的其他方面、其他内容有着紧密的联系。因此,在进行一定区域内的旅游资源规划时,往往要涉及其他项目或与之关联的内容的规划。

(二) 旅游资源开发规划的方法

根据各地区、各时期不同的具体情况以及编制旅游规划的机构性质和专业特长,旅游规划表现为不同的类型和方式。世界旅游组织(1997)推荐的规划方法中,分别从地域范围、规划期、组织结构3个方面进行规划类型分类。

(1) 按地域范围来划分,可以分为地方性规划(规划图纸比例为1∶1 000或1∶5 000)、区域及区域间旅游规划(1∶100 000)、全国性规划、国际性规划,如中国云南省与邻近的缅甸、老挝、泰国、柬埔寨、越南等国联合开展的澜沧江—湄公河流域的统一旅游观光区和旅游产业发展的规划研究,就是一类属于国际性的旅游规划。

(2) 按规划期划分,可将旅游规划划分为短期规划(1—2年)、中期规划(3—6年)、长期规划(10—25年)。

(3) 按规划的组织类型来划分,可分为部门规划、项目规划、综合规划等。尽管这些规划在理论上可以分类,但在实践操作中往往是相互交叉、相互联系、相互制约的。

二、旅游资源开发规划的原则

(一) 突出个性原则

旅游资源贵在稀有、与众不同。旅游者能否前往一地旅游,很大程度上取决于该地是否有独具特色的旅游资源。

突出个性原则以挖掘当地特有的旅游资源作为旅游开发的出发点,并把最能体现当地特色的旅游资源作为重点开发对象。旅游资源的特色越突出,个性越鲜明,垄断性就越强,对旅游者的吸引力就越大。旅游资源开发中要突出民族特色、地方特色。每个民族都有自己的艺术风格和表现手法,旅游者往往感兴趣的是反映当地民族风格、地方特色浓郁的东西。例如,安徽南部的黟县西递、宏村保存有明清建筑300多栋,依然如旧的街巷布局、乡土气息浓郁的徽州文化每年吸引来自国内外的大批旅游者,被誉为"世界上最美的村镇"。又如,印度尼西亚巴厘岛的居民爱用竹墙、草顶、砖地,当地旅游饭店也设计成草顶、竹墙、砖地,家具全用竹子或椰树干编制,连灯具也用竹笼子制成,再现了当地居民生活的面貌,满足了印度尼西亚向往异国风情的需求。

突出个性原则并不是单一性地开发,应把突出个性与丰富多彩相结合。由于旅游者消费的多样化,旅游区旅游资源开发应在突出特色的基础上,力争做到多样化。

(二) 市场导向原则

市场导向原则是指在旅游资源开发前一定要进行市场调查和市场预测,准确掌握市场需求及其变化规律,结合旅游资源的特色,确定开发的主题、规模和层次。

市场导向要求开发人员针对旅游者的需求、规模、结构、消费能力来把握开发重点。同时，规划开发者还要有前瞻性的眼光，善于预测市场发展变化的趋势，使旅游资源的开发适当超前，同时注意分阶段进行，开发方案应有一定的灵活性，以便根据市场需求作适当的调整。针对旅游者重视旅游地社会环境及越来越高的服务要求，在开发中还要注意软环境建设，提供更优质的服务。

市场导向并不意味着凡是旅游者需要的都要开发，属于国家绝对保护的自然资源和文化古迹，对旅游者会有生命危险的以及有害于旅游者身心健康的一些资源，应限制或禁止开发。例如，个别粗俗、野蛮的风俗习惯不能因为要满足部分旅游者的好奇心而开发；中国法律法规不允许的不能开发，例如赌博、色情等危害社会的行为也不能开发。

（三）成本最佳原则

旅游资源开发重要目的之一是获取经济效益，因此开发必须做到投资省、见效快、效益高。成本最佳原则要求旅游开发时慎重评价旅游资源所在地的条件，安排好开发重点、规模和顺序。对于资源条件好但所需投资额大、开发后难以在短期内收回投资的项目应分批进行，优先开发地理位置和周围基础设施好的旅游资源。切忌不分轻重缓急，一哄而上，造成投资分散、效益下降等现象。

（四）保护优先原则

旅游资源是发展旅游业的生命线。旅游资源保护是开发利用的基础和前提，如果盲目开发，不善加保护，一旦破坏了自然和人文生态环境，损失往往是难以弥补的。旅游资源保护指维护资源的固有价值，使之不受破坏和污染，对已遭损坏的旅游资源进行治理。在开发和保护两难的情况下，应优先考虑保护。保护内容包括旅游资源所形成的景物、景观、环境和意境等。

（五）效益统一原则

效益统一是指经济效益、社会效益和环境效益三大效益的相互统一。在旅游资源开发中，三大效益目标虽各自独立，但要使旅游资源的开发和利用走上可持续发展的轨道，必须实现三者的统一。经济效益虽然是旅游资源开发所追求的目的之一，但要避免"杀鸡取卵"式的开发和利用，对经济利益的追求不能超过社会和环境的承受限度，应尽可能实现自然和社会的生态平衡。

旅游资源开发三效协调的标准有以下几点。

(1) 经济贡献。旅游资源开发能带来经济价值并增加当地的就业机会。

(2) 环境影响。旅游资源开发必须在环境保护和法律、法规允许的范围内进行。

(3) 社会文化影响。旅游资源开发没有影响当地居民的道德和社会生活。

(4) 竞争影响。旅游资源的开发对现有的旅游业是补充或完善，而非形成竞争之势，不会危及任何企业的生存。

(5) 旅游影响。旅游资源开发增加了旅游目的地的旅游吸引物，改善了旅游容量及其他有益于旅游业发展的条件，从而增加了旅游业的潜力。

(6) 开发者和经营者的能力。旅游开发者和经营者有能力经营成功。

(7) 平等进入。由于开发的项目是能产生盈利的，投资者应能公开、公平地取得经营权。

（六）综合开发原则

要使具有特色或主题的旅游地能吸引各种类型的旅游者，综合开发是必不可少的。旅游资源开发往往包含多种类型的开发，尤其对于地域范围较大的旅游地，开发中应考虑旅游者吃、住、行、游、购、娱的多方面需要，做好配套设施和服务工作。

（七）遵循美学原则

旅游资源开发要把握旅游者爱美的心理，运用美学原理，注重景观的形态美、色彩美、听觉美、嗅觉美、结构美与质感美。自然景观要尽量体现自然美，包括原始美、纯朴美、纯净美、神秘美、壮阔美、纤巧美等；人文旅游资源开发要尽量体现社会美和艺术美。

【头脑风暴】

分组讨论旅游资源保护与开发的关系。

三、旅游资源开发规划的程序

在实际工作中，旅游资源的规划要落实到具体的某一区域。因此，可以参照《旅游规划通则》中旅游规划编制的程序、内容以及评审的方式开展旅游资源的开发规划。

（一）确定任务阶段

一个地区要开发旅游资源，首先，考虑资源开发的可行性。包括：初步了解该地区旅游资源的基本情况；周围同类资源的竞争力如何；旅游市场需求；基础设施及旅游设施现状；投资资金能否到位；投资回报率等。根据以上情况的初步分析和了解，结合当地的实际，决定是否开发该地旅游资源，是否进行旅游规划。其次，考虑资源开发的技术性问题，如旅游资源调查、客源市场预测分析、旅游投资及回报率等。最后决定旅游资源开发规划的目标和任务。

（二）准备工作阶段

1. 工作准备

（1）对国家和本地区旅游及相关政策、法规进行系统研究，全面评估规划所需要的社会、经济、文化、环境及政府行为等方面的影响。由主管部门（如文化和旅游局或相关的企业）向政府提出报告或申请，要求进行旅游规划工作。

（2）确定编制单位，根据国家标准《旅游规划通则》，委托方应根据国家旅游行政主管部门对旅游规划设计单位资质认定的有关规定确定旅游规划编制单位。通常有公开招标、邀请招标、直接委托等形式。

主管部门或相关企业的人员主要承担协调工作，被委托方承担技术性工作。委托方和被委托方之间需签订合作协议或合同，明确双方的责任和权利。

2. 资料准备

规划资料包括基础资料和专业资料两大部分。基础资料通常由委托方提供。工作内容包括商请有关部门提供规划所需的资料（如园林、宗教、林业、城建、环保、交通、通信、地质、水文等）、配备必要的设备、工作图件以及后勤组织工作等，委托方必须提供精确的有关旅游系统关键因素的信息。专业资料包括外部环境的相关资料，如规划区域内外部局势、发展动态、研究成果、旅游供求状况、相关案例等，通常由规划组和委托方合作收集或专题检索。

（三）考察调研阶段

1. 实地考察

对规划区内旅游资源的类型、品质进行全面调查，编制规划区内旅游资源分类明细表，绘制旅游资源分析图，具备条件时可根据需要建立旅游资源数据库，确定其旅游容量，调查方法可参照国家标准《旅游资源分类、调查与评价》。

2. 访问座谈

包括各类旅游者代表；旅游交通业、旅游饭店、旅行社业、餐饮业、娱乐业等相关从业人士；宗教、体育、环保、财政、城建、交通、通信、园林、土地、农业、经贸、工业、水利等部门的领导；当地居民，通过访问座谈了解他们对本地旅游资源开发的看法、建议和要求，掌握第一手资料。

3. 查阅文件资料

包括风景旅游资料、地质地貌勘查资料、气象资料、水文资料、社会文化资料、社会经济统计资料、交通运输资料、基础设施资料、服务设施资料、宣传媒体资料、土地利用状况与权属关系、生态环境资料、灾害与治安资料、政策法规资料、各类有关规划和图件及其他相关各部门所积累的有关资料和研究报告。

4. 旅游客源市场分析

对规划区的旅游者数量和结构、地理和季节性分布、旅游方式、旅游目的、旅游偏好、停留时间、消费水平进行全面调查和分析，研究并提出规划区旅游客源市场未来的总量、结构和水平。一般通过向旅游者、本地居民、旅游从业人员发放问卷，进行调查。

5. 综合分析

对规划区旅游业发展进行竞争性分析，确立规划区在交通可进入性、基础设施、景点现状、服务设施、广告宣传等各方面的区域比较优势，综合分析和评价各种制约因素及机遇。

（四）规划编制阶段

在前期各项工作的基础上，进行规划编制，内容涉及：

（1）确立规划区旅游主题，包括主要功能、主要产品和主题形象。

（2）确立规划分期及各分期目标。

（3）提出旅游产品及设施的开发思路和空间布局。

（4）确立重点旅游开发项目，确定投资规模，进行经济、社会和环境评价。

（5）形成规划区的旅游发展战略，提出规划实施的措施、方案和步骤，包括政策支持、经营管理体制、宣传促销、融资方式、教育培训等。

（6）撰写规划文本、说明书和附件的草案。

（五）论证修改阶段

规划草案形成后，应广泛征求各方意见，并在此基础上，对规划草案进行修改、充实和完善。

　　旅游规划文本、图件及附件的草案完成后,委托方对草稿进行审议,可以征求上级主管部门、本地相关部门的意见,召开旅游企业研讨会、座谈会等。编制单位针对提出的意见进行修改。修改后,由委托方提出申请,由上一级旅游行政主管部门组织评审。旅游规划的评审一般采用会议审查方式,规划成果应在会议召开前送达评审人员审阅。

　　旅游资源开发规划的评审人员根据需要由规划委托方与旅游行政主管部门商定;旅游规划评审人员应由经济专家、市场开发专家、旅游资源专家、环境保护专家、城市规划专家、工程建筑专家、旅游规划专家、相关部门管理人员等组成。

　　旅游规划评审应围绕规划的目标、定位、内容、结构和深度等方面进行重点审议,包括:

(1) 旅游资源开发规划定位和形象定位的科学性、准确性和客观性。
(2) 规划目标体系的科学性、前瞻性和可行性。
(3) 旅游资源开发、项目策划的可行性和创新性。
(4) 旅游产业要素结构与空间布局的科学性、可行性。
(5) 旅游设施、交通线路空间布局的科学性、合理性。
(6) 旅游资源开发项目投资的经济合理性。
(7) 旅游规划项目对环境影响评价的客观可靠性。
(8) 各项技术指标的合理性。
(9) 规划文本、附件和图件的规范性。
(10) 规划实施的操作性和充分性。

(六) 旅游规划成果的实施和更新阶段

　　规划成果经过当地的政府、委托单位的讨论、评审,批准后方可实施,对旅游资源开发建设起指导、协调和约束作用。实施规划,必须协调好各相关部门的工作,按规划方案开发使之有计划、有步骤地进行。

　　旅游资源规划不能预见未来的所有问题。随着时间推移,旅游资源、旅游市场、当地社会经济状况、国家政策等都会发生变化,如果发现规划成果不适合该地区的实际情况,应进行更新。

四、旅游资源开发规划的内容

(一) 旅游资源开发规划的主要内容

(1) 全面分析规划区旅游业发展历史与现状、优势与问题,以及与相关规划的衔接。
(2) 分析与预测规划区的客源市场需求、地域结构、消费结构及其他结构。
(3) 提出规划区的旅游主题形象和发展战略。
(4) 提出旅游业发展目标及其依据。
(5) 明确旅游产品开发的方向、特色与主要内容。
(6) 提出旅游发展重点项目,对其空间及时序作出安排。
(7) 提出要素结构、空间布局及供给要素的原则和办法。
(8) 按照可持续发展原则,注重保护开发利用的关系,提出合理的措施。

(9) 提出规划实施的保障措施。

(10) 对规划实施的总体投资分析，主要包括旅游设施建设、配套基础设施建设、旅游市场开发、人力资源开发等方面的投入与产出方面的分析。

(二) 旅游发展规划成果

旅游资源开发规划成果包括规划文本、规划图表及附件。规划文本为旅游资源开发规划的主要内容；规划图表包括区位分析图、旅游资源分析图、旅游客源市场分析图、旅游业发展目标图表、旅游产业发展规划图等；附件没有固定的格式和要求，一般包括规划说明、专题报告、基础资料和相关文件。

【课外演练】

调查自己家乡的旅游资源，并提出开发和利用的主题。

第四节　旅游资源的保护与管理

一、旅游资源的保护

旅游资源保护是旅游业开发和利用最重要的方面之一。旅游资源是发展旅游业的基础，要保持旅游业的可持续发展，就必须做好旅游资源的保护工作，保护工作不仅涉及旅游资源本身，也涉及自然生态环境的保护。

首先，旅游资源是旅游业赖以生存、经营和发展的基础，也是旅游业发展的主体。旅游资源在旅游发展中的地位是非常重要的，也是旅游业可持续发展的根本。其次，开发、利用与保护、管理既相互矛盾，又相互依存、相互促进，合理的开发和利用不仅可以促进当地的经济发展，还可以保护资源避免人为的破坏。再次，旅游资源决定了旅游区的品质、吸引力和价值，旅游资源保护的主要任务就是让资源的价值得到充分发挥。第四，人与自然和谐发展是旅游资源保护和可持续发展的最终目标。旅游业的可持续发展是建立在保护和开发相互和谐的基础上，要使旅游资源保护和经济效益获得"双赢"。保护旅游资源和环境是第一要务，是发展现代旅游业、实现收入效益最大化的基础；而旅游业的发展、效益的持续增加，则是资源保护资金的基本来源，只有在旅游经济得到发展的条件下，才能使旅游资源得以有效的保护。所以保护和开发是相辅相成的，在保护中开发，在开发中保护，通过这种不断地人与自然和谐的行为，把旅游资源的保护和管理工作做好。

(一) 旅游资源保护是旅游业生存和发展的前提

一个地区发展旅游业的基础是旅游资源，旅游资源是吸引旅游者的主要因素。对旅游资源的保护是旅游业发展中最重要的问题之一。中国有五千年的文明史，留下了无数的文物古迹,其中大量的历史遗存是重要的旅游资源。这些旅游资源成为了解中国历史、展现中华民族璀璨文化的见证,如陕西西安的秦始皇兵马俑博物馆、四川广汉的三星堆遗址、北京的故宫博物院等。当人们发现以后,都能较好地保护了这些文物和古迹,使得在今天仍然能欣赏到数千年的艺术珍品。

旅游资源的保护,不仅涉及旅游业的发展,也涉及国家文物保护工作,涉及自然环境和自然资源的保护与利用,涉及人与自然的和谐发展,涉及社会和人类的可持续发展。所以对于旅游资源的保护是关系国家、民族的大事。旅游工作者一定要清醒地认识旅游资源保护的重要性。

(二) 旅游资源保护就是保护生态环境和自然文化资源

有些旅游资源是不可再生的,当它们被破坏的话,很难恢复,如植被、山体等,虽然有的旅游资源可以通过科学技术水平加以恢复或补救,但这样做所付出的代价是相当巨大的,况且有些资源是无法补救的。

对于自然旅游资源的保护,同时也涉及对自然生态环境的保护。如果只对可供观赏的自然旅游资源进行保护,而忽视影响自然资源的其他因素,这样的保护是不全面的。这就需要对当地的地质条件、气候条件、水土流失情况、大气污染条件、植被覆盖率等多项因素进行综合性的测定,有步骤地加以保护。生态环境平衡只要有一个环节发生断裂,就会影响到其他环节。例如,由于维系其生命的食物链发生变化,导致中国野生大熊猫的数量急剧下降。

人文旅游资源是人类几千年的发展演变而遗留下来的珍贵文化遗产,是我们的先人与自然共同创造的历史文化结晶,也是开发旅游资源的一个重要方面。如苏州的园林展现了中国园林建筑的魅力,它的建筑特色充分融合了中国古代建筑思想和古代人们审美意识,在景观的设计上运用了亭台楼阁、风花雪月的建筑内涵,走在其中让人产生"梦回前朝"的错觉。这些景观都是人类建筑智慧的结晶,代表着中国建筑和美学的融合。但由于种种原因,在苏州有规模的古建筑园林已经屈指可数,那些已经被破坏的园林,从此便在历史长河中烟消云散了。所以对旅游资源的保护其实质就是对生态环境和人类文明遗迹的保护。

微课:旅游资源的保护

(三) 保护旅游资源才能够实现旅游业的可持续发展

旅游业可持续发展的实质就是对旅游资源在科学保护的前提下,使旅游资源不仅可以被我们这代人利用,而且可以为我们的后代所利用。旅游业的可持续发展要求旅游规划者对于旅游资源的保护提出一个具体、全面的方案,在规划中对于如何保护旅游资源,如何监测旅游环境的变化都应有具体的措施。要求旅游业经营者树立资源保护的意识,建立、健全旅游资源保护的规章制度,建立有效的保护与管理的措施。旅游从业人员在工作中自觉做好旅游资源保护。要求旅游者提高旅游资源保护的认识,按照国家有关法律、法规、旅游企业规章制度进行旅游活动。这样才能够保证旅游业的可持续发展。

二、旅游资源被破坏的主要原因

旅游资源被破坏的原因复杂,大致可以分为自然因素和人为因素两种。

(一)自然因素造成的旅游资源破坏

1. 突发性破坏

自然界发生的地震、山火、海啸、火山喷发等自然灾害对旅游资源的破坏力是巨大的,这种破坏在短时间内就会完成,破坏力度大,可能导致整个旅游资源在一夜之间就化为乌有。例如,1995年8月,江西庐山发生了严重的泥石流,在北山公路和南山公路,以及从含鄱口到三叠泉景区大面积发生泥石流,泥石流现场有几十个,严重影响了该景区的旅游活动。1997年8月,美国夏威夷最古老的瓦吼拉神庙,被基拉威火山喷发的岩浆全部淹没。

2. 缓慢性破坏

在自然条件下,一些历史遗迹长时间受到风吹雨淋,加上所处的外部环境和动物的破坏,导致其受到各种物理、化学因素的影响,其形态和性质发生缓慢的变化,又称缓慢性风化。例如,甘肃的敦煌莫高窟,在对其环境质量监测中检验出对壁画十分有害的硫化氢、臭氧等,导致石窟被缓慢破坏的因素有10余种,壁画遭受脱落、起甲、酥碱、烟熏、变色等侵害。

此外,一些虫害也是造成旅游资源被破坏的因素。例如,成都的望江楼、成都的武侯祠、德阳的孔庙、眉山的三苏祠等旅游景点的文物古迹遭到白蚁侵蚀,个别景点已经不复存在。

(二)人为因素造成的旅游资源破坏

1. 战争破坏

战争是对旅游资源最具毁灭性的一种行为。战争的炮火可以在短时间内使文物古迹化作瓦砾。从历史上看,中国集中西园林风格于一体的圆明园,被称为"万园之园",在1860年被英、法等八国联军纵火烧毁,园中珍宝被洗劫一空,至今仍有大量文物流落国外。2001年,阿富汗塔利班政权把闻名遐迩的世界文化遗产巴米扬大佛炸毁,引起了世界人民的愤慨。

2. 建设性破坏

由于对旅游资源的认识与重视不足,在城市建设、交通建设等工程中经常出现拆毁有价值的建筑、损坏遗迹、遗址的情况。例如,哈尔滨市素有"东方小巴黎"之称,在19世纪末20世纪初,是中国与俄罗斯和欧洲通商的一个重要口岸,当时哈尔滨的城市建筑中,有很多融西方建筑和东方建筑为一体的建筑,是西方建筑在北方地区的汇集之地。但在20世纪五六十年代的城市建设中,人们对这些陈旧的建筑不感兴趣,拆毁了一些融东西方建筑特色的建筑物。

3. 旅游开发经营过程中的破坏

在早期的旅游规划与开发中,一些旅游规划人员缺乏资源保护意识,出现了砍伐树木、毁坏建筑、破坏环境的现象,有些地方在旅游景区内兴建宾馆饭店、旅游品商店等接待设施,当时主要考虑游客参观游览方便等。结果各种生活垃圾污染了当地的旅游资源和生态环境。

4. 旅游者的破坏

旅游者有时也会给旅游资源带来负面的影响,例如,旅游者踩踏破坏植被,珍稀的花草被采回家作为纪念品,野生动物栖息地被破坏,地质景观遭到涂鸦,空气、水被污染等,以及在原本不是为旅游目的而建造的建筑物和场地内接待大量的旅游者,从而造成了建筑的磨损、意外损坏等,例如,宫殿、庙宇内独特的、有纪念意义的地面可能会被磨损和破坏。

三、旅游资源的管理

中国有关森林、环境、文物及风景名胜区等专门法律、法规中已涉及旅游资源保护的方针、政策和原则等。有效地管理旅游资源是保护工作的重要内容。

(一) 开发与保护的和谐统一

在旅游资源的开发利用与保护中,必须防止两种错误倾向:一是离开景区建设和发展旅游,单纯地强调旅游资源的保护;二是片面追求经济利益,忽视对资源的合理保护,甚至以牺牲资源和环境为代价,对旅游资源进行掠夺式的开发,去换取一时的经济收益。

一般来说,对资源的合理开发是一种最好的保护。只要正确规划、科学安排,两者就可得到最大限度的统一。美国的黄石国家公园就是一个很好的例子,1872年,美国设立了黄石国家公园,开发了利用与保护自然资源的新系统。初期的黄石公园纯粹着眼于自然保护,后来作为公共教育场所对外开放。尽管不允许在其中伐树和狩猎,但可以根据需要进行适当的改造利用,如增进景观的优美性,提高林木的稳定性,采伐利用过熟木、风倒木、病腐木等。这样,既保护了自然景观,供旅游者旅游、观赏,又成为向旅游者宣传科学知识和开展热爱大自然教育的基地。

应当承认,景区开发与资源保护是有矛盾的。我们知道旅游资源的含义中不仅包括资源本身,还涵盖整个旅游区域的环境,包括当地的文化、饮食习惯、自然生态环境。因此,从这个意义上讲,旅游资源的破坏不仅仅是某一个景点的消亡,还包括旅游业的发展对当地的文化、风俗习惯的改变。

(二) 群众性保护与专业性保护相结合

旅游资源的保护不仅是当地政府的事情,也是旅游者和当地居民共同负有的责任,在对旅游资源的保护中,管理者应该让广大民众都树立起保护我们所在家园的意识。旅游资源保护关系到国家和民族的自然、文化遗产的继承与发展,涉及人民群众的切身利益,因此保护旅游资源绝不是一部分人或少数人的事,而是全民族、全人类的大事。

无数资源成功保护的实例,都是将群众普遍自觉保护与专业部门重点保护相结合的产物。群众性保护包含两层意思:一方面,广大群众把保护旅游资源变成普遍的自觉行为,从我做起,珍惜风景名胜区内的一草一木、一虫一鸟、一石一丘,爱护文物古迹和历史文化传统,尊重地方民俗,达到文明旅游、自觉保护的目的;另一方面是指发动全社会的力量,宣传立法、募捐集资、群众修护,节省国家人力、财力。

在群众性保护的基础上,还必须依靠专业部门的重点保护。因为旅游资源面广、量大,保护工作的专业性又很强,具体、深入的科学保护,还涉及大量的技术问题。这不仅需要建立一支训练有素的专业技术队伍,并从中央到地方、从条条到块块,完善保护管理体系,使之各司其职,协调配合,把保护工作抓实、抓细。

此外,对于不同地区、不同保护对象,还要按具体情况,制订出不同的保护重点、要求和手段,做到有所侧重,因地制宜。保护的内容和手段,不能搞"一刀切"。以自然风光为主的景观,保护重点应放在秀丽风光的维护、水资源保护和净化环境上,而对以文物古迹为主的人文景观,则应侧重于保护珍贵文物不被风化、破坏,并加强安全游览措施,注意外部整体环境的保护等。

(三) 综合保护与重点防治相结合

综合保护就是对旅游资源的保护,不能持狭隘、孤立的观点,不能只顾眼前而不考虑长远,不能只注意局部和个体而不注意整体和全局。为此,不但要保护旅游资源本身,还要保护与旅游资源息息相关,对风景名胜区、旅游地的生存、发展起相互作用的全部要素。总之,必须树立综合保护的观点。因为旅游区有关的诸因素是相互依存、相互渗透、相互制约的。只有综合保护才能协调理顺它们之间的关系,使内在结构联系稳定,并从根本上体现出保护的综合效应,使旅游区处于良性发展中。

例如,文物古迹,有文物古迹本身的保护,还有所处地段历史风貌的保护;风景名胜区,既有景观资源的保护,又有风景环境氛围的保护、非城市化倾向的保护;民族风情风俗,既有民族服饰、节庆活动、生活习俗的保护,又有整体社会人文环境的保护。总之,人为的影响、自然的影响、有形的影响、无形的影响等诸多因素,如果只偏重于一个方面,保护是不可能卓有成效的。所以,综合保护包括自然风光、人文景观、植被生态、水源水土、整体环境、空间容量、地质资源、种质资源、民族文化等各个方面。它们互相交叉、相互渗透,构成了综合保护的理念。综合保护水平是衡量风景旅游区保护工作水平的一个重要标志。

此外,在综合保护的前提下,还要实行以防为主、防治结合的方针。对已造成的破坏与污染应及时制止,坚决治理。防止出现"先污染,后治理"的现象,落实资源的环境保护措施与责任制,加强综合治理,以期取得显著成效。

(四) 依法保护的原则

随着法治建设逐步健全,利用法律武器保护旅游资源已成为保护工作中的一项重要内容。法律是具有强制性的,它不但对保护的行为规范作出了具体的规定,而且还对于那些破坏文物古迹、风景名胜资源的人员和单位部门,具有极大的震慑作用。旅游资源保护的法律手段就是建立、健全保护旅游资源的法律、法规,把旅游业中出现的一些对旅游资源破坏严重的行为在有关的法律、法规中明文规定,使遏制对旅游资源的破坏性行为有法可依。

另外,还必须严肃认真对待经过审批的城市规划、风景名胜区规划和旅游区规划。它们都具有一定的法律效力,是城市、风景名胜区、旅游地的开发、建设和保护的重要依据。因此,在资源保护工作中必须严格执行与实施,要同违背规划、乱拆乱建、破坏旅游资源的一切违法行为和现象作斗争。

【头脑风暴】

结合自己的旅游经历,请分享旅游资源保护与开发的案例,并加以说明。

四、旅游资源保护与可持续旅游发展

（一）可持续旅游发展的核心内容

1995年4月，联合国教科文组织、联合国环境规划署和世界旅游组织等在西班牙召开了"可持续旅游发展世界会议"，包括中国在内的75个国家和地区的600多名代表出席了会议，会议通过了《可持续旅游发展宪章》和《可持续旅游发展行动计划》。

《可持续旅游发展宪章》指出："可持续旅游发展的实质，就是要求旅游与自然、文化和人类生存环境成为一体，自然、文化和人类生存环境之间的平衡关系使许多旅游目的地各具特色，旅游发展不能破坏这种脆弱的平衡关系。"因此，对资源和环境的保护就成为旅游可持续发展的基本出发点。要求旅游业的发展必须建立在生态环境的承载能力之上，避免对自然资源、生物多样化和生态环境造成负面影响；要求旅游业的发展能够有效地维护地方特色、文化和旅游地的特色，避免对当地文化遗产、传统风俗和社会生活方式造成负面影响。

可持续旅游发展理论的内涵如下。

1. 公平性

强调本代人及代际间的公平以及公平分配有限的旅游资源，特别是公平分配不可更新旅游资源，这里的公平分配不是指公平占有，主要是指满足人们旅游需求的公平机会，在未找到替代性资源之前尽可能地延长旅游资源的生命周期，避免不可更新资源过早枯竭。公平性应充分体现在人与人之间、民族与民族之间、地区与地区之间和国家与国家之间。

2. 持续性

强调资源的开发和旅游业的发展应不超越自然资源与生态环境的承载能力，保持生态生命支持系统和生物多样化，保证可更新资源的持续利用；同时使不可更新资源的消耗最小化，因为旅游业的发展对不可更新资源的消耗是绝对的，且随着开发利用程度的增强生命周期呈缩短趋势。为使后代人公平享用这些资源，必须对利用和发展提出速度和规模的限制，这正是可持续发展与以往任何发展思想明显的区别所在；反对为满足本人需求和谋取短期利益而掠夺式开发旅游资源。

3. 全球性

由于各国文化、历史和社会经济发展水平存在很大差异，旅游可持续发展的具体目标、政策措施和实施步骤不可能是唯一的。但是，可持续旅游发展作为全球旅游业发展的总目标，它所体现的公平性和持续性的精神则必须共同遵守。而且为了实现这一总目标必须采取联合行动，既尊重所有各方的特色与利益，又要采取国际统一行动。从根本上说，贯彻可持续旅游发展理论就是要促进人类之间和人类与自然之间的和谐，共同肩负起保护人类旅游资源的责任。

4. 资源观

大量的旅游资源是不可复制的，尤其是历史文化遗产、名胜古迹，它们是人类社会发展的轨迹，一旦遭到破坏，就将毁掉千百年甚至上万年祖先留下的宝贵财富，即使重新还原，也已经失去原有的价值。旅游业的生存与发展和旅游资源有"皮之不存，毛将焉附"的关系,可以说旅游资源开发的潜力和可利用程度是旅游业能否发展的一个基本前提,因此,决不能掠夺性开发而最终导致资源枯竭,而应有序、科学地规划、开发和利用。针对不同类别和不同属性的资源,采取不同对策,在保护好资源的前提下最大限度地发挥其应有价值,使旅游资源的生命尽可能延长。

(二) 可持续旅游发展的目标

可持续旅游发展是一个多层次的多元构成的目标体系,主要包括生态环境可持续发展性、社会可持续发展性和经济可持续发展性3个方面。

1. 生态环境可持续发展性

生态环境可持续发展性是指在一定限度内维持生态系统的生产力和功能,维护资源和环境基础,保护其自我调节、正常循环能力,增加生态系统的完整性、稳定性和适应性。由于旅游发展过程中充满着各种各样的矛盾,旅游开发和旅游活动会不同程度损害旅游业赖以存在、发展的生态环境和旅游资源。所以,消除旅游业发展过程中的矛盾,缩小旅游开发者主观愿望与实际行动对环境造成的影响之间的差距,维护旅游生态系统的平衡以保证旅游资源的持续利用,是旅游业可持续发展的基本目标和准则。

2. 社会可持续发展性

社会可持续发展性是利用最小的资源成本和投资获得最大的社会效益,长期满足社会和人类的基本需要,保证资源和收益的公平分配,旅游业可持续发展在社会方面要达到的主要目标之一就是满足需要。可持续旅游发展的社会方面另一项主要目标就是体现社会公平,包括同代人的公平发展和公平分配以及代际间的公平发展和公平分配。

3. 经济可持续发展性

经济可持续发展性是指用最小的资源成本和投资获得最大的经济效益,同时保证经济效益的稳定增长,防止任何急功近利的短期行为。可持续旅游发展经济方面的目标就是对旅游业长远利益的关注,包含了对环境成本的考虑。旅游资源开发利用必须服从当地经济发展的总体规划,并保证旅游开发商、旅游经营者的可获利性。与此同时,充分考虑环境成本的效率,把环境污染费用和自然资源的耗费计算在生产成本之内,以关注旅游业的长远利益。

可持续旅游发展三方面的目标,存在对立统一的关系。生态环境可持续发展是经济可持续发展性的基础,没有生态环境的可持续发展性便没有了经济的可持续发展性;没有经济可持续发展性,生态环境的可持续发展性便失去了经济目的和动力;而经济可持续发展性和生态环境可持续发展性是为了满足社会的需要,社会可持续发展性的实现有赖于生态环境和经济的可持续发展性。

【第三章复习思考题】

一、简答题

1. 简述旅游资源的定义和基本特征。

2. 简述旅游资源可创性的意义与作用。

3. 简述世界自然遗产的定义。

4. 分析自然旅游资源与人文旅游资源的异同。

5. 简述旅游资源保护与可持续发展的关系。

二、论述题

1. 如何通过发展旅游业将"绿水青山"转化为"金山银山"？

2. 旅游资源的地域性给我们什么启示？如何正确认识和合理运用地域性特征？

三、实践题

1. 考察一家当地的旅游景区，分析它的主要旅游资源的类型、基本特征，并写一份旅游资源调查报告（800字左右）。

2. 首都北京有多少个世界自然遗产、世界文化遗产？分析它们的特点。

第四章 旅游产业——旅游发展的核心

■ **本章导读**

　　旅游业是综合性的产业门类,为旅游者提供服务是旅游业的主要职能。本章着重对旅游业的主要组成部分——住宿业、旅行社业、旅游景区、旅游商品、旅游美食进行了阐述和介绍。重点包括各个产业在旅游业发展中的作用,如住宿业的基本经营特点、旅行社的基本业务、旅游景区等级评定、旅游商品的特点及发展趋势、旅游美食的发展和展望等。通过本章的学习,学生可以全方位掌握现代旅游发展的核心部门及其发展特点,从而为学生之后的学习奠定基础。

■ 学习目标

● 知识目标

1. 了解住宿业的类型,熟悉现代住宿业的作用和特点
2. 掌握旅行社的基本业务
3. 掌握旅游景区的概念,旅游景区等级的评定
4. 了解并掌握旅游商品的类型和要素组成
5. 了解并掌握旅游美食的特点

● 能力目标

1. 结合产业要素和特点,形成较强的职业认同感
2. 深化对行业的理解和认识,增强职业意识
3. 能结合所学知识,树立基本的职业视野
4. 能结合所学知识,分析各个旅游产业在旅游业发展中的作用
5. 能够综合分析某一地旅游发展现状,设计符合地方的旅游商品
6. 能够分析某一旅游景区的资源状况及星级评定状况
7. 能够分析某地的旅游美食特色,设计符合旅游者喜好的美食产品

● 素养目标

1. 了解我国知名旅游企业民族品牌的崛起,培养学生认真负责、踏实敬业的工作态度
2. 培养学生社会主义核心价值观,强化旅游从业人员的使命感

■ 思维导图

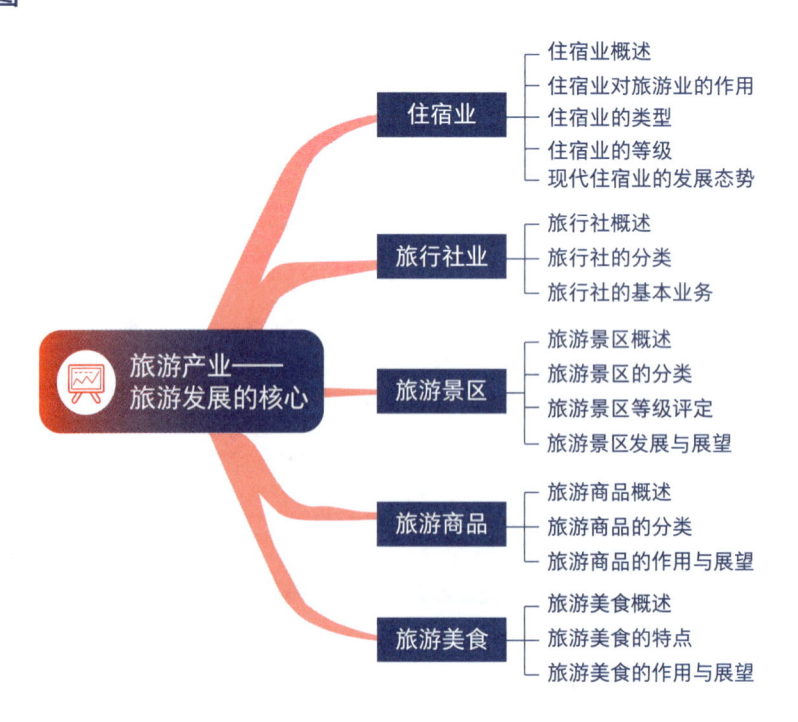

旅游产业——旅游发展的核心

- 住宿业
  - 住宿业概述
  - 住宿业对旅游业的作用
  - 住宿业的类型
  - 住宿业的等级
  - 现代住宿业的发展态势
- 旅行社业
  - 旅行社概述
  - 旅行社的分类
  - 旅行社的基本业务
- 旅游景区
  - 旅游景区概述
  - 旅游景区的分类
  - 旅游景区等级评定
  - 旅游景区发展与展望
- 旅游商品
  - 旅游商品概述
  - 旅游商品的分类
  - 旅游商品的作用与展望
- 旅游美食
  - 旅游美食概述
  - 旅游美食的特点
  - 旅游美食的作用与展望

第一节 住 宿 业

"住"是旅游六要素之一，在旅游活动中起着非常重要的作用。随着人民生活水平的不断提高，对于住宿的需求，也不只仅限于休息，而是追求更高层次的享受。因此"住"是旅游活动的重要资源，直接影响到旅游的整体质量。那么什么是住宿业？它对旅游业的作用是什么？有哪些类型和等级划分？现阶段的主要发展态势是什么？本节的内容将一一解答。

【案例导入】

在杭州某酒店，宾客在酒店的自助机上就能办理入住手续，从登记身份信息、体温监测、健康码认证到拿到房卡，全程只需不到 1 分钟。据该酒店工作人员介绍，该智慧酒店入住设备兼具身份识别、半脸识别、红外线体温、健康码认证等功能。

值得一提的是，还有一些酒店启用了智能设备，实现无接触式服务，部分酒店甚至在办理入住、退房、客房服务等各个场景均采用数字化智能设备，在提升顾客体验的同时，也可根据顾客的消费行为和住店喜好对酒店日后的运营管理及营销策略提供更加精准的参考。以东呈"呈闪住"为例，酒店可实现 3 秒快速刷脸入住 / 退房，全程无接触。

未来，酒店住宿业数字化升级和无接触式服务是大势所趋。很多酒店集团都已展开行动，让顾客的入住更加便捷、体验更加个性化。例如，喜达屋酒店旗下的 W 酒店、雅乐轩酒店等酒店的顾客可享受无钥匙入住服务，客户下载 App，注册并接受无钥匙服务后，会在入住前 24 小时收到房号和蓝牙钥匙。

思考：在住宿业发展态势不断变化的时代背景下，住宿业对旅游业的作用会发生变化吗？中国乃至世界住宿业将会如何发展？

一、住宿业概述

住宿业通常被认为是旅游业的支柱产业之一，其收入构成旅游业收入的重要组成部分。住宿业由各种经营住宿服务的企业所构成，具体住宿企业所使用的称谓也不尽相同，如酒店、饭店、宾馆、旅馆、旅社、招待所、度假村、度假营地、俱乐部、大厦、中心等。在国际上，表示住宿业的词也颇多，比如 hotel、inn、lodge、guesthouse、tavern 等，而 hotel 是目前普遍被业内人士和专家学者认可的表述住宿场所的词。hotel 一词源于法语，原指法国贵族在乡间接待宾客的别墅，后来，英、美等国沿用至今，泛指商业性的住宿场所。在中国，住宿业通常以酒店、饭店、宾馆为主体，酒店多为南方地区的习惯称呼，饭店多为北方地区的习惯称呼，宾馆则多为带有政府接待性质。由于在设施条件和提供服务项目的范围和档次上存有差别，使人们有必要以不同的名称将其划为不同的类别。国际住宿业中所称的"hotel"可等同于中国所使用的酒店、饭店和宾馆。

住宿业的发展和演进同旅行和旅游的发展有着十分紧密的关系。这一关系突出表现在住宿类型的演进是与旅行和旅游活动的发展及旅行方式的变化联系在一起的。

(一) 世界住宿业的发展

欧洲最早的住宿场所起始于古罗马时期,其发展经历了客栈时期、大饭店时期、商业旅馆时期、新型酒店时期4个阶段。

1. 客栈时期(12世纪至18世纪)

住宿业的发展经历了一条漫长的路,原始的客栈只为过往的旅客提供只有一张床的简易房间。最早期的客栈可以追溯到人类原始社会末期和奴隶社会初期,是为适应古代国家的外交交往、宗教和商业旅行、帝王和贵族巡游等活动的要求而出现的。在罗马帝国时期,客栈第一次兴旺起来,在每个主要城市均有相当规模的客栈,这些客栈通常由自治政府所有并经营。随着罗马帝国的衰落,长途旅行消失了。宗教朝圣成为当时最主要的旅行动机,因此,道路旁的客栈大多为慈善组织和宗教组织所经营。

随着欧洲大城市的发展,住宿业中出现了商业投资。例如,在15世纪前后,英国以家族命名的客栈声名鹊起,这些客栈最初只有啤酒屋,有时也为客人提供简陋的住宿场所。随着第一代公共交通设施——市内马车网络的发展和延伸,旅游者的数量迅速增加,为旅游者服务的客栈也随之增加。

古代客栈的特点是规模小、设施简单、设备简陋、价格低廉、服务项目少,一般只提供食宿服务,有时甚至连安全也得不到保障。所以,这个阶段的客栈还不是完整意义上的饭店,而是饭店的雏形。

2. 大饭店时期(18世纪至19世纪末)

随着资本主义经济和旅游业的产生和发展,旅游开始成为一种经济活动,这时,专为上层统治阶级服务的豪华饭店应运而生。

在欧洲大陆出现了许多以"饭店"命名的住宿设施。无论是豪华的建筑外形,还是高雅的内部装修;无论是奢华的设备、精美的餐具,还是服务和用餐的各种规定形式,都是王公贵族生活方式商业化的结果。饭店与其说是为了向旅游者提供食宿,不如说是为了向他们提供奢华的享受。所以,人们称这段时期为大饭店时期。

在欧洲,第一个真正可称之为饭店的住宿场所是在德国巴登的巴典国别墅。随后,欧美许多国家大兴土木,争相修造豪华饭店。当时颇有代表性的欧洲饭店有:1850年的巴黎大饭店、1874年柏林的凯撒大饭店、1876年的法兰克福大饭店、1889年的伦敦萨伏伊饭店和1898年巴黎的利兹饭店等。有代表性的美洲饭店有:1794年纽约的首都饭店、1829年波士顿的特利蒙特饭店等。

豪华饭店的特点是:规模宏大,建筑与设施豪华,装饰讲究;供应最精美的食物,布置最高档的家具摆设,许多豪华饭店还成为当代乃至世界建筑艺术的珍品。这一时期的精英特色是追求豪华,饭店的主要接待对象是享有特权的上流社会的富裕阶层。

3. 商业旅馆时期(19世纪末至20世纪50年代)

进入20世纪后,商业旅行急剧增加,对廉价舒适的食宿场所的需求也随之增加。之前所建造的食宿场所,无论是豪华的大饭店,还是设施简陋的小客栈,都无法满足这种需求。前者对一般大众来说价格昂贵,高不可攀,而后者则过于简陋,既不卫生,又不舒适,于是商业旅馆应运而生。

首先发现这一市场并着力开发的是美国的埃尔斯沃斯·斯塔特勒,他同里兹的饭店经营理念不同,斯塔特勒把"提供普通民众能付得起费用的世界第一流的服务"作为经营目标。当今世界广泛流传于服务业的至理名言"顾客永远是正确的"就是由斯塔特勒提出来的。他认识到,不是所有的顾客都想社交,许多顾客更愿意待在自己的房间里。1908年,斯塔特勒在美国布法罗建造了第一个由他亲自设计并用其名字命名的斯塔特勒饭店。该饭店的许多基础设施和经营控制成为今天的行业标准,比如为顾客提供独立卫生间、较大的客房、房内用膳服务、客房预订服务、电话、门旁电灯开关等,这些都是斯达特勒的创新。

商业旅馆时期的基本特点如下:

(1) 商业旅馆的服务对象是普通人群,主要以接待商务顾客为主,规模较大,设施设备完善,服务项目齐全,讲求舒适、清洁、安全和实用,不追求豪华与奢侈。

(2) 实行低价策略,使顾客感到物有所值。

(3) 饭店经营者与拥有者逐渐分离,开始讲究经济效益,以营利为目的。

(4) 采用斯塔特勒的科学管理思想和方法,饭店管理逐步科学化和效率化,注重市场调研和市场目标选择。

4. 新型酒店时期(20世纪50年代以后)

第二次世界大战后,随着世界范围内的经济恢复和繁荣,人口的迅速增长,世界上出现了国际性的大众化旅游。科学技术的进步,使交通条件大为改善,为外出旅游创造了条件;劳动生产率的提高,人们可支配收入的增加,外出旅游和享受酒店服务的需求迅速扩大,加快了旅游活动的普及化和世界各国政治、经济、文化等方面交往的频繁化。这种社会需求的变化,促使住宿业进入新型酒店时期。新型酒店时期的主要特点如下:

第一,接待对象大众化。第二次世界大战后,各国都致力于发展本国经济。随着经济的发展,交通工具也不断革新,旅游业开始蓬勃发展,住宿业的接待对象已不再局限于商务旅行者。日益增多的观光旅游者和度假旅游者成为住宿业的重要客源。

第二,住宿设施多功能化。为了适应现代旅游者的要求,酒店经营朝多功能化发展。除了基本的食宿功能以外,酒店还为顾客提供问询服务、外币兑换服务、洗衣服务、客房服务、电话服务、按摩服务、健身服务、交通服务、导览服务、安保服务等。此外,还为顾客提供游泳池、高尔夫球场、会议室、电影院、展览厅等设施,故现代饭店又被称为"城中之城"。

第三,酒店类型多样化。为了满足不同客源市场的需求,这一时期的住宿业开始朝多样化发展,如会议酒店、商务酒店、常住式酒店、度假型酒店、精品酒店、汽车旅馆、特色酒店及民宿等。

第四,住宿企业集团化。随着酒店业竞争的不断加剧,酒店日益走上联营化的道路。例如,万豪(Mariott)、洲际(IHG)、凯悦(Hyatt)、希尔顿(Hilton)、雅高(Accor)等酒店集团。20世纪80年代后,中国经济的发展使得国际酒店集团的目光开始投向亚洲市场,自1984年喜来登投资北京长城饭店后,国际酒店品牌在中国市场遍地开花。

(二)中国住宿业的演进

中国是文明古国,也是世界上最早出现饭店的国家之一。远在3 000多年前的殷商时期,就出现了官办的"驿站",它是中国历史上最古老的官办住宿场所。中国住宿业的发展经历了中国古代住宿时期、中国近代住宿时期、中国现代住宿时期3个阶段。

1. 古代住宿业时期(商朝中期—清朝晚期)

中国最早的住宿业可追溯到殷商时期或更早,唐、宋、元、明、清被认为是住宿业得到较大发展的时期。中国古代住宿场所大体可分为官办馆舍和民办客栈两大类。古代官办的住宿场所主要有驿站和迎宾馆两种。

驿站始于商朝中期,止于清朝光绪年间"大清邮政"的兴办,有3 000多年的历史。驿站是中国历史上最古老的住宿场所,主要是为了满足办理各种公务、商务和外交、军事人员的基本生存需要——食宿而设立的。驿站的设置与使用,完全处于历代政府的直接管理之下。

迎宾馆是除驿站外的另一类官办馆舍,是古代官方用来接待外国使者、民族代表及客商,安排他们食宿的馆舍,通常设在都城。历代几乎都分别建有不同规模的迎宾馆,并冠以各种不同的称谓,比如,春秋时期称其为"诸侯馆",战国时期称其为"传舍",唐、宋时期称之为"四方馆",元、明时期称之为"会同馆",至清朝才真正称为"迎宾馆"。早期的迎宾馆在宾客的接待规格上,是以来宾的地位和官阶的高低及贡物数量的多少来区分的。为了便于主宾对话,宾馆里有道事(翻译),为了料理好宾客的食宿生活,宾馆里有厨师和服务人员。迎宾馆适应了古代民族交往和中外往来的需要,对中国古代的政治、经济和文化交流起到了不可忽视的作用。

客栈作为商业的重要组成部分在周朝就已出现,曾被称为"逆旅"。它的产生和发展与商贸活动的兴衰及交通运输条件密切相关。在春秋战国时期,农业生产的进步,促进了手工业和商业的发展,频繁的商贸活动增加了对食、宿、交通的需求,为民间客栈的发展提供了市场。客栈是专门供过往旅客在旅途中休息、住宿、饮食的场所,不但提供客房,还提供酒菜饭食,晚上还有热水洗澡,可以说这些民间的客栈是现代意义上酒店的雏形。

2. 近代住宿业时期(19世纪中期—20世纪中期)

中国近代由于受到帝国主义的侵入,沦为半殖民地半封建社会,当时的住宿业除有传统的客栈外,还出现了西式饭店和中西式饭店。

西式饭店是19世纪初由外国资本建造和经营的饭店的统称。第一次鸦片战争后,西方列强纷纷入侵中国,在沿海地区划分势力范围并设立租界,随即在租界内兴建了许多具有西式风格的饭店。这类饭店与中国传统的客栈相比,规模宏大,装饰华丽,设备先进,建筑结构和装饰等具有典型的欧洲风格,经理人员皆来自英、法、德等国,接待对象以来华外国人为主,也包括当时中国上层人士及达官贵人。西式饭店的代表有:北京的六国饭店、北京饭店,天津的利顺德饭店和上海的理查德饭店等。至1939年,在北京、上海、广州等23个城市,有外资建造并经营管理的西式饭店近80家。这些饭店除了提供基本的食宿外,还配备浴室、理发室等,是中国近代饭店业中的外来部分,是帝国主义列强入侵中国的产物。但与此同时,西式饭店的出现对中国近代饭店业的发展起了一定的促进作用,它们把西式饭店的建筑风格、设备配置、服务方式、经营管理的理论和方法带到了中国。

中西式饭店是西式饭店带动下,由中国的民族资本投资兴建的一大批中西风格结合的新式饭店。这类饭店的建筑式样、店内设备、服务项目和经营方式上都受到了西式饭店的影响,而且在经营体制方面也仿效西式饭店的模式,实行饭店与银行、交通等行业联营。1912年后,各地纷纷兴建包容中西风格的新式饭店,如北京的西山饭店、状元府饭店,上海的百乐门饭店、国际饭店等。20世纪30年代,中西式饭店的发展达到了鼎盛时期,在当时的各大城市中,均可看到这类饭店。与中国传统的客栈相比,中西式饭店无论在建筑、设施设备、规模等方面,还是服务项目、经营方式、管理水平等方面都有了明显的进步与发展,成为中国近代住宿业中引人注目的部分,为中国住宿业进入现代住宿时期奠定了良好的基础。

3. 现代住宿业时期(20世纪50年代以后)

中国现代住宿业的发展历史不长,但速度惊人。在行业规模扩大、设施质量提升的同时,住宿业的经营观念也发生了质的变化,经营管理水平得到了迅速的提高。从新中国成立至今,中国住宿业大体经历了4个发展阶段。

(1) 第一阶段:招待所阶段(1978年以前)。新中国成立后,为了接待国际友人、苏联和其他一些东欧国家的援建专家及各国华侨、港澳同胞,中国的直辖市、各省会城市和风景区通过改建老饭店,建立了一批宾馆和招待所。这些招待所以完成外事或政治接待任务为主。

(2) 第二阶段:涉外饭店阶段(1979—1987年)。1978年中国开始实行对外开放政策以来,中国的入境旅游市场得到了迅猛的发展,为中国现代住宿业的兴起和发展创造了前所未有的良好机遇。为适应发展,原先的高级招待所在稍作整修后即承担繁重的涉外接待任务,从而成为第一批以接待境外宾客为主,区别于国内一般饭店的涉外饭店,在习惯上称为旅游涉外饭店。1980年,中国能接待海外旅游者的涉外饭店仅有203家,客房总计3万多间;到1985年,中国涉外饭店的数量比1980年翻了一番。此外,起步阶段的多数饭店开始由事业单位向企业过度,饭店管理也从以前的经验管理向科学管理转变,开始引进海外的先进管理经验。其中较为典型的是北京长城喜来登饭店和建国饭店引进先进的管理经验,特别是建国饭店的经营管理取得了极大的成功。1984年,原国家旅游局在全国选择50家饭店推广建国饭店管理经验,次年又在全国102家饭店推广。伴随着外资饭店的开业和境外管理公司的引进,中国的住宿业不断学习先进的管理理论和方法,并建立自身的科学管理体系。

(3) 第三阶段:星级饭店阶段(1988—1993年)。1987年,中国的住宿业经过多年的持续发展,已初具规模,饭店数量已达到18 233家,共拥有客房18.5万间。但住宿业的发展过程中不可避免地出现了一系列问题,其中较为突出的是在饭店的设计、建设、装修、经营、管理、服务等方面缺乏规范和相应的秩序。1988年9月,经国务院批准,原国家旅游局颁布了饭店星级标准,并开始对旅游涉外饭店进行星级评定。1993年,经原国家技术监督局批准,将饭店星级标准定位国家标准。中国住宿业实行星级制度,饭店经营管理全面进入国际现代化科学管理新阶段,从过去忽视市场需求转向通过标准化、国际化和科学化的管理方式来提高饭店服务质量和产品质量,从而满足市场的需求。星级饭店标准的制定与实施为中国住宿业的发展提供了契机。

(4) 第四阶段:酒店加速发展阶段(1994年至21世纪初)。中国住宿业逐步向专业化、集团化、集约化经营管理迈进。20世纪90年代以来,国际上许多知名酒店管理集团纷纷进入中国住宿业市场,向中国住宿业展示了专业化、集团化管理的优越性以及现代酒店发展的趋势。1994年,中国住宿业已形成了一定的产业规模。经原国家旅游局批准,中国成立了第一批自己的酒店管理公司,这为迅速崛起的中国住宿业注入了新的活力,引导中国住宿业向专业化、集团化管理的方向发展。这一阶段,酒店的经营管理转向现代企业管理,职业经理人开始出现,为中国住宿业的专业化管理奠定了基础。

微课:饭店集团的经营管理

(5) 第五阶段:酒店多元化发展阶段(21世纪初至今)。进入21世纪以来,随着旅游需求的多样化发展,住宿业态也开始呈现多元化。除了大量高星级酒店纷纷建设外,经济型酒店、"非标住宿"等业态如雨后春笋般大量涌现。特别是在互联网背景下,以共享经济为特征、以爱彼迎(Airbnb)为代表的旅游民宿成为越来越多旅游观光和度假客人(特别是年轻旅游者)的欢迎。爱彼迎的主要特点是价格实惠,且能深度接触和了解旅游目的地文化。

【头脑风暴】

1. 谈一谈你对世界住宿业发展进程的理解。
2. 结合自身实践,谈谈你对中国住宿业发展的理解。

二、住宿业对旅游业的作用

住宿业在社会和经济中的作用,特别是在旅游业中,是非常重要的。主要表现在以下3个方面。

(一)住宿业是旅游者进行旅游活动的基地

旅游者外出旅游离不开吃、住、行、游、购、娱等活动内容,其中住宿和饮食这两项条件是必不可少的。因为这是维持生命和消除疲劳的最基本要求,也是旅游活动得以持续进行的基本保证。而住宿和饮食服务正是酒店的主要业务活动,酒店是旅游者名副其实的"家外之家"。

(二)住宿业是一个国家或地区旅游接待能力的重要标志之一

许多国家和地区在考虑旅游业的发展规划时,将住宿业的建设放在重要的地位。酒店的数量和服务质量往往是衡量一个国家或地区旅游业发展水准的重要尺度。因此,住宿业的发展水平,不仅影响旅游者的旅游经历,也反映一个国家或地区国民经济发展水平及其社会的文明程度。

(三)住宿业是旅游业收益的重要来源

旅游者在目的地逗留期间需要住宿和用餐。食宿消费是旅游者的基本消费。因此,住宿业是旅游业中的重要收益渠道。

根据国家统计局公布的数据，2015—2019年中国国际旅游外汇收入持续增长，2019年中国国际旅游外汇收入(2015年以后，"国际旅游收入"补充完善了停留时间为3—12个月的入境旅游者花费和旅游者在华短期旅居的花费，与以前年度不可比)为1 312.54亿美元，同比上升3.3%。2016—2019年住宿国际旅游收入持续上升，2018年住宿国际旅游收入为181.09亿美元，相对于2017年上升了48.3%，上升幅度最大。2019年住宿国际旅游收入为200.49亿美元，上升幅度为10.7%，占旅游外汇总收入的15.3%。如果将入境旅游者在住宿中的餐饮、娱乐、购物等方面的消费也考虑进去，则住宿业创汇在中国旅游外汇总收入中所占的比重有可能超过30%。

三、住宿业的类型

住宿业的类型很多，人们对住宿业类型的划分并无统一的标准，以下为6种常见的住宿业分类方式。

微课：旅游饭店的作用

1. 根据规模分类

根据规模可分为小型酒店(lodge, tavern)、中型酒店(average hotel)和大型酒店(mega hotel)。按照国际传统规模分类，小型酒店是指拥有标准客房300间以下的酒店，其设施和服务基本满足旅游酒店的标准和要求。中型酒店是指拥有300~600间标准客房的酒店，其服务项目较齐全，设施较现代化。大型酒店是指拥有600间以上标准客房的酒店，并且酒店设施和服务项目齐全、设施豪华。按照通行规模分类，小型酒店是指拥有100间以下的标准客房的酒店；中型酒店是指拥有100~300间标准客房的酒店；大型酒店是指拥有300间以上标准客房的酒店。

2. 根据选址和客源市场分类

根据选址和客源市场分为商务酒店(commercial hotel)、公寓酒店(apart-hotel of apartment)、度假酒店(resort hotel)、会议酒店(conference hotel)和汽车酒店(motor lodge, motel)。商务酒店也称暂住型酒店，一般位于城市，靠近商业中心，以接待商务顾客为主。公寓酒店主要是为旅游者提供长期性或经常性居住的酒店。度假酒店大多位于海滨、温泉、山区、森林等景区，所处自然环境优美、气候宜人之地，以接待休闲度假的顾客为主。会议酒店一般位于大城市的中心，或在交通方便的旅游胜地，以接待各类会议团体为主。汽车酒店大多位于公路干线上，因接待驾车旅行的人"停车食宿"而得名。

3. 根据建筑投资费用分类

根据建筑投资费用分为中低档酒店、中高档酒店和豪华酒店。按照国际酒店建筑投资费用标准，中低档酒店每个标准间的总建筑投资费用为2万~4万美元，建筑面积为25平方米左右；中高档酒店每个标准间的总建筑投资费用为4万~6万美元，建筑面积为36平方米左右；豪华酒店每个标准间的总建筑投资费用为8万~10万美元，建筑面积为47平方米左右。

4. 根据计价方式分类

根据计价方式分为欧式计价酒店(European plan, EP)、美式计价酒店(American plan,

AP)、欧陆式计价酒店(Continental plan,CP)、百慕大计价酒店(Bermuda plan,BP)、修正美式计价酒店(modified American plan,MAP)和中式计价酒店(Chinese plan,CP)。欧式计价酒店是指房费仅包括房租的酒店,不含餐饮等其他费用,属于目前最为常见的酒店。美式计价(又称全费用计价方式)酒店是指房费包括房租及一日三餐费用的酒店,属于目前最为罕见的酒店,一般是地处偏僻的度假酒店。欧陆式计价(又称床位连早餐计价方式)酒店是指房费包括房租和欧陆式简单早餐费用的酒店,欧陆式早餐主要包括果汁、烤面包、咖啡或茶。百慕大计价酒店是指房费包含房租和美式早餐费用的酒店,美式早餐除了欧陆式早餐的内容以外,还包括火腿、香肠、鲜肉等肉类和鸡蛋。修正美式计价酒店是指房费包含房租、美式早餐及午餐或晚餐任选一餐费用的酒店,通常属于接待旅行团的酒店。中式计价酒店是指房费包括房租及中西式自助早餐费用的酒店,中国的酒店多数属于这类。

5. 根据服务功能分类

根据服务功能分为全套服务酒店(full-service hotel)和有限服务酒店(limited-service hotel)。全套服务酒店也称为完全服务酒店,是指具有住宿、饮食、购物、康乐、会议等多项服务功能且配套设施齐全的酒店。有限服务酒店也称非完全服务酒店,是指提供住宿和简单餐饮的酒店,除了客房及小型餐饮场所外,几乎没有任何配套设施。

6. 根据业态分类

根据新型业态分为经济型酒店(budget hotel)、精品酒店(boutique hotel)、主题酒店(themed hotel)、胶囊旅馆(capsule)和民宿(homestay lodging)。经济型酒店是以客房为唯一或核心产品,其价格低廉、性价比高。精品酒店是个性化需求催生的多元化酒店业态之一,目前业界和学术界对其没有统一界定。其主要特点有独特的外观建筑、精巧的室内装饰、浓郁的文化特色、高雅的品位格调、较小的经营规模、贴身的个性服务、特定的顾客群体等。主题酒店是以某一特定的主题来体现酒店的建筑风格和装饰艺术,体现特定的文化氛围,让顾客获得富有个性的文化感受的酒店类型。胶囊旅馆源于日本,看起来既像太空舱,又像火车卧铺,洗漱、淋浴等设施一应俱全,其特点为低价、环保、便捷和时尚,可谓是经济型酒店的终极版。民宿是利用城乡居民自有住宅、集体用房或者其他配套用房,结合当地人文、自然景观、生态、环境资源,以及农、林、牧、渔业生产活动,为旅游者休闲度假、体验当地风俗文化提供住宿、餐饮等服务的场所。其主要特点是以其给予旅游者特殊的文化体验和情感体验,来满足旅游者体验性和情感性的诉求。

四、住宿业的等级

微课:旅游饭店的类型和等级

酒店分级制度在世界上已经广泛使用,不同的国家和地区采用的分级制度各不相同,用以表示级别的标志与名称也不一样。有的国家为五等划分,有的为七等划分,有的用星级表示,有的则用字母或数字表示。

(一)世界住宿业常见的等级划分

(1)星级表示法,是指把酒店根据一定标准分成的等级用星号"☆"表示,以区别其等级的表示方法。比较流行的是五星级划分,星级越高,表示酒店的档次等级越高。星级制在世界上,尤其在欧洲采用最为广泛。中国也采用这种方法进行酒店星级的评定。

（2）字母表示法，是指将酒店等级用英文字母表示的方法，即 A、B、C、D、E 五级，A 为最高级，E 为最低级。有的虽也有五级，却用 A、B、C、D 4 个字母表示，最高级用 A1 或特别豪华级来表示。

（3）数字表示法，是指用数字表示酒店等级的方法，一般最高级用豪华表示，继豪华之后由高到低依次为 1、2、3、4，数字越大，档次越低。

（4）钻石表示法，是指用钻石的颗数来表示酒店等级的方法，从 1 颗到 5 颗（或 7 颗）不等，颗数越多，表示档次越高。

（二）中国住宿业等级划分

中国住宿业采用的是国家标准《旅游饭店星级的划分与评定》（GB/T 14308—2010）。该标准规定，星级分为 5 个等级，即一星级、二星级、三星级、四星级、五星级（含白金五星级），最低为一星级，最高为白金五星级。星级越高，表示酒店的档次越高。

为促进中国住宿业的管理和服务更加规范化和标准化，使之既符合本国实际又与国际发展趋势保持一致，中国从 1988 年实施星级标准以来经历了 1993 年、1997 年、2003 年和 2010 年等多次修订，基本上形成了每 5 到 6 年修订一次的惯例。

五、中国住宿业的发展态势

根据《2020 中国酒店业发展报告》显示，中国酒店业产业规模巨大，但在区域分布、规模、档次和产品结构等方面分布尚不均衡，在管理、服务、品牌建设、连锁发展、投资回报、价值驱动等方面尚有较大提升空间。具体发展态势如下。

（一）酒店业占中国住宿业的绝对主导地位，属住宿业的中流砥柱

截至 2020 年 1 月 1 日，全国住宿业设施总数为 60.8 万家，客房总规模为 1 891.7 万间。其中，酒店业设施 33.8 万家，客房总数 1 762 万间，酒店业设施和客房数分别占中国住宿业的 56% 和 93%，从酒店业设施供给总量来看，酒店业占中国住宿业的绝对主导地位，酒店业是中国住宿业的中流砥柱和基本盘。

（二）酒店绝大部分分布在三四线城市，处于渠道下沉的有利时机

从全国酒店城市分布来看，一线城市、副省级城市及省会城市、其他城市这三大区域的酒店设施数分别是 2.7 万家、8.8 万家、22.3 万家，所占比重分别是 8%、26%、66%。

另外，三四线城市酒店业连锁客房数为 192.8 万间，非连锁客房数为 910 万间，三四线城市酒店连锁化率 17%。

由此可见，中国绝大部分酒店分布在三四线城市，且目前三四线城市酒店连锁化程度不高，为中国酒店业渠道下沉、差异化突围指明了新的方向。

（三）70 间客房以下的小型酒店占比相当高，市场前景巨大

从全国酒店规模结构来看，全国房间数有 15~69 间房的酒店数为 26.4 万家，占比 78%；房间数有 70 间房以上的酒店数为 7.4 万家，占比 22%。

另外，全国房间数有 15~69 间房的酒店连锁客房数为 74.3 万间，非连锁客房数为 752.3 万间，有 15~69 间房的酒店连锁化率为 9%。

由此可见，中国酒店业 70 间房以下的小型设施占比相当高，且该规模体量的酒店连锁化程度不高，谁能率先寻找到该规模体量酒店的盈利模式，谁就能先行一步，抢占市场。

(四) 酒店整体连锁化率为 26%，品牌化的空间依然巨大

从全国酒店业整体连锁化率分析，在全国酒店业设施 33.8 万家中，共计 1 975 个连锁酒店品牌，全国连锁酒店客房数为 452.4 万间，非连锁酒店客房数为 1 309.6 万间，酒店连锁化率为 26%，与发达国家酒店品牌连锁化率 60% 以上相比，中国酒店品牌化的空间依然巨大。

经过新冠疫情洗礼的中国酒店业，必将迎来向数字化、绿色化、多元化、品牌化、连锁化转型，产业结构将不断优化、区域分布更加合理，创新发展模式、增加体验服务、丰富产品结构、健全运营渠道、变革组织结构、升级供应链、满足健康消费需求、拓展新兴消费市场、提升资产管理能力等将成为酒店业高质量发展的新方向。

第二节 旅 行 社 业

进入新世纪，旅行已经成为国人生活中的重要组成部分，但是，你知道中国第一家旅行社叫什么吗？旅行社是什么性质的社会组织吗？旅行社的基本业务又有哪些呢？接下来，让我们一起走进旅行社，了解它的成长和发展吧。

【案例导入】

1923 年 8 月 1 日，第一家由中国人创办的旅行社——上海商业储蓄银行旅行部宣告成立。这一天，在中国旅游史上具有重大意义，因为按国际惯例，商业性旅行社的产生是一个国家近代旅游业诞生的标志。旅行部的创办人是著名银行家陈光甫。

旅行部成立之后不断扩大规模，5 年间，共设立分部 11 处。1927 年 6 月 1 日，旅行部自立门户，正式改名为"中国旅行社"，并向当时的国民政府交通部申请注册，于 1928 年 1 月拿到了第一号旅行业执照。

中国旅行社在经营中，以"顾客至上，服务社会"为宗旨，确立了"发扬国光，服务旅行，阐扬名胜，改进食宿，致力货运，推进文化"的 24 字方针，开始了创业之路。

刚开始，旅行社的业务比较简单，以客运为主，先是代售国内外火车及轮船票，待中国航空公司成立后，再代售飞机票，后来逐渐开展旅游服务。

随着旅游观念的提高，国民的出游活动越来越多，但由于经济条件所限，住不起高档宾馆。陈光甫于是决定建一种叫作"招待所"的住所，满足普通顾客的需求。这就是我们所熟悉的招待所的由来。招待所是由陈光甫首创的，其实质就是自建宾馆。陈光甫在全国各地，凡旅游者可能到达之处，都兴建了招待所，聘请专业人员管理，虽然设施简单，但服务和卫生却都让旅游者非常满意。

尤其值得一提的是，在抗日战争时期，苏联援华物资从新疆运到甘肃、陕西、四川，接运人员的沿途食宿均由中国旅行社负责管理。为此，中国旅行社在西北设立了众多招待所，组成了中国旅行社在西北的服务网络，使援华物资能够顺利运输，为抗日战争的胜利做出了重要贡献。

中国旅行社在设立之初是亏本的，陈光甫以"人争近利，我图远功，人嫌细微，我宁烦琐"的服务态度和实际行动，在与外商的竞争中站稳了脚跟，并逐渐扭亏为盈，仅1936年就盈利60万元。后世评价他取得成功的最重要一条，就是他提出了"服务社会"的理念。中国旅行社在旅游的推广和宣传上，也独具特色。为加强对国外宣传，1931年，中国旅行社通过在美国所设的通讯社，向美国各界发出邀请信5 000封，宣传中国旅游。这些举措极大地提高了中国旅行社的知名度。

在国内，中国旅行社组织过海宁观潮、惠山游湖、超山探梅、富春江览胜及游览各地名胜古迹。后来还组织有赣、闽、湘、桂、粤五省旅行团等。1929年，杭州举行首届西湖博览会时，中国旅行社从香港、南京、天津等地组织团体赴杭参观。此后，1933年华北运动会、1935年第六届全国运动会等重要会议与活动，中国旅行社都积极参与。就连1932年国际联盟派出的"李顿调查团"，也由中国旅行社负责接待，其影响力可见一斑。

在国外，中国旅行社的业务也发展很快，如1933年爪哇华侨实业考察团来华考察，由中国旅行社全程接待；1926年，中国旅行社组织了赴日本观樱团，之后又与日本国际观光局合作，共接待了20余批日本游览团，计3 000余人。1936年柏林第11届奥运会期间，中国体育代表团及参观团的出国事宜也都由中国旅行社提供服务。

在陈光甫的努力下，中国旅行社从无到有、从小到大，其分支机构一度曾达到100多处，并在中国香港、新加坡、美国、菲律宾等地设立了海外分支机构，跻身于世界级旅行社之列。自1923年创立到1953年宣告结束，以其30年的不凡经历，为后人留下了宝贵的经验与理念。

思考：中国第一家旅行社的基本业务包括哪些？

一、旅行社概述

（一）旅行社的定义

世界旅游组织给出旅行社（travel agency）的定义为"零售代理机构向公众提供关于可能的旅行、居住和相关服务，包括服务酬金和条件的信息。旅行组织者或制作批发商或批发商在旅游需求提出前，以组织交通运输，预订不同的住宿和提出所有其他服务为旅行和旅居做准备"的行业机构。

微课：旅行社的产生与发展

2009年，中国《旅行社管理条例》中指出：旅行社是指以营利为目的，从事旅游业务的企业。其中，旅游业务是指为旅游者代办出境、入境和签证手续，招徕、接待旅游者，为旅游者安排食宿等有偿服务的经营活动。旅行社的营运项目通常包括了各种交通运输票券（如机票、车票与船票）、套装行程、旅行保险、旅行书籍等的销售，与国际旅行所需的证照(如护照、签证)的咨询代办。最小的旅行社可能只有1人,最大的旅行社则全球都有分店。

(二) 旅行社的性质

作为旅游企业中的一类,旅行社既有与其他旅游企业相类似的共性,也有自身的特性。在其业务范围及日常运作过程中,有如下几个基本性质。

1. 营利性

旅行社是以营利为目的的企业。旅行社首先是一种企业形态,而营利性是所有企业具有的共性,也是其根本性质。企业的最终目的是追求利润最大化,旅行社是一个独立核算、自负盈亏的经营性组织,因此也具备营利性的根本属性。

2. 服务性

服务性是旅游业中所有企业都具有的,是旅游企业与工业企业区别之处。旅行社的经营过程自始至终都离不开服务这一核心内容。我们应该认识到,旅行社不仅是一项独立的、具有经济属性的组织,其发展还涉及许多社会问题,而服务性是旅行社发展过程中,经济效益和社会效益的双重体现,是一个地区、一个国家形象的代表之一,所以旅行社也被称为"窗口行业"。

3. 中介性

旅行社是中介服务机构。作为旅游服务企业,旅行社是旅游客源地与目的地之间、旅游消费者与旅游服务供应商之间的纽带,并在促进旅游产品的销售和活跃旅游市场方面起到了积极的作用。其运作主要是依托于各类旅游吸引物和旅游供给设施,并涉及旅游需求的全部内容来组织和创新产品,从而完成从资源到效益的转化。

(三) 旅行社的作用

旅行社的作用可以概括为以下3个方面。

1. 旅游活动的组织者

从旅游者需求角度来看,旅游者在旅游活动中需要各种旅游服务,如交通、住宿、餐饮等服务。旅行社从相关的各类供应商处采购并进行合理的组织加工,融入本旅行社的服务特色和专业个性,进而形成具有旅行社风格的旅游产品,并向旅游者进行销售。由此看来,旅行社是旅游者和各类旅游供应商之间的中介,在确保各方利益的前提下,协同旅游业各有关部门和其他相关行业,保障旅游者在旅游活动过程中各环节的衔接和落实。因此,旅行社不仅为旅游者组织旅游活动,而且客观上在旅游业各组成部门之间起着组织和协调的作用。

2. 旅游供应商的产品销售者

人类的进步使社会分工不断地细化和深化,生产的社会化分工决定了需要有旅行社这样一种组织来专门从事旅游产品的组合和加工,并通过提供各种及时、有效的旅游信息,满足旅游者对旅游产品的广泛需求,同时,方便旅游者购买旅游产品。旅行社承担着沟通供求双方的责任,使旅游产品借此可以更顺利地进入消费领域。例如,旅游交通业、住宿业等部门,虽然也直接向旅游者出售自己的产品,但它们的产品大多数还是通过旅行社销售给旅游者的。因此,旅行社是旅游产品供应商最重要的销售渠道。

3. 促进旅游业发展的中坚力量

一方面，在旅游业的各有关组成部门中，旅行社最接近客源市场并且最先直接同旅游者接触，因此，旅行社对旅游市场的信息了解得最快；另一方面，旅行社同旅游业其他各部门都有密切联系，这些相关部门或企业的产品信息往往也通过旅行社传递给客源市场。因此，旅行社在了解需求和指导供给方面起着非常重要的作用，堪称促进旅游业发展的前锋。

（四）旅行社的岗位

从旅行社衍生的职业有：领队、导游、票务员、签证专员、计调员（旅游操作）等。

旅行社根据工作内容，大致分为4个岗位：外联业务员（operation，OP）、计调、财务、行政内勤。

外联业务员包括：地接社外联业务员，面对的是组团部，接待组团社交给的团队；组团社的外联业务员，面对的直接是顾客，如企业、个人有外出旅游需求的人士；同业散客的外联业务员，客户同样是组团社。

计调是旅行社特有的一个岗位，根据旅游要素，进行大交通（票务）、景区、用餐、用车、住宿等各项专业分工后，可分为房调、车调、票务计调等。

二、旅行社的分类

（一）国外旅行社的分类

国外对旅行社的分类有两种，一种是从旅行社业务经营的范围分为旅游经营商、旅游批发商和旅游代理商三类；另一种是将旅行社分为批发旅游经营商和旅游零售商两类，目前国外旅行社主要以第一种分类最为普遍。

1. 旅游批发商

旅游批发商（tour whole saler）主要从事组织和批发包价旅游业务，一般不直接向公众销售旅游产品。它们以最低的价格大批量预订或购买饭店、交通部门、旅游景点等企业提供的产品和服务，然后根据旅游市场的需求将这些单项产品和服务组合成不同的包价旅游产品，最后给旅游代理商在市场上进行销售。但是，在美国，旅游批发商和旅游经营商的概念区别不大，经常混用。

2. 旅游经营商

旅游经营商（tour operator）同旅游批发商一样，主要从事组织和批发包价旅游业务，但是，在销售方式上有所区别：第一，旅游经营商可以经营旅游批发商的业务，包括设计组合以及推销旅游商品。对旅游经营商来讲，他既可以自己经营这些业务，也可以从批发商那里采购。第二，旅游经营商不仅可以零售旅游产品、从事地接业务、拥有零售网点，还可以通过自己的零售网络将旅游产品直接销售给消费者。

3. 旅游代理商

旅游代理商又称旅游零售商（tour retailer），主要从事旅游产品的零售业务。具体工作是负责旅游宣传、推销和旅行服务。

【拓展阅读】

托马斯库克集团：世界首家旅行社破产

2019年9月23日，世界首家旅行社托马斯库克集团宣告进入破产清算，集团中的所有公司都已停止交易，门店也同时宣告关闭。同时，自9月23日起，所有通过托马斯库克集团预订的航班和度假产品都将被取消。

资料显示，托马斯库克集团创立于1841年，其创始人托马斯·库克被称为"近代旅游业之父"。2015年3月，中国复星集团以1.4亿美元的价格收购托马斯库克集团5%的股权。截至2019年6月30日，复星集团持有托马斯库克集团已发行股份的11.38%。另据托马斯库克集团2018年年报，复星集团以合计18%的持股成为托马斯库克集团的第一大股东。

自2015年来，托马斯库克集团的业绩始终难见起色。2018年，托马斯库克集团净亏损达1.63亿英镑。2007年时与英国旅游度假公司MyTravel的合并重组，为托马斯库克集团带来了高达数十亿英镑的债务，大大拖累了托马斯库克集团的经营。此外，数字化转型表现欠佳、转型成本高昂等，也成为导致托马斯库克集团倒闭的因素。在此背景下，迟迟未能引入新注资的托马斯库克集团宣告倒闭。

2019年10月9日，英国最大的独立旅行社Hays Travel宣布收购托马斯库克集团全部的线下门店，总数共计555家。11月1日，复星集团宣布订立资产购买协议，以1 100万英镑的价格向托马斯库克集团及其附属公司收购知识产权资产。

托马斯库克集团破产清算一事，引发了外界对于传统旅行社行业的担忧。有分析师指出，传统旅行社依然面对着来自在线旅行社的竞争压力。传统旅行社的全包服务，在面对在线旅行社动态套餐产品时，仍处于激烈的竞争环境中。接下来，传统旅行社依然需要在技术层面进行投资和开发，以在市场中占有一席之地。

资料来源：新京报，2020-01-15

（二）中国旅行社的发展

中国旅行社的发展是在政府部门指导下进行的，按经营业务范围的变化经历了3个阶段。

（1）第一阶段：1985—1996年。1985年颁布的《旅行社管理暂行条例》，将中国的旅行社分为三类：有海外组团权的一类旅行社、无海外组团权而有国际旅游接待权的二类旅行社以及只能经营国内旅行业务的三类旅行社。

（2）第二阶段：1996年10月15日，国务院颁布了《旅行社管理条例》，把中国旅行社分为国际旅行社和国内旅行社两种类型。国际旅行社的经营范围包括入境旅游业务、出境旅游业务和国内旅游业务；国内旅行社的经营范围仅限于国内旅游业务。

（3）第三阶段：2009年5月1日，国务院颁布了《旅行社条例》，并开始实施。该条例对中国旅行社的类别和经营范围进行了重新划分，明确自旅行社在取得经营许可之日起，可以经营国内旅游业务和入境旅游业务；旅行社取得经营许可满两年,且期间未因侵害旅游者合法权益受到行政机关罚款以上处罚的,可以申请经营出境旅游业务,出境旅游业务在获得国家相关部门批准后方可经营。同时,《旅行社条例》还将经营入境旅游业务所需的注册资本最低限额由 150 万元降至 30 万元,大大降低了入境旅游市场的准入门槛。《旅行社条例》的实施意味着凡是旅行社均可经营入境旅游业务,而且旅行社设分社将不再设置门槛。

【头脑风暴】

查阅资料,拓宽专业视野,完成以下任务。
1. 了解中国旅行社的分类。
2. 制作中国旅行社发展的思维导图,提升自己的知识水平。

三、旅行社的基本业务

在不同的国家和地区,旅行社不论在经营规模、经营方式、经营职能、业务范围方面,还是具体运作方面均存在较大的差异,但是,不同的旅行社在业务内容上却有很多共性。从旅游者由旅游客源地出发到旅游目的地,再由旅游目的地回到客源地的过程中,我们可以看出旅行社是如何作用和服务于旅游者的空间移动的,旅行社的基本业务范围也可由此做出合理的总结。在图 4-1 中,我们将旅游者的行为与旅游企业的活动有机地联系起来,从中可以看出旅行社的主要业务是如何开展和进行的。

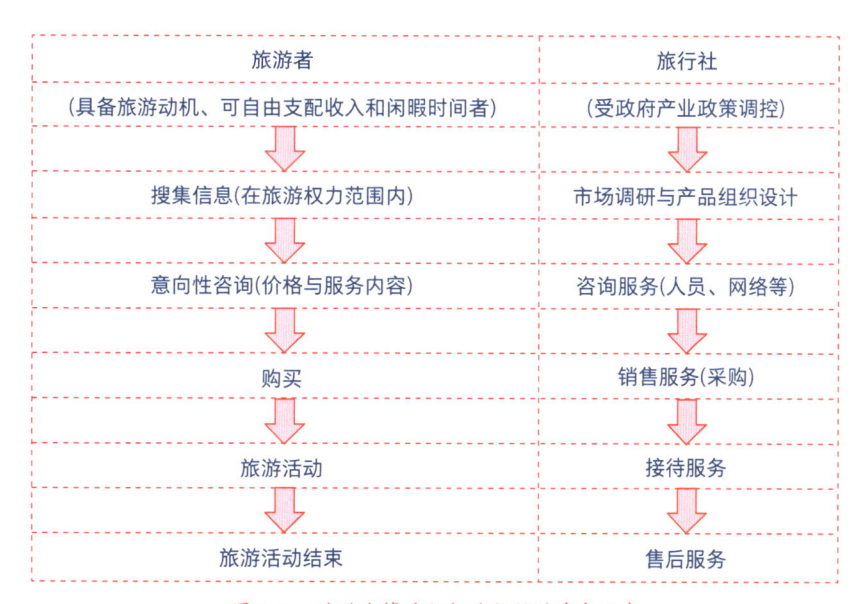

旅游者	旅行社
(具备旅游动机、可自由支配收入和闲暇时间者)	(受政府产业政策调控)
搜集信息(在旅游权力范围内)	市场调研与产品组织设计
意向性咨询(价格与服务内容)	咨询服务(人员、网络等)
购买	销售服务(采购)
旅游活动	接待服务
旅游活动结束	售后服务

图 4-1 旅游决策过程与旅行社的基本业务

资料来源:杜江.旅行社管理.天津:南开大学出版社,1997

第三节 旅游景区

旅游景区是提供旅游者参观游览的旅游产品,是旅游吸引力的本源。旅游景区的发展水平,直接影响到旅游目的地的整体形象和竞争能力。那么什么是旅游景区?它有何特点?有哪些类别?本节内容将一一解答。

【案例导入】

2006年4月7日,新一代顶级游乐园长隆欢乐世界正式开园,日接待旅游者能力达5万人,全园分为儿童游乐项目为主的以及适合合家游玩的哈比王国、以大型惊险刺激设备为主的尖叫地带、以中古欧洲风格为主的旋风岛、以过山车王为主题的彩虹湾、以水为主题的欢乐水世界、以表演为主的中心演艺广场、以观赏类项目为主的历险天地,以及以购物休闲为主的白虎大街八大主题区域。

除此以外,园区内餐饮、购物等配套服务一应俱全。园内设有古堡餐厅、椰林餐厅、夏威夷餐厅、哈比餐厅4家中西风味的大型主题特色餐厅。从开业至今,长隆欢乐世界完成了巨变,从硬件游乐的1.0时代蜕变成以满足旅游者主题体验为中心的3.0时代。

长隆集团旗下已建成并开放两大旅游度假区,即广州长隆旅游度假区和珠海横琴长隆国际海洋度假区。长隆集团的第三个度假区——清远长隆正在建设中,定位为森林主题综合体。长隆集团2019年接待旅游者近4 000万人次,其中,珠海长隆海洋王国入园人数已突破千万,开业6年来保持稳定快速增长,跻身全球主题乐园前十。

思考:广州长隆度假区属于旅游景区吗?从上述案例中,总结旅游景区的概念。

一、旅游景区概述

(一)旅游景区的概念

景区(scenic spot)也常常被称为风景名胜区、风景旅游区、旅游区、旅游景区等,还有主题公园、国家公园、森林公园、地质公园、遗产公园、自然保护区、旅游度假区等称呼。在空间维度的语境下,景区经常被称为景点、旅游景区、旅游区;在要素维度的语境下,景区经常被称为风景名胜区、森林公园、地质公园、遗产公园;在功能维度的语境下,景区经常被称为风景旅游区、旅游度假区、主题公园、自然保护区。

我国相关部门于2003年颁布的《旅游区(点)质量等级的划分与评定》(GB/T 17775—2003)国家标准,界定旅游景区是以旅游及其相关活动为主要功能或主要功能之一的空间或地域。标准中旅游景区是指具有参观游览、休闲度假、康乐健身等功能,具备相应旅游服务设施并提供相应旅游服务的独立管理区。该管理区应有统一的经营管理机构和明确的地域范围。其中包括风景区、文博院馆、寺庙观堂、旅游度假区、自然保护区、主题公园、森林公园、地质公园、游乐园、动物园、植物园,以及工业、农业、经贸、科教、军事、体育、文化艺术等各类旅游景区。

对旅游景区的概念可从以下几方面进行理解。

(1) 旅游景区是一种空间或地域,在这一空间或地域中,旅游及其相关活动是其主要功能。

(2) 旅游景区可以是某单一类型的旅游景点,也可以是多种类型的旅游地域的综合体。绝大多数的旅游景区都是在现有的休闲娱乐设施和公共服务设施基础上开展旅游接待的。

(3) 旅游景区是由某一组织或企业对其行使管理权,即有明确的界线同外界相隔,设有固定的出入口,对旅游者的出入行使有效控制的、以游览点或参观点为主要组成部分的区域。所谓明确的界线,是指该景点的区域范围或圈以围墙,或设以栅栏,或借助某种天然条件(如河流、山沟等难以逾越的自然屏障)形成的边界,目的是使人们不能随便出入。

(二) 旅游景区的特点

1. 具有参观游览、休闲度假、康乐健康等功能

旅游景区的功能因性质不同,定位也不同。但是总有一个目的是为了满足人们旅游的需要。所以,旅游景区首先必须具有旅游价值,以满足人们的旅游、休闲、度假、康乐的需要。

2. 具备一定的旅游服务设施并提供相应的旅游服务

旅游资源只有经过合理开发之后才能成为旅游产品。即使是一种纯自然的存在物,要为旅游业所利用,也必须进行合理规划和布局,具备一定的旅游配套设施服务功能并提供相应的旅游服务,这是形成旅游景区的必要条件。

3. 有一定的经营管理机构和明确的地域范围的独立管理区

国家对景区有明确的法定地域范围和外围保护地带范围,即有一定的环境空间。景区的环境既包括内部环境,也包括旅周边环境或外部环境,旅游景区设有统一营管理机构,对旅游景区进行经营管理。

4. 涉及面广,综合性强

旅游景区从要素上来说,涉及自然、社会、经济、科技等领域;从利益上来说,涉及国家、地方、部门、企业及周围居民;从工作关系上来说,涉及旅游、土地、建设、交通、电力、环保、文物、文化、宗教、农业、水利、公安、税务、财政等部门;从内容上来说,包括风景区、文博院馆、寺庙观堂、旅游度假区、自然保护区、主题公园、森林公园、地质公园、游乐园、动物园、植物园等许多类型。因此,旅游景区的开发管理涉及面广,关系复杂。

(三) 旅游景区的作用

旅游景区是旅游目的地的核心组成部分,作为吸引和满足人们进行旅游活动的重要载体,它是目的地旅游业发展的主体,在现代旅游业的发展中具有十分重要的地位。

(1) 旅游景区是旅游产品的核心组成部分。从旅游产品的构成来看,旅游者对景区产品的需求是根本性需求,是激发人们的旅游动机、吸引旅游者的决定性因素。因此,作为旅游资源的代表,旅游景区在产品构成中居于中心地位。

(2) 旅游景区是形成旅游目的地的基础。旅游目的地是由一定的旅游景区和相关服务设施组合而成。任何成功的目的地都是由众多单一的旅游景点构成的。因此,旅游目的地

的形成必须以旅游景区为基础。旅游景区在旅游目的地整体旅游产品构成中居于中心地位,是现代旅游业的重要支柱。

二、旅游景区的分类

对旅游景区的分类,有着不同的划分方式。一般而言,有以下几种。

(1) 根据景区所依赖的吸引因素的属性分类,可划分为自然旅游景区和人文旅游景区。

(2) 根据经营权属的不同,旅游景区可以划分为政府经营型旅游景区、企业经营型旅游景区和政企共营型旅游景区等。

(3) 按照景区的内容和表现形式分类,可分为风景名胜区、自然保护区、旅游度假区、文博院馆、地质(森林、动植物)公园、主题公园。

(4) 根据景区等级,旅游景区可以划分为世界级旅游景区、国家级旅游景区、省级旅游景区和地市级旅游景区等。

(5) 根据收费与否,旅游景区可分为免费旅游景区和收费旅游景区。

除了以上类型,还包括一些诸如古代遗迹、早期产业旧址、城市公园等类型的旅游景区。因为大部分旅游景区的旅游资源都具有综合性,随着旅游活动的延伸,旅游景点的外延将进一步扩大。根据《旅游区(点)质量等级的划分与评定》标准的规定,旅游区(点)包括风景区、文博院馆、寺庙观堂、旅游度假区、自然保护区、主题公园、森林公园、地质公园、乐园、动物园、植物园,以及工业、农业、经贸、科教、军事、体育、文化艺术等各类旅游区(点)。

【拓展阅读】

上海迪士尼乐园是中国内地首座迪士尼主题乐园,位于上海市浦东新区川沙新镇,于2016年6月16日正式开园。它是中国大陆第一个、亚洲第三个,世界第六个迪士尼主题公园。

该乐园拥有七大主题园区——米奇大街、奇想花园、探险岛、宝藏湾、明日世界、梦幻世界、玩具总动员;两座主题酒店——上海迪士尼乐园酒店、玩具总动员酒店;附近有地铁站——迪士尼站等。景区集合最美人工湖、最高的城堡、中国式园林、数字化乐园、主题酒店于一体。上海迪士尼是第一个在开园后首个完整财年实现收支平衡的迪士尼乐园,也是全球最快盈利的迪士尼乐园,推动营收最重要的因素是客流,截至2017年5月,仅开业1年,上海迪士尼乐园入园人数便达到1 000万,整体带动其他各方面的收入。

【头脑风暴】

分组回答:上海迪士尼乐园属于旅游景区吗?它的吸引力来自哪里?

三、旅游景区等级评定

（一）旅游景区等级标准

根据国家标准《旅游区(点)质量等级的划分与评定》(GB/T 17775—2003),旅游景区(点)质量等级划分为五级,从高到低依次为:AAAAA级、AAAA级、AAA级、AA级和A级。按照《旅游景区质量等级管理办法》进行评审,其标志(国家A级旅游景区)、标牌、证书由国家旅游行政主管部门统一规定,由全国旅游景区质量等级评定委员会负责评审。

中华人民共和国文化和旅游部负责旅游景区质量等级评定标准、评定细则的制定工作,负责对质量等级评定标准的执行情况进行监督检查。文化和旅游部组织设立了全国旅游景区质量等级评定委员会,负责全国旅游景区质量等级评定工作的组织和管理。各省级旅游行政管理部门组织设立本地区旅游景区质量等级评定委员会,并报全国旅游景区质量等级评定委员会备案。受全国旅游景区质量等级评定委员会的委托,省级旅游景区质量等级评定委员会进行相应的旅游景区质量等级评定工作的组织和管理。

AA级、A级旅游景区由县区级旅游景区质量等级评定小组推荐,市级旅游景区质量等级评定委员会组织评定;AAA级旅游景区由市级旅游景区质量等级评定委员会推荐,省级旅游景区质量等级评定委员会组织评定;AAAA级旅游景区由省级旅游景区质量等级评定委员会推荐,国家级旅游景区质量等级评定委员会组织评审。被公告为AAAA级旅游景区一年以上的方可申报AAAAA级旅游景区。AAAAA级旅游景区由省级旅游景区质量等级评定委员会推荐,国家级旅游景区质量等级评定委员会组织评定。

（二）旅游景区质量分级标准的划分条件

《旅游区(点)质量等级的划分与评定》国家标准适用于中国接待海内外旅游者的各种类型的旅游景区。凡在中华人民共和国境内正式营业从事旅游经营业务1年以上的旅游景区都可申请参加质量等级评定。

旅游区(点)质量等级划分条件包括旅游交通、游览、旅游安全、卫生、邮电服务、旅游购物、经营管理、资源和环境的保护、旅游资源吸引力、市场吸引力、旅游接待人次、旅游者满意度12个评价项目,具体如下:

(1)旅游交通、景区游览及旅游服务提供方面。旅游交通要有较好的可进入性和可识性,交通设施完备,如高级公路、高级航道、车站码头等布局合理、规范,与景观环境要协调。旅游景区内有功能齐全的游客服务中心,有美观、便利的引导标志,有优秀的导游员,旅游购物场所布局规范、合理。景区内邮电、通信设施一应俱全,通信方便。景区内的游览配套设施齐全,设计精美。

(2)旅游景区安全、环境方面。旅游景区严格执行公安、交通、劳动、质量监督及旅游等有关部门制定和颁布的安全法规,消防和救护等方面设备齐全、安全有效,突发事件处理能力较强,旅游景区环境整洁、卫生,娱乐场所达到《文化娱乐场所卫生标准》规定的要求,餐饮场所达到《饭馆(餐厅)卫生标准》规定的要求,游泳场所达到《游泳场所卫生标准》规定的要求,公共厕所布局合理,设计规范、方便。旅游资源环境保护合理,空气质量、噪声质量、地面环境质量、自然景观保护均达到国家有关标准和规定,景区环境氛围优良,各项设施、设备符合国家有关环境保护的要求。

(3) 旅游景区经营管理方面。旅游景区管理体制健全,经营机制有效,旅游质量、旅游安全、旅游统计等各项经营管理制度规范,贯彻措施得力,并定期检查监督,管理人员配备合理。旅游景区有正式批准的总体规划,开发建设符合规划要求。同时,景区要有自己独特的产品形象、良好的质量形象、鲜明的视觉形象和文明的员工形象等。

(4) 旅游景区资源质量方面。旅游景区要有观赏游憩价值或历史价值、文化价值、科学价值等;景区要有市场吸引力,有一定的知名度和美誉度,市场辐射力强,旅游景区年接待国际、国内旅游者数量要达到一定的标准,旅游者抽样调查也应有一定的满意度。

表 4-1 为 2021 年全国各省区市 AAAAA 级景区分布情况。

表 4-1 2021 年全国各省区市 AAAAA 级景区分布情况统计

省区市	数量/个	省区市	数量/个	省区市	数量/个	省区市	数量/个
江苏	25	湖北	13	山西	9	海南	6
浙江	19	安徽	12	云南	9	甘肃	6
广东	15	河北	11	吉林	7	宁夏	4
河南	14	陕西	11	广西	8	西藏	5
新疆	16	福建	10	贵州	8	上海	3
四川	15	湖南	10	内蒙古	6	青海	4
山东	12	重庆	9	辽宁	6	天津	3
江西	12	北京	8	黑龙江	6		

【头脑风暴】

分小组互动,查阅资料,分类统计全国 AAAA 级、AAA 级景区的数量。

四、中国旅游景区的展望

近年来,借助传统优势旅游资源,拓展社会景区资源,以保护为基础,旅游景区得到长足发展,提升了中国旅游目的地形象,带动了城乡一体化发展,旅游景区也确立了独立的产业地位,成为支撑旅游业发展的中坚力量。

随着现代旅游活动加速转向多样性和参与性,旅游活动也从传统的观光旅游扩大到休闲旅游、工业旅游、科技旅游、教育旅游、体育旅游等。为了迎合市场需求,景区的类型也不断创新,如乡村旅游、农业观光、工业游览等。经济和全球发展环境的变化使得景区业必须满足时代的需求,及时作出战略调整。中国景区发展必须满足老百姓要求"玩得起,玩得好"的理念来谋划。

(一)"玩得起"依然是老百姓最强烈的呼声

发展景区应该是围绕满足老百姓的旅游需求而展开的,未来景区的蓝海将是面向旅游者,面向日常生活,"小即是美"将会成为未来景区旅游产品开发的趋势。国有景区门票降价势在必行。

(二)"玩得好"是中国景区高质量发展的必然要求

目前,中国初次出游者仅占所有旅游者的二成左右,约48亿人次的基础旅游市场是由相对成熟的旅游者构成的,这引起景区的消费决策、购买行为、组织方式等方面质的变化,并对景区的旅游宣传推广和发展模式带来根本性的冲击。

休闲度假比重提升,旅游者追求更高品质的景区体验。国内旅游者消费升级意识明显,倒逼旅游市场高质量发展。这也进一步证实了无论是消费能力高的城市居民,还是消费相对较弱的农村居民,都更加强调景区给其带来的品质化、便利化、生活化的感受,景区的高质量发展是大势所趋。

(三)"安全玩"是旅游景区发展的基本保障

旅游是一个需要不停创新、不停创造的行业。未来人们的旅游消费观念会发生巨大变化。无论是"穷游"还是品质游,人们都会把安全、健康放在旅游选择的第一位,其次才是快捷、方便、舒适、时尚等内容。

未来的景区发展将朝着科技化、平台化方向发展,这是大趋势。大数据、云计算等新技术手段会普遍应用于旅游景区之中。例如,智能头盔、智能测温、AR眼镜等"黑科技"也会被更多的景区采用。未来智慧旅游的建设将更加细分,根据用户的不同,会面向企业、政府、旅游者,朝着管理、建设、服务的方向发展。大数据促进旅游安全信息的有效传播,助力旅游者"安全玩"。

第四节 旅游商品

随着经济的发展和生活水平的提高,人们的旅游习惯和旅游观念发生了转变。旅游者在旅途中欣赏美好景色的同时,购买商品的需求越来越大,购买有趣又富有创意的旅游商品成为时尚。但是人们对旅游商品的理解并不全面,常常以为纪念品、工艺品、农副产品就是全部旅游商品,而人们生活所需的生活类工业品没有被纳入旅游商品中,以至于各地开设的旅游商品店主要是旅游纪念品店、工艺品店和农副产品店。

本节就来谈谈什么是旅游商品,旅游商品的特点,旅游商品的种类,以及如何进行旅游商品开发的内容。

【案例导入】

2020年6月29日,财政部、海关总署、国家税务总局发布《关于海南离岛旅客免税购物政策的公告》,自2020年7月1日起实施。其中,免税购物额度大幅提升,从每年每人3

万元提高至每年每人 10 万元。而且,取消单件商品 8 000 元的免税限额。离岛旅客是指年满 16 周岁,已购买离岛机票、火车票、船票,并持有效身份证件(国内旅客持居民身份证、港澳台旅客持旅行证件、国外旅客持护照),离开海南本岛但不离境的国内外旅客,包括海南省居民。不仅免税购物额度提升了,免税商品种类也扩大了,能买到的免税商品种类更丰富了,"买买买"体验将大幅改善。

据悉,中国自 2011 年 4 月开始试行离岛旅客免税购物政策以来,总体运行情况良好,促进了海南国际旅游岛的建设,带动了海南旅游消费及相关产业的发展。据海关统计,截至 2019 年年底,累计购物 1 631 万人次,免税销售额 538 亿元。

财政部表示,此次政策调整力度大,将大幅改善消费者的购物体验,释放政策红利,提升群众获得感,促进海南国际旅游消费中心建设,增强各界对海南自贸港建设的信心。

此前,财政部相关负责人在国务院新闻办公室发布会上说:"各位如果到海南去旅游,建议大家多带点钱,多多购物消费。"海南省委相关负责人说,海南将成为旅游购物的重要目的地,海南不仅是全国人民的度假天堂,还是全国人民的购物天堂。

思考:海南免税政策能起到刺激旅游者购买商品的目的吗?什么是旅游商品?

一、旅游商品概述

(一)旅游商品的概念

旅游商品又称旅游购物品,是指旅游者在旅游活动中购买的具有物质形态的商品,即旅游中所购买的物品。

对此概念,可从以下几方面进行理解:首先,此物品是旅游者因旅游而买的;其次,所有权发生转移;第三,此物品为含有旅游信息或旅游目的地文化的劳动产品。

旅游商品不同于旅游产品。旅游产品,从旅游者角度来说,就是消费者支付一定费用后所完成的一次旅游经历;从供给方角度来说,是为满足旅游者的需要而提供的各种旅游活动接待条件和相关服务的总和。旅游者的旅游活动包括吃、住、行、游、购、娱六方面,因此,旅游产品是一个综合的概念。旅游商品只是旅游产品的一个组成部分,或者说旅游购物只是旅游活动的一个要素。

(二)旅游商品的要素组成

旅游商品由如下 8 个要素组成。

(1) 实,指实用,包括功能上的实用和精神需求上的实用。绝大多数旅游者在选择旅游商品时关注实用性。

(2) 价,指价格,但并不意味着旅游者只关注低价商品,他们最关注价格合适的商品,也就是常说的性价比高。

(3) 质,指质量和诚信,质量包括销售的服务质量、商品质量、售后服务质量。旅游者高度关注旅游购物中的质量及承诺。国内某些商品品质差、缺诚信是造成中国旅游者在国外大购特购的主要原因之一,也是国人在国内旅游中少购、怕购、躲购、不购的主要原因。

(4) 品,是指品牌,品牌有地方品牌,如云南茶叶、海南水果等。还有产品品牌,如青岛啤酒、北京稻香村点心等。品牌是企业文化的长期积淀、影响力、产品品质等多方面的综合体现。对品牌的关注不是中国旅游者的专利，全世界的旅游者都关注商品品牌。

（5）特，指特色，比较集中的理解是，地方文化、地方制造、地方品牌均为特色商品。例如，泰山茶原来并不出名，在被当地旅游部门评为"泰安四宝"之一后，便成了泰安知名特色商品，从此泰山茶名声大振，旅游者的购买量也随之增加。

（6）新，指新产品，包括新技术、新工艺、新材料、新设计的产品。新设计的产品不仅指功能设计、外观设计，还包括包装设计，图 4-2 所示的京剧伴手产品深受年轻人喜欢。总体来说，旅游者普遍喜欢那些科技与文化相结合的新产品。

（7）精，指设计精巧、制造精致、服务精心，各个环节精益求精。

（8）美，指商品美、包装美、购物的环境美等。外观包括形状、色彩、图案、纹样等。很多产品的功能虽然不错，但因其外观不美或包装不美，旅游者便放弃了购买。美是人类永恒的需求，对旅游商品的要求也不例外。

图 4-2　京剧伴手

【头脑风暴】

你曾经买过旅游商品吗？谈谈它引起你购买的价值点。

（三）旅游商品的特点

1. 纪念性

旅游商品的纪念性是其区别于其他普通商品的一个显著特点。旅游活动对旅游者来说是一次经历，旅游商品，尤其是一些纪念品是旅游者旅游活动的见证和物化，是日后重温美好旅游经历的象征和载体。旅游商品的纪念性主要体现在：旅游商品或者能表现旅游目的地的地方特色和民族特色，或者能体现该次旅游活动的主题。

微课：旅游商品的特点

2. 艺术性

艺术性是指旅游商品的整体设计新颖奇特、美观别致，具有艺术欣赏价值。旅游商品只有具备艺术美才能给人以审美情趣，才能提高人们的审美能力，才具有特殊的欣赏价值和收藏价值。

3. 实用性

实用性是指旅游商品应具有旅游者可使用和可消费的功能。只有将纪念性、艺术性、实用性巧妙地结合起来，旅游商品才能受到旅游者的青睐。

4. 便携性

旅游商品的设计要从结构、容积、重量上进行，要充分考虑旅游者携带、使用和收藏的方便。如果体积过大或者分量太重,既不利于旅游者随身携带,也不便于行李托运。

5. 礼品性

旅游者购买旅游商品馈赠亲友以便共同享受旅游带来的美好感受,这是旅游商品的礼品性特点。这就要求旅游商品不仅要制作精致、具有旅游目的地的文化内涵,而且要有特色的礼品包装。图4-3是近几年深受旅游者喜欢的故宫文创商品。

(四)旅游商品的重要作用

1. 旅游商品是现代旅游经济最具潜力的增长点

图 4-3　故宫文创商品

在现代旅游经济中,旅游购物在旅游总收入中占据着重要的位置,从发展趋势看,旅游商品经营额在旅游总收入中呈现越来越高的比重,旅游购物是旅游外汇收入的重要来源和组成部分,旅游商品的丰富程度,可以增加旅游者的消费,扩大就业机会,带动相关产业的发展,从而对旅游目的地的经济产生积极的推动作用。

2. 发展旅游商品,可以促进传统手工艺的挖掘和保护

旅游者对地方特色或民族特色的传统手工艺品的青睐,能使目的地居民认识到传统手工艺的价值所在,从而自觉挖掘和保护传统手工艺,并积极创新和改良。

3. 旅游商品可以传播旅游目的地形象

旅游商品附带了旅游目的地的文化内涵和旅游目的地的各种信息,通过旅游商品的生产和销售,以及旅游者的购买和馈赠,旅游目的地形象也得以传播。

【拓展阅读】

故宫的雪、故宫的猫、故宫文创、故宫展览,如今,故宫已不再仅仅是一座博物馆,更是利用文化创意产品走进百姓生活的一个样板。

作为一个拥有600年历史的文化符号,故宫拥有众多皇宫建筑群、文物古迹,成为中国传统文化的典型象征。故宫每年接待游客1 700万人次,为了能够让收藏在禁宫的文物、陈列的遗产、书写在古籍里的文字活起来,让文物藏品更好地融入人们的日常生活,发挥其文化价值,2013年8月,故宫第一次面向公众征集文化产品创意,举办以"把故宫文化带回家"为主题的文创设计大赛。此后,"奉旨旅行"行李牌、"朕就是这样汉子"折扇等各种萌系路线产品问世,使故宫变得年轻起来。

除了实体的文创产品,故宫在网络上也打开"宫门",故宫文化创意产品从"馆舍天地"走向"大千世界"。目前,故宫博物院拥有4家文创网络经营主体:故宫博物院文化创意馆、售卖创意生活用品的故宫博物院文创旗舰店,主打年轻化的故宫淘宝店,以及更趋于大众化的故宫商城。4家经营主体面向社会不同人群,产品风格各有特色,实现差异化经营,

共同塑造故宫文创的整体形象。

近年来,在文创产业的带动下,故宫化身成为"网红"。据介绍,到2018年12月,故宫文化创意产品研发超1.1万件,文创产品收入在2017年达15亿元。

二、旅游商品的分类

旅游商品丰富多彩,种类繁多,不同学者提出了不同的分类方法。不同国家和地区,对旅游商品也有不同的分类。本书根据旅游商品的属性,将其分为以下几类。

(一)旅游工艺品

旅游工艺品主要是指用本地特色材料制作的,具有独特的工艺、精美的制作、新颖的设计的艺术品,它是传统文化艺术宝藏的重要组成部分。作为旅游商品,主要有陶瓷、雕塑、金属、编织、刺绣、绘画、蜡染、各种民间工艺品等。

(二)旅游纪念品

旅游纪念品指以旅游点的文化古迹或自然风光为题材,利用当地特有的原料制作而成,体现当地传统工艺和风格,并且富有纪念意义的小型纪念品。旅游纪念品有地方旅游工艺品、民间手工艺品、宗教旅游商品、旅游收藏品等。

(三)文物古玩

文物古玩及其仿制品主要指国家允许出口的古玩、文房四宝、仿制古字画(品)、仿古模型等。这类旅游商品真品比较昂贵,适宜于高消费型旅游者的购买,而仿制品则价格适宜,也深受广大旅游者的欢迎。

(四)土特产品

土特产品种类十分丰富,而且具有很强的地方特色,深受旅游者的喜爱。例如,具有地方特色的名茶、名酒、中成药等。

(五)旅游食品

旅游食品如风味食品、地方小吃或方便食品等。

(六)旅游日用品

旅游日用品是指旅游者在旅游活动中所购买的具有实用价值的旅游小商品,如旅游鞋帽、日用化妆品、旅游箱包、地图指南和急救药品等。

三、旅游商品的开发与展望

经过几十年的发展,尤其自2009年以来,在国家的高度重视下,旅游商品产业进入快速发展期,其规模从2009年的3 000亿元左右,发展到2016年的近1.2万亿元。

(一)旅游商品的开发

旅游商品的开发和促销是旅游业发展中的重要环节,在中国一些旅游强省,一些影响大、知名度高的商品已经成为地方旅游形象的亮点。因此,开发旅游商品对于满足旅游者的需求、提高经济效益都具有十分重要的意义。在开发旅游商品的过程中,应当注意以下几点。

(1)要充分反映一个国家或地区的民族文化特色。这是旅游商品生命力之所在。旅游文化特征越鲜明,文化品格越高,地域特征越明显,它的价值就越高,就越受旅游者的欢迎。好商品应该具有独特的地域特征。

(2) 旅游商品的开发要注重商品的使用价值。不同的旅游商品具有不同的效用,在旅游商品的开发中,要针对不同的旅游需求,设计不同效用的旅游商品。

(3) 要做到多元化、多品种、多规格,能满足各种层次旅游者的需要,旅游商品要便于旅游者携带,同时要有文化内涵,以引起旅游者喜爱。

(4) 要有强烈的品牌意识。21 世纪进入了品牌经济主导市场发展趋向的时代,因此,旅游商品进入了品牌效应显现竞争力的时代。提高旅游商品的品牌效应,要以质量第一的理念指导旅游商品生产的全过程,把标准化贯穿到生产经营的全过程;通过法律、行政、经济等多种手段,从根本上杜绝假冒伪劣产品,从根本上消除坑蒙拐骗现象,从根本上保证产品安全等关乎品牌效应的生产与经营的安全,以实现旅游商品生产与销售过程的品牌战略与标准战略的完美结合。

(二) 旅游商品的展望

1. 全域的理念

旅游商品的全域理念是:旅游者在任何地域空间内购买的商品均是旅游商品,即旅游者购买的、非服务的、可移动的商品就是旅游商品。按照 2017 中国特色旅游商品大赛的分类,旅游商品包括且不限于旅游食品类、旅游茶品类、旅游饮品类、旅游酒类、旅游纺织品类、旅游电子类、旅游化妆品类、旅游首饰类、旅游工艺品类和旅游纪念品类等 20 大类。全品类的旅游商品观念是旅游商品的全域理念的基础。旅游商品的设计、制造、销售、服务等全产业链是旅游商品全域发展的重要保证。

2. 融合的理念

在旅游商品设计、制造方面,逐渐形成旅游与各产业的商品融合。从旅游商品创意设计起就是"旅游 + 商品",利用旅游景观、景点、景区、旅游目的地的文化资源、物产资源,根据旅游者的需要开发旅游商品。

在旅游商品的销售方面,逐渐形成各产业的"商品 + 旅游"的融合。各产业的商品因能够满足旅游者的生活需要,又在旅游者到达的购物场所销售而产生的旅游购物行为而成为旅游商品。其特点是,商品本身的文化味虽不足,地域物产特点并不明显,但或是品牌知名,或是功能新颖,或是质量优益,或是价廉物美等原因,被旅游者购买,成为旅游商品。

3. 生活的理念

发展能够为旅游者带来美好生活体验的旅游商品。从开发到制造,再到销售,都是以"能够为旅游者带来美好生活"为目的而被旅游者购买。让旅游者知道、看到、买到使生活更美好的旅游商品,应是旅游商品关联企业共同的定位。

旅游者越来越不喜欢华而不实、脱离生活需要的东西。随着复游率越来越高,单一纪念性商品的市场也越来越小。实用性、功能性、趣味性等能够让人们的生活更安全、更卫生、更环保、更节约、更方便、更舒适、更有乐趣的商品更受旅游者喜爱。

4. 品牌的理念

品牌的力量是巨大的,旅游商品的品牌不仅包括旅游商品本身的品牌,还包括旅游购物店的品牌,旅游购物街的品牌,甚至是购物城市、购物旅游目的地的品牌。同时,品牌是质量、品种、价格等的综合体现。

打造品牌要从基础做起,建立一个品牌并不难,难在经营一个品牌。质量差会砸掉品牌,服务差会降低品牌的价值,销量差会让品牌毫无意义,徒有虚名。因此,品牌不仅要塑造,更要维护和发展。今天的品牌不等于明天的品牌,更不等同于永久的品牌。

5. 创新的理念

科技在发展,社会在进步,文明水平在提高,旅游者的需求在变化,旅游商品也要随之提升。各行各业都在创新,旅游商品必须不断创新,甚至要提前一点,才能吸引旅游者,引导旅游者的购物消费。旅游商品的创新包括设计的创新,制造的创新,营销和销售的创新,为旅游者服务的创新,为旅游商品企业服务的创新,有关部门引导旅游商品发展政策、措施的创新,有关研究机构、行业协会指导旅游商品发展工作的创新。

综上所述,旅游商品的市场是巨大的,旅游购物消费的潜力、对地区经济的带动作用和对各类企业发展的作用都是巨大的。旅游商品的发展关乎人们生活、就业等诸多方面,涉及部门多、企业多、机构多,是扩大消费的重要抓手,需要认真地做、务实地抓、踏实地干。

【头脑风暴】

选一种你家乡的特色旅游商品,结合时代特点和发展要求,简述开发思路。

第五节 旅游美食

"食"作为旅游六要素之一,在旅游活动中扮演着不可缺少的角色。随着人民生活水平和消费需求的不断提高,对于饮食的需求也不再仅仅局限于饱腹,而是追求更高层次的味蕾享受和精神文化享受。本节系统地介绍旅游美食的相关知识、旅游美食在经济发展中的作用及未来发展方向。

【案例导入】

"天府之国"成都是中国优秀的美食旅游城市。它不仅具有"中国八大菜系之一"的川菜,还具备享誉海内外的麻辣鲜香的火锅,以及品种繁多的小吃。丰富的美食元素成为成都的重要吸引物。

在一项网络调查中,"宽窄巷子""好吃""火锅""锦里""串串"等关于成都目的地形象的关键词,竟然位居前五,成功地超越了代表成都历史人文的关键词,如"三国""川剧变脸"等。通过网络调查,平均每一篇游记中都出现至少 6 个、至多 47 个美食词汇,说明每

119

一位到访成都的旅游者都会品尝成都的美食,美食对于旅游者的吸引力不言而喻。除此之外,关于成都的美食体验,在各种游记中,"火锅"这个关键词位居首位,每位旅行者的成都之行必选火锅这个美食,紧随其后便是"风味小吃",如夫妻肺片、麻婆豆腐、回锅肉等地方独特风味的菜式。所以说,美食是旅游体验的重要组成部分,对于美食资源丰富的成都来说,美食已经成为它的一个标签。

思考:美食与旅游的关系如何?

一、旅游美食概述

全球旅游美食被广泛认为兴起于20世纪80年代。在中国,早在古代就已经出现了美食旅游的雏形,如周穆王西游、欧阳修的醉翁亭宴、苏东坡的赤壁泛舟之饮等。21世纪初,旅游美食越来越多样化,开始进入快速发展时期,这主要得益于两方面的因素,一方面,经济的发展催生了人们对休闲生活的需求和向往,美食旅游作为休闲方式的一种被大众广泛接受;另一方面,旅游美食能够带动食品生产业、文化娱乐业等一系列产业链的发展,各地开始鼓励开发美食旅游以推动当地经济的发展。

(一)旅游美食的定义

旅游美食是在旅游过程中品尝到的美味食品,它可以是在旅游途中携带体积小、轻便、新颖的旅游小食品,亦可是享用到的风味大餐。旅游美食是美食旅游的重要组成部分,而狭义的旅游美食即为美食旅游。

国内学者对于旅游美食的定义非常多。有学者指出,旅游美食以追求美食为主要的旅游动机,以异地体验为主要的旅游经历。也有学者指出,旅游美食应具备以下条件:食品和菜肴具有鲜明的地方风味特色、具有精细的烹饪技艺和制作技巧、具备良好的饮食环境和卫生条件。还有学者指出,旅游美食应该是在旅游过程中,被美食及其文化风俗所吸引而产生的各种与饮食相关的旅游行为。

(二)旅游美食与饮食文化旅游、旅游餐饮的关系

1. 旅游美食与饮食文化旅游

饮食文化旅游可看作狭义的美食旅游。饮食文化旅游重在"文化",指饮食文化与旅游活动相结合,以了解饮食文化和品尝美食为主要内容,这是一种较高层次的旅游活动。由于人们对"美"的理解和认识千差万别,则"食"在内容和形式上都呈现出缤纷的色彩。丰富而浓厚的饮食文化内容是开展旅游美食的必备条件,旅游美食则是饮食文化旅游发展的必然趋势和结果。

【拓展阅读】

2016年,一部纪录片《寻味顺德》走入了人们的视野,《寻味顺德》以美食为切入点,全面反映了顺德城市的传统与现代气质,以及顺德人特有的精神基因。该片将顺德丰富的食

物、优美的风光、多样的风情幻化成一幅幅优美精致的画面,串起美食、人性、文化的独特魅力,展示人与食的和谐画卷。

如果觉得单是看不够过瘾,顺德还推出了跟着旅行社去寻味。佛山中旅作为《寻味顺德》的指定合作旅行社,策划运营《寻味顺德》旅游线路,推广顺德美食旅游文化。线路一经推出,大受旅游者的欢迎。此外,顺德还推出了美食节活动。扎扎实实地享受联合国教科文组织授予的"世界美食之都"的称号。《寻味顺德》资源打出宣传顺德美食的组合拳,为旅游美食发展注入了能量。

【头脑风暴】

向同学们推荐你家乡的"美食",并分析它是否与旅游进行了"合体"。

2. 旅游美食与旅游餐饮

旅游餐饮是指在旅游过程中的餐饮行为,而旅游美食是以美食为吸引物的旅游过程,这两个概念分别指不同类型的行为,但都在旅行途中发生,而且都与旅游者的饮食行为有关。但旅游美食不仅仅包括餐饮过程还有其他与美食相关的参与性活动,例如,烹饪比赛、啤酒节、水果节等。旅游餐饮更多注重旅游者的餐饮行为及餐饮质量,例如,在旅游过程中的饮食安全、卫生、营养等。

二、旅游美食的特点

(一) 区域性

中国幅员辽阔,由于地理环境、气候、物产、经济发展水平、民族习惯的不同,使得各地区、各民族的饮食特色千姿百态、异彩纷呈。"八大菜系"就是区域环境的整体差异所形成的,以其各具风韵的烹调技艺,不同风格的菜肴特色成为美食旅游重要的吸引物,是旅游资源中不可或缺的部分。也正是这种旅游资源在区域上的差异分布,形成了美食旅游者的空间流动,是造成人们以旅游形式达到审美和愉悦目的的根本原因。

(二) 民族性

由于美食旅游者生活在不同的文化背景下,因此旅游需要会受到文化因素的影响,从而也影响美食旅游者对旅游美食的价值判断。生活在不同区域的旅游者,对美食的理解和追求各异。美食旅游是文化与饮食的综合体,由于饮食与文化相互融合,相互渗透,密不可分。不同国家、不同民族的饮食文化大相径庭,因此一些学者把美食旅游归属在民俗风情、民族文化旅游资源一类中,常常归纳为人文旅游资源的组成部分。

(三) 时代性

美食旅游者在不同时代需求是变化的,所以美食的评价因时代的差异不同。改革开放初期,人们求奇、求新的心理比较重,是口味上享受刺激、寻求差异的一种体现。20世纪

90年代开始追求营养、滋补及保健,求野、求洋、求补开始流行。"非典"之后,求绿、求土之风再次刮起。对美食的评价不一,各个时代主流的美食不一,则旅游美食的主题发生很大改变。

(四)参与性

旅游美食的参与性相对与其他的旅游类型要强烈得多。首先,旅游美食最主要的经历是品尝,这种来自味觉的美感既是有形的,又是无形的。这种参与直接影响整个旅游时间的长短、旅游质量的高低,故旅游体验对于美食旅游者显得更为重要,对旅游美食本身也提出较高的要求。其次,旅游美食的参与性活动,如观看烹饪比赛、茶艺表演和学做新菜等,都能激起美食旅游者强烈的模仿欲,这些操作性极强、丰富的旅游活动,极易延长美食旅游者兴趣的持续时间。

三、旅游美食的作用与展望

(一)旅游美食的作用

1. 经济功能

美食是旅游目的地的重要构成要素。近年来,在政府的引导与鼓励下,各种社会力量纷纷投入旅游餐饮的开发,使各地的旅游餐饮市场呈现出多类型、多形态的丰富格局。从文化角度来看,美食不仅仅是日常生活中的一部分,更是当地文化的一种象征与展现。品尝当地美食成为旅游者感受旅游目的地文化的一条重要的途径。不同的地理和人文环境造就了不同地方的独特饮食文化,这种饮食文化能够增加旅游目的地的区分度。因此,美食可以成为旅游目的地的标志、形象和品牌,也是促进当地经济发展的重要因素之一。

以外,旅游美食带动了食品生产业、商贸业、文化娱乐业、建筑业等行业发展,给经济发展带来了巨大的空间和发展的潜力。

2. 文化功能

美食旅游者的文化需求是美食旅游得以产生、发展、繁荣的前提和基础。文化和美食互为花叶,相得益彰。旅游美食要能够满足旅游者的文化需求,以市场需求为导向,挖掘文化内涵,继承和弘扬传统文化,只有这样,旅游美食才能拥有持久的生命力。

3. 社会功能

旅游业是一个集休闲和娱乐为一体的行业,包括吃、住、行、游、娱、购等要素,其中"吃"就是其中一个非常重要的因素,对于旅游者来说,美食是一个非常重要的吸引。人们认识并享受旅游目的地的美食也变成了出游动机,美食有丰富的价值内涵,不仅仅能维持我们的生命,更具有丰富的文化价值。美食旅游既是旅游者物质生活的一种享受,又是精神文化生活的一种承载体。从旅游体验的角度分析,美食可以构成旅游者的高峰体验和支持性体验。作为支持性体验,旅游者所偏好的美食是对他们日常饮食的扩展或强化。

4. 养身功能

通过美食达到养性健身的目的是中国饮食文化的精髓所在。调整身体内部的关系与生理与心理的关系,实现养性和健身的双重目的,正是美食旅游"食疗与食养"有机融合,才使得美食成为旅游过程中的重要动机。

(二)旅游美食的展望

旅游是吃、住、行、游、购、娱的综合性社会文化活动。食居于首,要以美食带动旅游、以美食促动消费、以美食丰富休闲。发挥美食在旅游链上的催化作用,其范围绝不能局限于食物本身,应以美食为中心,横向结合其他类型旅游资源的综合开发,纵向挖掘食物背后隐含的文化与历史意义,以"食"为原点,构建内涵丰富、面面俱到的饮食资源体系。未来,旅游美食将向以下 3 个方向发展。

(1)旅游美食向美食文化主题产品体系发展。突破以特色小吃、特产为主打产品的单一模式。注重系统开发与合理优化,开发美食主题核心旅游产品,延伸产业链;打造特色美食文化主示范基地,集中展示相关文化产品。

(2)旅游美食发展将联动六大要素,形成旅游产业集群。以饮食业和旅游业为中心,推动住宿业、零售业及文化艺术产业等诸多相关产业发展并实现互渗融合,利用产业联盟的优势,为"美食 + 旅游"的发展提供有形的物质基础和无形的社会网络资本。

(3)旅游美食将加强区域合作。开展资源互换与共享,打造区域性龙头美食旅游产品,开发主题旅游精品路线,并结合其他区域的优势条件创新美食文化资源表现形式,促进美食文化与其他文化的深入融合。

美食文化与旅游产业的黏合度是其关键所在,既要借旅游之东风,乘风破浪,又不能因为"抱旅游的大腿"而丧失了美食的核心内涵。美食和旅游,二者既相互独立,又能相辅相成。随着个性化、多样化的时代到来,旅游美食在未来有广阔的发展空间。

【第四章复习思考题】

1. 住宿业对旅游业的作用体现在哪些方面?
2. 简述住宿业的分类方式。
3. 旅行社的基本业务包括哪些方面?
4. 通过了解旅行社基本业务,以小组为单位,模拟申报一家旅行社。
5. 从事旅游行业的刘先生一家在山东的某知名景区前,花 20 元买了一顶帽子,然后他戴着这顶帽子南下,来到安徽的某景区,看到同样的帽子,只是颜色不同,于是他跟摊主协商换了顶其他颜色的帽子。随着行程的继续,刘先生发现很多景区的纪念品中有相同的竹雕、小木刀、木梳……

如果你是刘先生,将如何破解旅游商品目前的尴尬窘境?

第五章 旅游新业态——旅游发展的趋势

■ **本章导读**

　　本章着重讲解旅游新业态的发展趋势,重点介绍文旅融合的特征与意义,以及形式多样的旅游活动。文旅融合为中国旅游业高质量的发展提供了新动能。红色旅游、乡村旅游、体育旅游、研学旅游及其他多元融合的新业态为满足人民多元的需求提供了无尽可能。作为未来的旅游从业人员应该充分认识旅游新业态的发展。

■ 学习目标

● 知识目标

1. 理解文化旅游的内涵、特征
2. 认知中国旅游业发展的动力
3. 了解旅游市场未来的发展方向
4. 理解旅游目的地和旅游业未来的变化
5. 认识影响旅游业未来发展的跨领域问题

● 能力目标

1. 能分析文化旅游的发展趋势
2. 能掌握红色旅游、乡村旅游、体育旅游、研学旅游的概念和内涵
3. 能列举不同类型的旅游新业态

● 素养目标

1. 认识红色旅游资源，增强对中国革命历史的了解，强化爱国主义教育，学习革命精神，构建爱党爱国的理想信念
2. 了解旅游新业态发展对我国国民经济高质量发展的重要意义，胸怀中国，放眼世界，对旅游业的未来走势进行展望

■ 思维导图

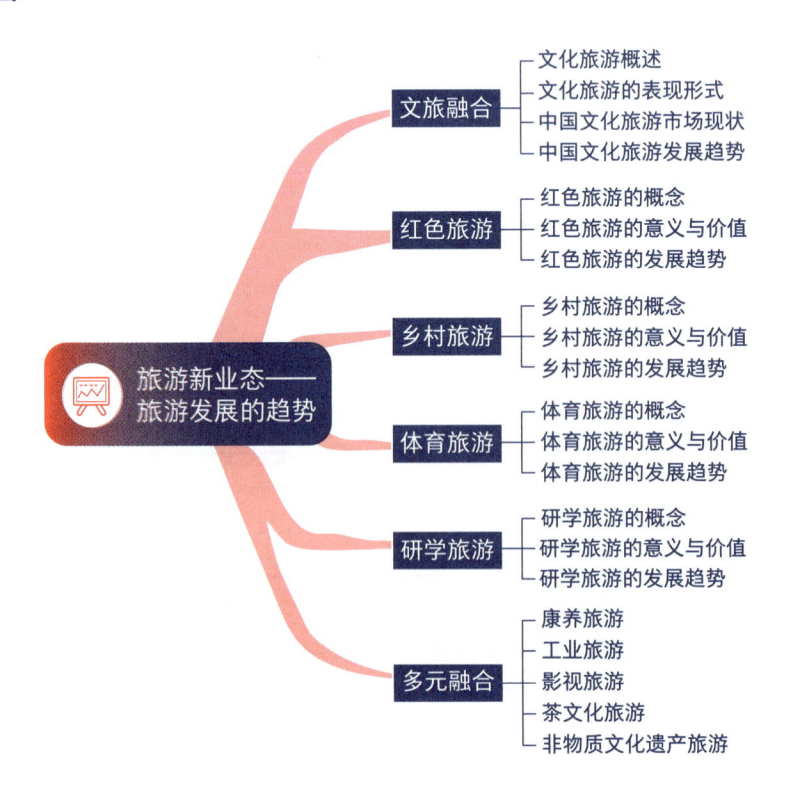

旅游新业态——旅游发展的趋势

- 文旅融合
  - 文化旅游概述
  - 文化旅游的表现形式
  - 中国文化旅游市场现状
  - 中国文化旅游发展趋势
- 红色旅游
  - 红色旅游的概念
  - 红色旅游的意义与价值
  - 红色旅游的发展趋势
- 乡村旅游
  - 乡村旅游的概念
  - 乡村旅游的意义与价值
  - 乡村旅游的发展趋势
- 体育旅游
  - 体育旅游的概念
  - 体育旅游的意义与价值
  - 体育旅游的发展趋势
- 研学旅游
  - 研学旅游的概念
  - 研学旅游的意义与价值
  - 研学旅游的发展趋势
- 多元融合
  - 康养旅游
  - 工业旅游
  - 影视旅游
  - 茶文化旅游
  - 非物质文化遗产旅游

第一节 文旅融合

【案例导入】

秦淮灯会

秦淮灯会是流传于南京地区的民俗文化活动,又称金陵灯会、夫子庙灯会,主要集中在每年春节至元宵节期间举行,持续50多天,是首批国家级非物质文化遗产,有"天下第一灯会"和"秦淮灯彩甲天下"的美誉,是中国唯一一个集灯展、灯会和灯市为一体的大型综合型灯会,也是中国持续时间最长、参与人数最多、规模最大的民俗灯会。

该项目的亮点有哪些?

(1) 良好的组织和制度保障。形成了传承和保护的领导小组、工作小组等组织机构,出台多项规划、制度、办法。

(2) 多方合作,保障资金支持。融合政府、企业、非遗传承人、金融机构等多方力量,保障对非遗传承和旅游利用的资金投入。

(3) 以会带旅,以旅促会。灯会带动非遗挖掘,非遗挖掘带动传承人保护,传承人带来传承产品,产品销售带动传承积极性,传承积极性保障了非遗传习所,传习所优化了景区吸引力,如此等等,通过秦淮灯会形成了丰富的、可进化的非遗传承的生态链。

(4) 品牌化发展、国内外双修。通过统一形象标识体系的设计进行品牌化发展。通过与境内外主流媒体密切合作、交流办展、邀请驻华使馆官员参展等方式积极地走出去,在国际上形成了广泛的传播和影响。

一、文化旅游概述

(一) 文化旅游的概念

文化是旅游的灵魂,旅游是文化的载体。文化旅游,从字面上理解,是一种以消费、体验与享受文化为核心的旅游活动类型。"文化"与"旅游"两个概念的广泛性,使得文化旅游的涵盖面也极为丰富。有历史层面的,也有现代层面的;有民俗层面的,也有宗教层面的;有物质层面的,也有精神层面的。究其表现形式,主要有古迹、建筑、艺术、节庆、饮食等,随着时代的进步,文化旅游内涵的丰富性,正受到越来越多的旅游者青睐。根据世界旅游组织的相关表述,我们从旅游者的视角,可以将文化旅游定义为:以文化旅游资源为支撑,旅游者以获取文化印象、增智为目的的旅游产品,旅游者在旅游期间进行历史、文化或自然科学的考察交流、学习等活动。文化旅游的实质就是文化交流的一种形式,旅游者从中可以获得精神与智力的满足,是一种较高层次的旅游活动。

(二) 文化旅游的特征

1. 主体多样性

旅游主体对文化追求无止境，市场广阔。从旅游空间来看，旅游者首先在家乡旅游，后来发展到在本省内、本国境内旅游，进而把旅游空间扩展到境外与各大洲。现在，人类已经把自己的旅游空间扩展到了太空。空间不断扩大，异地、异质文化愈加丰富多彩。从旅游类型来看，文化观光内容不断丰富，专项文化旅游日益涌现，享受生活的休闲度假蓬勃发展。

2. 知识密集性

文化旅游产品蕴涵着大量的知识信息，为旅游者提供大量丰富的科普知识、历史知识、社会知识，接受艺术熏陶，提高文化修养，使旅游者从中得到某些感悟与升华。例如，到徽州民居旅游，许多楹联能教化人，或崇尚孔孟之道，或注重教化，或抒情言志，或劝人积德行善，或教人治国济世，认真品读，大有茅塞顿开之感。

3. 持续创造性

人类不断创造新的文化景观。文化旅游的对象主要是人文景观或场景、氛围，文化景观大都是历史文化的沉淀或人类思想精华的凝集，以坚固的实物、知识技能或信息等形式存在，在社会发展进程中，人们会不断地创造出新的文化景观，也会不断吸收优秀传统文化的精华，通过自己的创造，变成更加丰润的文化景观传承后人，满足一代又一代的需要。

4. 启迪创新性

如前所述，中国拥有独具特色的文化传统，而文化的差异性正是文化旅游得以开展的决定性因素。历经五千年文明的积淀，中国的文化旅游资源遍布神州大地。近年来，中国越来越重视文化旅游产业发展，不断加大政策支持和投资力度。各省区市在立足本区域文化特色和传统的基础上，不断挖掘和开发适合自己的文化旅游项目并呈现产业化发展态势。部分地方政府还将本地区定位为文化旅游城市，并按照产业化体系进行城市规划和发展布局，建成了一系列特色鲜明的大型文化旅游区，不但促进了城市发展，带来了良好的经济效益，还实现了多彩的文化回归。因此，启迪创新性是文化旅游品牌开发、文化旅游宣传推广、文化旅游管理服务推进等进程中鲜明的烙印。

【头脑风暴】

传统在以观光游为核心的供给体系中，往往主导的是"二老"资源：老天爷（名山大川）、老祖宗（历史古迹）。未来，城市目的地将诞生更多的超级文和友、和平果局、宽窄巷子、正佳广场；传统商业中心、商业街将更多让位于文商旅综合体；乡村旅游也将从农家乐、单业态民宿、粗糙周边游升级到田园综合体、民宿集群、轻奢新型度假营地、新型海岛创新业态。而大城市集群的虹吸效应，一方面在城市功能上集约化、规模化，但在周边乡村一定会形成反城市流的休闲度假洪流，城乡新型的互动关系将是美好生活的一道风景线。

请同学们思考，后疫情时代的旅游目的地需要怎样的产品？

（三）开展文化旅游的意义

1. 顺应新时代旅游发展的需要

旅游是一项具有经济价值与文化意义的活动，它的产生和发展紧随社会前进的步伐。从全球范围看，旅游新理念层出不穷，如生态旅游、分时度假等，随着旅游者受教育程度的提高，对旅游产品和服务质量的要求越来越高，旅游中的个性化、自主化明显，旅游者愈加渴望通过旅游放松身心的同时陶冶情操，在轻松愉快、舒适的旅游中开阔视野、享受生活。可见，文化旅游具有知识密集性、形式多样性、可持续性、启迪创新性等特点，可以满足人们不断变化着的旅游需要。

2. 带动区域发展

文化旅游产业是一种特殊的综合性产业，关联度高、涉及面广、辐射力强、带动性大，是新世纪最具活力的新兴产业。文化旅游产业的发展可以优化地区的产业结构，促进基础产业的发展。通过对地区文化资源的深入挖掘，通过独特创意，把文化资源转变成旅游产品，通过一些大的旅游项目的带动，不断提升区域价值，推动区域健康、稳定、有序地发展。

3. 传承和保护区域文化

发展文化旅游，不管是现代文化旅游还是历史文化旅游，都会对地区文化资源进行挖掘与梳理，深挖文化内涵，对于优秀的传统文化也会继承和弘扬。此外，通过现代化的手段，创意性的策划将其重新包装，成为时代受欢迎的文化旅游产品，很好地传承和保护区域文化，同时旅游的发展促进了文化的传播。通过文化旅游的发展带动，可以促进文化产业的繁荣，一定程度上更加有利于文化旅游资源的保护。

4. 提升出行品质

对旅游者来说，乘兴而来、满意而归，是其永恒的追求。文化旅游可以促进普通观光型旅游向高层次、更富吸引力的文化需求型旅游发展，使旅游者在旅游过程中从深层次去观赏吸引物的内在美，领略该地区悠久灿烂历史的同时，品味其蕴藏的丰富文化内涵，并深入体验现代文明和现代文化，而不是简单的走马观花、游山玩水，仅仅惊叹于外表的壮观或先进的现代文明。

二、文化旅游的表现形式

文化的差异性正是文化旅游得以开展的决定性因素。文化旅游包括历史遗迹、建筑物、艺术、民俗、宗教等内容，体现审美情趣，富有教育启示、宗教情感寄托等功能，是一种能产生心灵震撼、文化熏陶或艺术共鸣的，综合性、高品位的旅游活动。就表现形式而言，可以细分为如下五类。

（一）旅游文化演出

中国的旅游演艺活动早在20世纪80年代就存在于各景区和景点，主要形式为剧场表演和巡演。真正引起中国旅游学术界对旅游演艺的研究是从主题公园的表演项目的研究开始的。2000年后，大型实景演出逐渐走俏，如大型山水实景演出"印象系列"在中国取得巨大成功，引起了社会巨大的反响。

(二）主题公园

主题公园是中国城市旅游目的地建设中的热门项目,中国各地早在20世纪80年代便开始了主题公园的探索与实践。目的地通过主题公园的建设,不仅可以丰富目的地旅游产品类型,实现旅游产品多元化,还能重塑目的地形象,提高知名度、美誉度,增强其自身的吸引力。主题公园由于其建筑和项目设计、节庆活动、文艺表演及旅游商品等无不体现着文化创意,堪称文化创意的集大成者和文化创意产业与旅游业融合的典范。

（三）文化艺术园区（风情小镇）

近年来,我国出现了各种形式的艺术园区,形成了一系列以各种艺术形式为题材的文化创意产业园区,它们是都市旅游的一种新形式,吸引了大量旅游者前来参观。它们大多集中于经济发达的大城市,特别是东部沿海地区,它们许多兼有旧城改造和旧城利用的性质。

文化艺术园区（风情小镇）为提升城市旅游形象,在丰富目的地旅游产品中起到了重要作用。例如,北京的798艺术区,其所在地为原国营798厂等电子工业的老厂区所在地。因为园区有序的规划、便利的交通、风格独特的建筑等多方面的优势,吸引了众多艺术机构及艺术家前来租用闲置厂房并进行改造,逐渐形成了集画廊、艺术工作室、文化公司、时尚店铺于一体的多元文化空间,把一个废旧厂区变成了时尚社区。

（四）民俗文化节庆

中国最早的旅游节庆活动可以追溯到1983年在河南省洛阳市举办的牡丹花会。至今,全国每年大约举办6 000多个旅游节庆活动。纵观全国民俗节庆活动,有影响力的诸如青岛国际啤酒节、潍坊风筝节、大连国际服装节、哈尔滨冰雪节、洛阳牡丹花会、上海戏剧节、北京电影节等。随着旅游业的发展,旅游文化节庆活动正成为旅游目的地品牌打造的重要环节,知名的慕尼黑啤酒节、巴西狂欢节便是很好的例证。我们已经知道,中国文化资源丰富多彩且特色明显,发展文化旅游和文化产业潜力巨大。因此,在发展文化旅游产业过程中,以在地化为基础,引入文化创意产业的方式方法,创新文化资源利用方式,进而形成科学创新的机制,这是提升景区景点和其他旅游产品的吸引力,提高其社会效益和经济效益的好办法。

（五）文博场馆

作为文化和旅游产业相融合的产物,博物馆参观游览兼具艺术观赏、历史溯源、科学研究、教育推广等方面的价值与功能,逐渐成为公共文化服务和旅游发展的前沿阵地与有效载体。

近年来,《我在故宫修文物》《如果国宝会说话》《国家宝藏》及大批鉴宝文博类节目的热播,不仅将"博物馆热"从线上带到了线下,还带来了观众观念的转变,点燃了社会公众对于文物鉴赏和博物馆参观的热情,掀起了博物馆旅游的热潮。以中国国家博物馆为例,2017年该馆共开放312天,接待观众总数超过800万人次,平均每天接待观众2.6万人次。此外,博物馆热还掀起了"文创产品热""古董收藏热"和"古玩淘宝热"等热潮,引发了强烈的市场"连锁反应"。因此,大力支持和发展文博场馆的旅游化正当其时。

【拓展阅读】

文旅融合留住世遗神韵

"从人们的思想中构建和平",这是联合国教科文组织世界遗产项目的核心理念。如今,这一理念再次在中国落地开花。2019年,第43届联合国教科文组织世界遗产委员会会议在阿塞拜疆通过决议,将中国黄(渤)海候鸟栖息地(第一期)和良渚古城遗址列入《世界遗产名录》。至此,中国世界遗产总数达到55处,居世界首位。

黄(渤)海候鸟栖息地(第一期)和良渚遗址申遗成功不仅是中国的荣耀,更是人类文明互鉴的时代之光。绵延万里的"一带一路"是人类文明重要的发祥地,65个国家、2 100余个民族的文化汇聚、融合于此。尽管历经沧桑战乱,但诸多遗产地的自然景观和人文传统仍然得以留存。人们仍然可以期待自然与文化的结晶能够在今天再度铸就新的辉煌。

"一带一路"倡议的落地令世界遗产焕发新的活力。沿线近500项世界自然和文化遗产犹如瑰宝一般,形成了不可比拟的旅游资源高度富集区。一个鲜明的趋势是,2018年中国旅游者到访"一带一路"沿线国家突破3 000万人次,较2013年的1 549万人次增长了94%。笔者认为,"以文塑旅、以旅彰文"的文旅融合理念同样适用于世界遗产保护工作。全球经验告诉我们,世界遗产彰显价值和永葆活力的进程离不开文旅事业的助力。就"一带一路"沿线世界遗产的活态传承而言,文旅事业留住其神韵的关键节点有如下三点。

一是构建全流程的多边治理机制。从2001年阿富汗巴米扬大佛被炸毁到2008年韩国"一号国宝"崇礼门遭受恶意纵火,从2018年巴西国家博物馆付之一炬到2019年法国巴黎圣母院火灾,"一带一路"沿线众多遗产正面临着潜在风险快速增加的态势。我们要认识到,无论国家处于何种发展阶段,世界遗产都是一个国家核心生命力的集中体现。自然和文化遗产的不可逆使得其遭到破坏将永远无法挽回。即使获得了物质性的重建,追索文明的这段记忆也再难复原。为此,应积极在"一带一路"联委会、混委会、协委会等框架下建立覆盖保护、研究和开发的全流程多边治理机制。在这一框架下,警钟长鸣,不断吸取世界遗产保护的经验和教训,通过切实的利益共享、权责共担适应世界文化互鉴和旅游发展趋势。中国倡导建立的多边非官方协调平台——世界旅游联盟便是响应时代呼唤之举。

二是处理好保护与发展的关系。世界遗产地与旅游之间的关系常被形容为一把双刃剑,利弊皆备。"一带一路"沿线的许多国家,旅游相关的生计都依赖于世界遗产这一身份。旅游界常认为,遗产不利用就失去了其保护意义与价值,而发展旅游则是负面影响最小的利用方式。遗产界则认为,遗产保护的首要目标是遗产本体的留存,这一原则不能因为旅游或者其他利用需要而有丝毫妥协。在现实中,由于旅游的利益驱动力更大,往往在操作中处于上风。与此同时,遗产保护话题往往容易被舆论上升到道德与价值观层面,对遗产的旅游开发进行道德批判。事实上,这两类做法均失之偏颇,使得旅游利用与遗产保护矛盾激化。一个可资推广的方案是,借鉴柬埔寨吴哥王城"仙女机构"的保护方案,依托外国智慧和资金对遗址进行修复和开放。

三是注重文化活态传承。对一国而言,"只有它的文化活着,这个国家才活着"。遗产保护最重要的任务是要让当地文化中美好、积极的内容延续下去。尽管"一带一路"沿线世界遗产数量已占全球总量的 55%,但结构性缺环还很多,尤其是遗产呈现形式上,关于早期历史、民族文化多样性、科技发展以及社会变迁的提炼还不充分,活态遗产的内容亟待加强。在"80后""90后"已成为文旅活动新主体的当下,人们对世界遗产和旅游的向往除了受传统媒体的影响外,可能更容易被生活中的某一场景所激发,如一首歌、一部电影、一场赛事、一个"网红"、一个短视频、一句流行语等。社会各界应积极研究年轻群体的表达方式,让"生活式激发、多元式决策、智能式前行、分享式评价"贯穿遗产保护和文旅发展始终,留住世界遗产的历史神韵。

资料来源:高明.文旅融合留住世遗神韵.中国旅游报,2019-07-12

三、中国文化旅游市场现状

1. 中国旅游文化在国外的影响

中国拥有独具特色的文化传统,在世界四大文明体系中,中国占有不可替代的地位,是东方文明的优秀代表之一。中华文明在饮食、居住、娱乐、文学艺术、宗教、思想、民俗等方面与其他三大文明(希腊文明、阿拉伯文明、印度文明)迥然不同。究其原因,文化的异质性是中华文明有别于他国文明的决定性因素。

随着中国国力的日益强盛,在国际社会中的地位日益提高,在世界政治、军事、经济、人口和文化方面影响日益加强,加之美国学者亨廷顿在《文明的冲突》一书中对21世纪各国经济社会发展中文明因素所起决定作用的强调,中国以及与中国相关的一切都引起世人的关注。中国及中国文化进入西方发达国家寻常百姓的视野,促使他们不远万里来到中国,了解、认识、感受中国及中国文化。在了解中国文化的过程中,越来越多的海外旅游者对充满神秘色彩的中国文化发生了浓厚的兴趣,京剧、饮食、气功、故宫、长城、语言文学、宗教思想等都是海外旅游者心之向往的重要文化载体。中国文化旅游在海外传播有着显著的正向促进作用,主要表现在:一是增加了中国的旅游收入;二是通过海外旅游者的口碑传播,树立了中国悠久历史文化的美好形象;三是一部分旅游者可能会成为中国经济发展的潜在投资者,促进了外资投资总额的增长;四是通过旅游者的传播,促进了各国、各民族之间的文化交流与对话。

2. 国内文化旅游者市场。

根据国外对中国文化旅游者的调查,发现他们大多是受过良好的高等教育、社会经济地位比较高、年纪轻而且多是从事文化、教育、科技等工作。就分类上,中国文化旅游者大体可以分为两个类型:一是一般的文化旅游者,另一类是特殊的文化旅游者。前者没有强烈的文化动机,而后者是特意选择某些文化景观进行观赏游览,这些文化景观对他们的旅游目的地的选择起决定性作用。虽没有统计数据,但就观察可知,一般的文化旅游者是现阶段旅游活动的主流,但随着时代的进步,特殊的文化旅游者会越来越多。

对于文化旅游者而言,文化能力或资本是至关重要的,因为他们必须具备鉴赏文化产品或景观的能力,而这种能力是通过教育获得的。因此,教育水平尤其是高等教育水平的提高会大大增加文化旅游者的数目,除了可随意支配的时间与金钱之外,文化能力的获得是一个必要条件。目前,中国文化旅游市场的主体应该是国内文化旅游者,虽然入境旅游者有逐年增多的趋势,但至少目前还只是国内文化旅游者的一个有益的补充。

四、中国文化旅游的发展趋势

2021年是"十四五"的开局之年,文旅产业将重整旗鼓再出发,重构格局,实现高质量发展,不仅将撬动国民经济结构的转型升级,也将为"文化强国"建设提供有力支撑。2023年中国旅游业迎来了空前的发展,经文化和旅游部数据中心测算,2023年"五一"假期,全国国内旅游出游合计2.74亿人次,同比增长70.83%,按可比口径恢复至2019年同期的119.09%;实现国内旅游收入1480.56亿元,同比增长128.90%,按可比口径恢复至2019年同期的100.66%。从宏观视角来反观中国文化旅游业的发展,几个趋势值得关注。

(一)供给优质产品,促进国内大循环

夜色中点亮的黄鹤楼脚下,大鼓、二胡、琵琶奏响勇士曲,5D技术呈现出的飞鸟、锦鲤、龙门——精彩亮相,带来穿越时空的音画对话,为武汉传统文旅地标增添了新符号。几个月来,光影演出《夜上黄鹤楼》一跃成为武汉新的热门旅游打卡项目,为夜间旅游市场打开新窗口。与此同时,武汉用文旅消费券提振消费信心,经济复苏成效显著。武汉也因此成为文化和旅游部、国家发改委、财政部公布的第一批15个国家文化和旅游消费示范城市之一,为全国的文化消费做出示范。从"消费券"到"购物节",各地因地制宜、改革创新、特色发展,探索"新招",积极培育壮大文化和旅游消费新业态新模式,全面提升文化和旅游消费质量和水平。

文化旅游消费与普通商品消费最大的区别是直指精神和心灵,剧场演出、博物馆、视觉艺术、音乐、电影、节庆活动、体育休闲和旅游等,都直接反映居民幸福体验和生活质量。中国文化和旅游发展"十四五"规划中明确提出,"推动文化和旅游融合发展,建设一批富有文化底蕴的世界级旅游景区和度假区,打造一批文化特色鲜明的国家级旅游休闲城市和街区",这意味着要全面满足群众对美好生活的新需要。一个鲜明的趋势是,在优质文旅产品的供给中,愈加强调用市场去配置资源,进一步激发中国国内文化创造活力,通过文化精品的消费,最终促进优秀传统文化的传承发展、红色文化的继承弘扬、创新文化的激情迸发。

(二)"上云用数赋智",顺应数字化大趋势

2021跨年晚会成为一个"破圈"的文化现象。哔哩哔哩(bilibili)平台人气峰值高达2.5亿,可用"人气爆棚"来形容。最让人惊艳的是,舞台上,昆曲、秦腔、评剧、川剧、河北梆子、京剧等传统元素与当代舞美艺术融合,不拘一格,大胆创新,展现数字文娱强大的创造力。

新生代在互联网大潮中乘风破浪,传统文化机构也随机应变,纷纷上云、用数、赋智,加大新媒体、年轻化传播。在疫情的冲击下,线上演出成了传统演出行业不约而同的选择。从最初筛选"库存"影音资料播放到主动推出全新作品,线上演出逐步转型,成为艺术机构

逆势而上的全新突破点。疫情期间,中山公园音乐堂首先在微信上推出了86期"线上音乐会",还把延续多年的暑期艺术品牌"打开艺术之门"也搬至云端;国家大剧院的线上直播成为常态,"4K+5G"的技术提升,使古典音乐、原创舞剧都可在"空中剧场"欣赏,扩大了传播的广度,让艺术与观众隔空相伴。

可见,疫情加速了文化产业数字化转型,倒逼传统文化产业向在线化、数字化、智能化发展。云展览、云演出、云论坛层出不穷。随着文化和科技融合成为大趋势,丰富的文化资源构成科技发展的重要内容支撑,科技进步也推动着文化形态和内容更新。未来已来,互联网深刻改变着文化旅游产品的生产和消费模式,在提升效率的同时,重构了商业模式和组织形式。在全新的数字生态中,文化旅游愈加依赖不同的算法、玩法和活法。因此,适者生存,唯有开放思想,广泛合作,才能开创共赢之路,扩大文化旅游的受众圈和影响力。

(三)文化同根同源,融入区域大发展

"到2025年,人文湾区与休闲湾区建设初见成效;到2035年,宜居宜业宜游的国际一流湾区全面建成",2020年岁末,文化和旅游部、粤港澳大湾区建设领导小组办公室、广东省人民政府联合印发《粤港澳大湾区文化和旅游发展规划》。11个专栏36个项目,统筹推进粤港澳大湾区文化和旅游发展,明确了塑造湾区人文精神、推动文化繁荣发展、促进中外文化交流互鉴、优化旅游市场供给等几方面任务,推动粤港澳大湾区的新发展。

粤港澳大湾区、"一带一路"建设、京津冀协同发展、长三角一体化发展、长江经济带发展、黄河流域生态保护和高质量发展、成渝地区双城经济圈七大区域发展战略中,无形的"文化"举足轻重:文化同根同源,增强区域合作的凝聚力;文化培根铸魂,找到共同发展的向心力;文化赋能助推,放大区域协同的竞争力。一个显著的趋势是,随着长城、运河和长征三大国家文化公园的渐次落地,文旅融合的发展空间愈加广阔,中华大地上文旅实践基地也愈加丰富。

(四)文化点石成金,振兴乡村大产业

贵州松桃苗族自治县松桃苗绣的代表性传承人石丽平,靠"非遗扶贫就业工坊"培养了近1万多名绣娘,带动了28个乡镇的3 800名妇女就地就近就业,实现了"守着娃,绣着花,养活自己又养家",激发了贫困群众脱贫攻坚的内生动力。由于脱贫效果突出,石丽平荣获2020年全国脱贫攻坚奖奉献奖。

在精准扶贫的攻坚战中,中国在国家级贫困县已设立非遗扶贫就业工坊近1 000家,这些工坊为当地的脱贫攻坚贡献了力量,也成为乡村旅游和乡村振兴的突破口。"十四五"期间,随着消费需求的变化,乡村旅游也在持续升级:第一阶段是看田和吃饭的"农家乐",第二阶段是游玩和放松的"乡村休闲",第三阶段是民宿和体验的"乡村度假",第四阶段是居住和生活的"乡村旅居",吸引更多年轻人、艺术家走进乡村,让乡村更有活力,文化点石成金的魅力逐步彰显。融入现代传播,直播带货、短视频记录让农村乡野生活跃然屏上,人们可以隔屏欣赏田园风光,可一键下单采购农副产品,城乡的距离如此接近。文化IP融入村味、村品、村艺、村趣,创意点燃乡村,旅游者既可以感受田园风光,又可以体味未曾远去的"乡愁",让绿水青山变成金山银山。乡村既成为城里人诗意的"栖息地",又成为农民致富的"聚宝盆"。

（五）讲好中国故事，服务文化强国大战略

千年瓷都景德镇依旧是全世界陶艺家的"圣地"，每年来到景德镇的外国艺术家超过5 000人。这些"洋景漂"在疫情期间依然情牵景德镇，虽然不能来到中国，有的通过视频参与线上教学和设计；有的在云上下单，让国内人才帮助进行产品研发和销售；有的还入驻线上陶溪川·景德镇国际工作室，通过直播讲座和线上艺术品商城等，拓展展示交流创作的新空间。

"洋景漂"因为传统手工制瓷技艺而情牵景德镇，自发对中国文化产生向往；而景德镇的吸引力不仅在于陶瓷本身，更在于基于手工制瓷业衍生出的独特中式生活方式。可见，文化以润物无声的方式，凝聚了全世界喜欢陶瓷的艺术家。类似于"洋景漂"的国际文化传播形式，不仅是向国际社会展示民族文化的重要渠道，更承载着国家形象、对外开放、贸易投资、经济效益、文化安全、寻求共识等方面的希望，为构建人类命运共同体贡献着文旅力量。

第二节　红色旅游

一、红色旅游的概念

2004年12月，中共中央办公厅、国务院办公厅颁发的《2004—2010年红色旅游发展规划纲要》指出："红色旅游，主要是指以中国共产党领导人民在革命和战争时期建树丰功伟绩所形成的纪念地、标志物为载体，以其所承载的革命历史、革命事迹和革命精神为内涵，组织接待旅游者开展缅怀学习、参观游览的主题性旅游活动。"根据上述界定，中国现阶段的红色旅游具有8个"特"：一是特定载体，指以中国共产党领导人民在革命和战争时期建树丰功伟绩所形成的纪念地、标志物；二是特定内涵，中国共产党领导人民在新民主主义革命和战争时期建树丰功伟绩的革命历史、革命事迹和革命精神；三是特定目的，思想政治教育、发展经济、传播先进文化等；四是特定形式，主题性文化旅游和专项旅游活动；五是特定群体，全国人民、特别是党政干部、青少年学生以及国际友人；六是特定的革命和战争，无产阶级通过中国共产党领导的新民主主义革命和战争；七是特定的时间段，1921年中国共产党成立—1949年新中国建立；八是特定的地理空间，中国大陆有12个重点旅游区、30个精品线路和100多个经典景区(点)。

【拓展阅读】

"南湖·1921"红色旅游列车正式开通

清晨的一束阳光，穿过复建的1921年老站房。伴随着"呜呜"的鸣笛声，一列特殊的火车驶进站台。

100年前，中共一大代表们坐着火车从上海转移到嘉兴，在南湖的一艘画舫上，宣告中国共产党正式成立。100年后，2021年6月25日上午，承载着百年历史记忆的嘉兴火车站重新启用。新时代"重走一大路"暨"南湖·1921"红色旅游列车正式开通。

"我们1∶1复原了1921年嘉兴火车站的老站房。老站房居中，新站房通过下沉降低建筑高度，在老站房两翼延伸，既体现出对历史的敬畏，又实现了历史、当下与未来的对话。"嘉兴市相关负责人说。

此次复建的嘉兴火车站老站房，由21万块青红砖组成，以取自南湖的湖心泥为原料，用嘉善干窑的千年炉火烧制，其上篆刻"建党百年·2021"字样；复建的老站房内布置展览，重点展示了中共一大代表们从上海转移到嘉兴后召开中共一大南湖会议的相关历史。

复古的另一面是时尚。环绕着老站房的新站房，充满了未来科技元素和生态环保理念。嘉兴市文旅局相关负责人表示，新站立足打造更富人文情怀的城市公共空间。屋顶铺装了约1.2万块光伏组件，预计年发电量110万度；"下沉式"候车厅采用全玻璃幕墙引进自然光线，公园的森林绿地覆盖车站的广场……就在嘉兴火车站重启的同一天，上海至嘉兴的红色旅游列车正式开通。通过该主题列车，牢牢串联起了上海中共一大会址、中共一大纪念馆、博文女校旧址与嘉兴火车站复建老站房、狮子汇渡口旧址、南湖红船、南湖革命纪念馆等红色资源。

资料来源：俞菀，崔力."南湖·1921"红色旅游列车正式开通.新华社客户端，2021-06-25

二、红色旅游的意义与价值

（一）道德教育价值

红色旅游有助于推进爱国主义教育。开展红色旅游是爱国主义教育和革命传统教育的重要形式。可以使成千上万革命前辈和先烈可歌可泣、惊天动地的事迹感染广大人民群众，使人们更好地继承革命传统，抵制腐朽思想和文化的侵蚀。革命先辈们高尚的爱国主义情操和大无畏的革命英雄精神是一笔宝贵的精神财富，引导广大人民群众热爱党、热爱祖国、热爱社会主义。

红色旅游有助于促进人们的道德建设。红色旅游把老一辈革命家艰苦创业的精神继续发扬光大，弘扬中华传统美德，为社会主义现代化建设提供强大的精神动力，使全国人民在社会正气的环境中始终保持昂扬向上的精神风貌，这对提高我国公民的思想道德水平有着正向推动作用。

红色旅游有助于提升人们的荣辱观。红色旅游以独特的价值对人们树立社会主义荣辱观起着重要的作用。遍布全国各地的红色旅游区都蕴涵着丰富的革命精神和厚重的历史文化内涵，每一处革命遗迹、每一件珍贵文物都折射出革命先辈的崇高理想、坚定信念、和高尚品质，这对人们树立正确的理想信念，养成良好的道德品质和文明行为有很大作用。

（二）社会经济价值

随着红色旅游由事业接待型向支持地方经济发展的旅游产业型的转变，红色旅游作为区域(尤其是革命老区)经济发展的"增长点"作用将愈加显著。第一,开发红色旅游有助加快改善属地的基建条件,直接推动了革命老区的饮用水安全、道路、厨厕改造、农村能源等投入,完善电力、电信、通信等设施。伴随老区逐步改善饮水难、用电难及行走难等现状,制约区域发展的瓶颈渐渐会消除,促成老区整体发展经济、文化。第二,开发红色旅游能加快产业升级,带动区域经济整体发展,使得红色资源成为经济新亮点。第三,开发红色旅游需对革命传统宝贵遗留与独特自然资源善加利用,促成老区实现产业扶贫,让其由造血功能代替输血功能。对那些红色旅游资源相对零星、单一的地区,积极发展红色生态旅游、红色农业休闲游、红色地质旅游、红色民俗旅游等复合型旅游形态,能够深化旅游产业链,满足旅游者的多重需求,从而使旅游这个主导产业能得以持续发展。

【拓展阅读】

红色旅游是保护和传承红色遗产的重要途径

近年来,中国红色旅游发展迅速,成为旅游市场一大亮点,每年吸引数以亿计的旅游者游览和参观体验。红色旅游这种寓教于游的模式不仅唤起了中老年群体的历史记忆,也博得了"80后"和"90后"群体的喜爱。某在线旅游平台发布的《2018年度红色旅游消费报告》对2018年度红色旅游市场消费特征和用户消费习惯进行了总结分析,数据显示,国内红色旅游旅游者的平均年龄为33岁,年轻化趋势明显。

随着历史的久远,一些红色遗产正在渐渐被遗忘和破坏,特别是在城市建设、乡村改造以及自然环境的变迁中,一些红色遗产濒临消失。红色遗产不仅是国家的重要财富,也是重要的旅游资源,保护红色遗产成为发展红色旅游的重中之重。红色旅游是以具有红色基因的纪念地、标志物为载体,以红色基因所承载的革命历史、革命事迹和革命精神为内涵,为旅游者缅怀先烈、参观游览、体验历史、学习红色文化而开展的主题性旅游活动。因此,保护红色遗产是红色旅游的重要内容,传承红色基因是红色旅游的主要任务。近年来,许多地方通过发展红色旅游,带动了经济社会发展,同时也有效地保护了红色遗产。因此,发展红色旅游是保护、传承和弘扬红色遗产极为有效的重要途径。

1. 发展红色旅游对红色遗产的保护起到了积极的作用

随着中国经济社会的持续快速发展,在红色遗产保护上,一方面,一些地方由于缺乏保护的理念,一些红色遗产在经济开发中被损毁;另一方面,大量红色遗产在偏远贫困地区,由于这些地区经济欠发达,缺乏资金、人才、技术等,遗产保护环境不甚理想,遗产的现状令人担忧。通过发展红色旅游既可以缓解资金不足的问题,也可以带动偏远地区发展;既可以保护珍贵的红色遗产,也可以通过发展旅游脱贫富民,从而形成良好的生态循环,有效地保护红色遗产。例如,井冈山市充分发挥"红色吸引人、精神感染人、绿色留住人"的红色旅游资源优势,在对红色遗产进行保护的基础上,围绕"红色摇篮、生态井冈、精神家园"为主题的多彩井冈山旅游品牌,不断开拓创新,砥砺前行,在全国率先脱贫"摘帽",起了示范,树了标杆,带了好头,不仅对井冈山红色遗产进行了有效保护,更成为红色旅游助推革命老区脱贫攻坚的一个缩影。

2. 红色旅游核心是进行红色教育和传承红色基因

2015年2月,习近平总书记在陕西考察时指出:"发展红色旅游要把准方向,核心是进行红色教育、传承红色基因,让干部群众来到这里能接受红色精神洗礼。"红色旅游是弘扬主旋律、传播正能量的重要形式和途径,通过红色旅游可以加强革命传统教育,增强全国人民特别是青少年的爱国情感,弘扬和培育民族精神。进行红色教育、传承红色基因要发挥旅游产业优势,将革命传统教育与旅游开发有机结合,贴近实际、贴近生活、贴近群众,通过政府组织引导、社会积极参与和市场有效运作,加强重点项目建设,改进和完善薄弱环节,全面提升红色旅游开发和管理水平,促进红色旅游持续快速健康发展。

3. 红色旅游是弘扬和培育革命传统的重要途径

红色旅游具有不可比拟的教育宣传功能,对青少年成长具有重要意义。以旅游为手段,学习和旅游呼应,营造出自我启发的教育氛围,达到"游中学、学中游"润心无声的境界。中国共产党在长期革命斗争实践中形成的井冈山精神、长征精神、延安精神和西柏坡精神等都是民族精神在特定历史时期的升华,是中华民族的宝贵精神财富。弘扬革命传统是新时期对广大人民群众提出的新要求,充分利用革命传统教育基地和爱国主义教育基地等红色资源优势,发展红色旅游,是革命传统教育和爱国主义教育的新形式。各地在开展红色遗产保护、开发和利用时,首先,要对红色遗产资源进行调研排查,摸清红色遗产的基本情况,对不同时期的资源进行分类、评价,形成红色遗产资源体系。其次,要科学制定红色遗产开发利用规划,指导有关地方和机构将红色遗产开发成为红色旅游产品。要深入发掘红色旅游中的历史人物故事,贴近群众和生活,产生亲和力,让红色旅游成为有吸引力、大众愿意参与的旅游项目。最后,既要重视物质红色遗产的保护,也要重视非物质红色遗产的传承,如重要事件、故事、人物、史料等。

资料来源:王昆欣. 红色旅游是保护传承红色遗产的重要途径. 中国旅游报,2019-08-21

三、红色旅游的发展趋势

红色文化是红色旅游发展的灵魂,这是红色旅游发展遵循的根本原则。目前,红色旅游供给结构、消费结构、产品结构都发生了变化,更多元、更融合、更精细、更具时代性的红色旅游产品层出不穷。

(一) 开发融合联动化

开发融合联动化主要体现在6个方面。一是产业融合,与工业、农业等产业的联动发展;二是产品和线路融合,红色为引,与绿色、蓝色、黄色等多维产品的融合;三是精神融合,将红色精神与社会主义核心价值观的融合,焕发新时代建功立业的精神活力;四是空间融合,全面整合旅游资源,从地域类型、产品类型等方面加强区域合作,提升发展效率;五是科技融合,将科技手段融入旅游发展中,增强红色文化传播的效应;六是层面融合,从区域一体化、全域旅游、文旅融合等更为宏观的层面来发展红色旅游业,跳出旅游发展旅游。

(二)消费主力年轻化

近几年来,红色旅游人数保持高速增长,全国红色旅游接待人数已从2010年的4.3亿人次上升到2017年的13.24亿人次,红色旅游业已成为旅游产业的一个重要板块。值得注意的是,以往偏中老年旅游者为主要消费群体的红色旅游,正在受到越来越多年轻人的青睐,年轻人渐成主力人群是红色旅游的一个较显著变化。近两年国内红色旅游的主要客群由"60后""70后"向"80后""90后"转移的趋势更加明显,数据显示,红色旅游的旅游者中,"80后""90后"和"00后"的占比在40%左右,而"60后"和"70后"旅游者占比则呈下降趋势。现状表明,红色旅游在时代特色、意义内涵等方面的特殊性已经对年轻人产生了更深的吸引,随着红色旅游产品体系逐渐多样化,越来越能够契合不同旅游者类型的需求,红色旅游消费主力仍继续呈现年轻化的发展态势。

(三)红色旅游投资增速提升

2015—2017年,全国红色旅游接待旅游者累计达34.78亿人次,综合收入达9 295亿元。在国家发改委、文化和旅游部等14部委联合公布的300个红色旅游经典景区中,共有229个景区进入三期建设方案,占比达76.3%。2018年上半年,红色旅游市场活跃,红色旅游重点城市及景区接待旅游者4.84亿人次,占国内旅游总人数的17.13%,实现旅游收入2 524.98亿元,按可比口径同比增长5.73%。红色旅游在全国拥有广泛的群众基础,随着投资增速持续提速,发展空间广阔。与此同时,红色旅游媒体报道和网民关注持续走高,整体舆情热度全面攀升,营造了良好的舆论基础。红色旅游在各个自媒体平台中信息量也快速提升,自媒体已成为红色旅游宣传推广的重要阵地。

第三节 乡村旅游

一、乡村旅游的概念

传统的乡村旅游出现在工业革命后的欧洲,伴随着来自农村的欧洲城市居民以"回老家"度假的形式出现。虽然传统的乡村旅游对当地会产生一些有价值的经济影响,并增加了城乡交流的机会,但它与现代乡村旅游有很大的区别,主要体现在传统乡村旅游活动主要在假日进行,没有有效地促进当地经济发展。此外,传统的乡村旅游也没有给当地增加就业机会和创造投资环境。实际上,传统的乡村旅游在世界许多发达国家和发展中国家都广泛存在,在中国常常把这种传统的乡村旅游归类为探亲游。

现代乡村旅游是在20世纪80年代出现的,在20世纪90年代以后发展迅速。现代乡村旅游的旅游者的动机明显区别于回老家的传统旅游者。概括而言,现代乡村旅游对农村经济的贡献不仅仅表现在给当地增加了财政收入,还表现在给当地创造了就业机会,同时给当地传统经济注入新的活力。现代乡村旅游对农村的经济发展有积极的推动作用,随着具有现代人特色的旅游者迅速增加。现代旅游已成为发展农村经济的有效手段。

目前,国内外学术界对乡村旅游还没有完全统一的定义。我国学者一般认为,乡村旅游是以农民为经营主体,以农民所拥有的土地、庭院、经济作物和地方资源为特色,以为旅游者服务为经营手段的农村家庭经营方式。实际上是一种"农家乐"的概念。2020年在贵州举行的乡村旅游国际论坛上,中国的专家学者们形成了较为统一的意见,指出中国的乡村旅游至少应包含以下内容:一是以独具特色的乡村民俗文化为灵魂,以此提高乡村旅游的品位丰富性;二是以农民为经营主体,充分体现"住农家屋、吃农家饭、干农家活、享农家乐"的民俗特色;三是乡村旅游的目标市场应主要定位为城市居民,满足都市人享受田园风光、回归淳朴民俗的愿望。

二、乡村旅游的意义与价值

20世纪90年代以来,中国乡村旅游开始兴起。进入21世纪,乡村旅游已进入一个全面发展的时期:旅游景点增多,规模扩大,功能拓宽,分布扩展,文旅资本下乡频密。从中国发展来看,乡村旅游在解决"三农"问题上,其经济价值和社会意义至少表现在以下6个方面。

(一) 拓宽农民增收渠道

乡村旅游是一种充分利用农村资源开展的旅游活动。其依托的资源主要是城市周边以及比较偏远地带的自然景观、田园风光和农业资源,这些资源的所有者和创造者都是农民。乡村旅游强调当地社区和农民的参与。通常,一个乡村旅游景区的发展历程就是当地农民直接参与旅游业发展、改变自身经济发展模式的过程。

(二) 吸收农村剩余劳动力

农村产业结构单一,农民就业极不充分,长期处于"隐性失业"状态,造成了大量的农村剩余劳动力。这之中,既有总量剩余,也有季节剩余。旅游业的乘数效应可以让农民在既不离乡也不离土的情况下再就业。例如,在节假日开展的乡村旅游活动,已成为许多城市居民周末生活中不可缺少的部分。乡村旅游的发展保证了农民在农忙时也能够获取收益,农村剩余劳动力得到有效利用,也消除了一些社会不安定隐患。

(三) 带动第三产业发展

乡村旅游植根于农村,与农业生产息息相关。发展乡村旅游,农产品销售可以直面消费者,产品可以跳过流通环节直接到达消费者手中,解决了当地农业产业化中购销体制不畅等难题。旅游需求还直接增加了农产品的需求量,提高了农业附加值,推动了农村产业结构调整,为发展农业产业化经营提供了一个很好的平台。

(四) 改善农村人居环境

大部分旅游者对旅游过程中卫生状况、接待能力、服务水平、安全保障等十分关注,这必然促使乡村旅游景区加大基础设施投入改善人居环境、健全农村社会化服务体系(如给排水建设、美化洁化、道路改善、住房改造、卫生厕所建设、生活垃圾处理等),从而使当地居民客观上享受到现代化生活。

(五) 促进城乡精神文明对接

在旅游过程中,农户必然参与到旅游者的高品质精神追求中去,这无形中丰富了属地居民的精神文化生活。近年来，中国许多地区为提高接待服务水平，举办了形式各异的乡村旅游培训班、服务品质提高班、营销能力培训班，有效地提高了农民的素质。

（六）有利于保护原生态文化

乡村旅游中生态环境是吸引旅游者的最初动因，保持和突出农村自然特色及其原始、淳朴的风情是乡村旅游景区的基本条件，也是村民的首要职责。在规范的乡村旅游开发中，通过深入挖掘、拯救、复原、宣传等一系列活动，原本鲜为人知、已濒临绝迹、不可再生的历史传统得以发扬光大。旅游开发使当地居民认识到了历史文化的价值，增强了自豪感，激发了他们保护自身传统文化和生态环境的自觉性。

【拓展阅读】

陕西袁家村的乡村旅游发展之路

陕西省礼泉县袁家村在乡村旅游方面的出色表现——全村只有286人，年接待旅游者600多万人次，旅游年收入10亿元，村民人均年收入10万元以上。

袁家村没有什么历史文化资源，也没有什么特别的景点。是什么吸引着万千旅游者源源不断地涌向这个关中的小村子？很多到过袁家村的旅游者，也很难讲清楚，但总能在那里感受到一种"乡村文化的磁场"。

原来，袁家村旅游把关中民俗作为主题。保留乡村文化遗产，重新挖掘并展现几乎消失的传统元素，是袁家村塑造怀旧空间氛围、重建乡村景观的重要手段。走进袁家村，青砖灰瓦、雕梁画栋的传统建筑鳞次栉比，小巷两边全是特色十足的手工作坊和店铺，有油坊、醪糟坊、豆腐坊、辣子坊、面坊、茶坊、醋坊、布坊、药坊……传统农具、大车、石槽、磨盘、拴马桩等老物件点缀于村内各个角落。袁家村对各种乡村"古物"的利用，烘托出乡村的原始风貌。这些看似毫无价值，甚至被遗弃的乡村老物件，已经成为袁家村乡土文化的象征符号。

资料来源：陈泉.乡村旅游：除了田园农庄，不妨再多点文化风情.新华网，2020-10-11

三、乡村旅游的发展趋势

乡村旅游作为一种新业态的旅游形式，为国民经济增长注入了源源不断的生机与活力，结合当前乡村经济建设实际，乡村旅游发展趋势可以概括为下述4个方面。

（一）乡村旅游常态化

随着城市化进程的不断发展，城市居民对休闲旅游的需求逐年增高，其为现代乡村旅游创造了良好的条件。繁忙、快节奏的都市人群愈加需要在工作之余得到休闲和放松的机会。在消费升级带动下的城市微旅游市场迅速崛起以及在国家政策的导向下，乡村旅游成为旅游业改革创新的重点。未来，城市近郊、省内乡村的高频出游将成为中国公民出行的常态。

（二）乡村旅游特色化

当下的乡村旅游产品同质化严重，旅游者感觉缺乏新意而难以保持故地重游的热情。为此，各地需要深挖当地民俗的文化内涵，将自身文化特色作为乡村旅游主打点，开发出具有创新性的旅游产品。现代乡村旅游产品要进行多维度创新，为市场提供多元化的乡村旅游产品，满足人们日益增长的个性化旅游需求。在现代乡村旅游发展过程中，要兼顾静态田园风光、动态乡村风情以及劳作实践体验等，丰富旅游者的旅游体验。特色乡村旅游成型，乡愁文化旅游、精致民俗文化旅游以及红色旅游等乡村特色旅游将成为发展趋势。

（三）乡村旅游产业化

作为农村经济增长的重要组成部分，乡村旅游呈现出产业化特点，传统以个体农户自主经营的旅游产业转变成由专业经营者组织的契约性经营模式，呈现出横向一体化集群发展态势，促进了产业链条功能的完善。乡村旅游要素由观光为主向商贸、文创、休闲、体验和度假转变，乡村旅游呈现"多元化"发展态势。同时，拓展乡村旅游与其他相关产业的关联度，发展配套产业，形成旅游相关产业链或文化旅游、体育旅游、工业旅游、农业旅游、水上旅游、商业旅游、研学旅游等跨行业整合，将乡村旅游业从单一类型向复合型转变。

（四）乡村旅游品质化

随着社会生产要素的优化整合以及技术管理水平的不断提升，现代乡村旅游产品质量稳步提升，为乡村经济建设注入了源源不断的动力。同时，随着未来乡村旅游市场的消费需求得到释放，未来中国乡村旅游市场的服务能力、接待水平等整个服务水平将得到很大的提升。可以预见的是，中国乡村旅游市场规模和乡村旅游产业丰富度也将再上一个台阶。

第四节 体 育 旅 游

一、体育旅游的概念

中国的体育旅游业是在党的十一届三中全会以后，伴随着旅游业的发展而逐步发展起来的。它以登山旅游为先导，逐步扩展到江河漂流、汽车拉力赛、热气球等其他运动项目及组织观看大型国内外体育比赛的体育旅游活动。20世纪90年代初以来，中国的体育旅游规模以年均30%至40%的速度在持续增长。2001年，原国家旅游局与国家体育总局合作，将2001年的旅游主题定为"中国体育健身游"。"中国体育健身游"主要包括两大类体育旅游活动：一类是各地具有代表性的大型体育健身旅游活动（如内蒙古那达慕大会等）共有602项；另一类是专门体育健身旅游产品（如登泰山、环青海湖自行车挑战赛、长城—珠峰驾车远征、吉林长白山大峡谷漂流探险等）共80个专项。体育旅游年活动，为推动中国体育旅游业的发展奠定了良好的基础。近年来，休闲体育、极限运动、自然体育的兴起，也为体育旅游市场创造了更多的发展机遇。作为一种较特殊的旅游形式，体育旅游既要求有便捷的交通条件、良好的旅游配套设施和一定观赏价值的景观点，又需要适合开展各种体育活动的自然资源。其特点可概括如下：

（1）体育旅游的访问地比较固定，体育旅游者一般访问目的地较明确，并且到目的地后一般活动范围不大。

（2）体育旅游一般在一地停留的时间相对较长。

（3）体育旅游更强调参与性，一般不需导游。

（4）体育旅游具有明显的健身、休闲、疗养功能。

（5）体育旅游具有较强的专业性。

本书依据人们参与体育旅游的目的，对体育旅游进行了分类（见表5-1）。

表5-1 体育旅游的分类

主类	亚类
休闲体育旅游	垂钓、荡秋千、徒步赏花、打保龄球、戏水等
健身体育旅游	登山、自行车、划船、游泳、滑草等
刺激体育旅游	攀岩、蹦极、探险、漂流、滑雪、速降、定向越野等
野战体育旅游	野战游戏、狩猎、滑翔、射击、跳伞等
节庆体育旅游	中国郑州国际少林武术节、中国焦作国际太极拳年会等
竞技体育旅游	参与各种体育竞赛，如奥运会、全运会、邀请赛、对抗赛等
观光体育旅游	观看体育赛事、观看体育表演、观看体育娱乐活动等

二、体育旅游的意义与价值

目前全球体育旅游产业的年均增速在15%左右，是旅游产业中增长最快的细分市场。据不完全统计，中国体育旅游的市场正在以30%至40%的速度快速增长，远远高于全球体育旅游市场的平均增速。从全球来看，体育旅游细分市场在旅游市场中的占比存在明显差异。发达国家体育旅游的占比是25%，远远高于中国体育旅游市场占比的5%。因此，从差异化的占比中可以看出中国体育旅游处于起步阶段，未来随着体旅融合的加速，体育旅游市场占比会不断提升，交集将会越来越大。中国体育旅游仅占旅游行业的5%，而发达国家占20%，旅游产业总值达到4万亿元。显然，未来体育旅游还将有更加可期的发展空间。尤其是随着2022年冬季奥运会、亚洲运动会在中国的举办，将极大地推动体育和旅游在更大、更深范围的融合。发展体育旅游有如下两大意义。

（一）体育旅游有利于资源的最大化利用

体育赛事与生态旅游资源紧密结合的模式，成为近年来各地办赛的通行路径。官方数据显示，2016年1至4月，全国各地举办了311场大型体育赛事，观赛和参赛者共计338万人，由赛事产生的旅游、交通、餐饮等消费达119亿元，对举办地的经济拉动超过300亿元。

从需求侧来看,随着国民生活水平提升和消费升级,户外休闲、群众性体育活动,正在成为人们的自发性需求。旅游正从传统的观赏性旅游向体验型旅游发展。有鉴于此,"体育+旅游"融合发展已成为一种趋势和潮流。

(二)体育旅游有利于提高重游率

一般观光性旅游主要是为满足旅游者的视觉需要,故地重游的现象很少。这是因为在观光过程中,同一目的地的旅游资源相似、相近,不易再次引起旅游者的注意力,其探新求异的身心需求难以被激发。体育旅游有别于一般的观光旅游,它更具有招徕旅游者的作用。原因在于,第一,锻炼身体、保健康复是目前人们生活中关注的焦点,体育旅游以其独特的健身性、保健性符合并满足人们的追求;第二,体育旅游是一种参与度较高的活动,更能激发游客的兴趣;第三,体育与旅游的时尚感强,两者的结合更容易受到各年龄段人群的青睐。

【拓展阅读】

体育旅游的意义与价值

体育是发展旅游产业的重要资源,旅游是推进体育产业的重要动力。大力发展体育旅游是丰富旅游产品体系、拓展旅游消费空间、促进旅游业转型升级的必然要求,是盘活体育资源、实现全民健身和全民健康深度融合、推动体育产业提质增效的必然选择,对于培育经济发展新动能、拓展经济发展新空间具有十分重要的意义。

当前中国进入全面建成小康社会的决胜阶段,人民群众多样化体育运动和旅游休闲需求日益增长,体育旅游已经成为重要的生活方式,产业发展已经形成了一定的市场规模,取得了一定的经济效益和社会效益。但体育旅游总体供给不足、产品结构单一、基础设施建设滞后、体制机制不顺等问题仍然比较突出。需要旅游部门和体育部门加强合作,创新工作方式,形成工作合力,充分调动社会各方面的积极性,加快培育体育旅游消费市场,持续优化体育旅游供给体系,不断提升体育旅游在旅游产业和体育产业中的比重,充分发挥体育旅游对"稳增长、促改革、调结构、惠民生"的重要作用。

资料来源:国家体育总局官网

三、体育旅游的发展趋势

(一)体育旅游品牌化发展

随着各项国际体育赛事的举办、国内各项赛事日趋完备的体系和逐渐提升的影响力,国内体育旅游不断向品牌化、IP化发展,这个品牌化不仅仅包括专业的竞技赛事,还包括了参加竞技的运动员以及体育娱乐活动等内容。例如,影响力不断扩大的中国职业篮球联赛、中国网球公开赛等,都在朝着体育旅游品牌化方向发展。

(二)与互联网的关系越来越紧密

截至 2020 年 6 月,中国网民数量已达 9.4 亿,手机上网人群的占比达 98.3%,互联网已经成为人民生活中必不可少的一部分。在"互联网+"的影响下,人们可以通过线上的方式参与到体育旅游中来,无论是通过线上观看体育赛事还是通过虚拟旅游等手段体验体育旅游,都让体育旅游与互联网的联系越来越紧密。

(三)小众体育旅游热度不断上升

随着人民生活水平的不断提升和体育服务设施的完善,越来越多的小众体育旅游项目出现在大众视野,跳伞、攀岩、射击等成为越来越多人参加体育旅游的选择。此外,2017 年,中国参加过至少一次户外运动的人数已达 1.3 亿至 1.7 亿,经常参加山地户外运动的人口达到 6 000 万至 7 000 万人,小众运动、户外运动越来越受欢迎。

(四)休闲娱乐元素越来越多

随着国人消费水平和消费结构的变化,休闲化、娱乐化产品正在成为人们消费的主要内容,而体育旅游也正在朝着休闲娱乐的方向转变。跑酷、电子竞技等带有休闲娱乐元素的体育旅游产品越来越多地进入人们的视野,并受到更多人的喜爱。

(五)运动时尚潮流兴起

随着国内兴起的全民健身热潮,运动除了有利于健康,更成为一种时尚,运动与时尚结合的也愈发紧密。例如,近几年较火的智能手环、智能手表、智能运动鞋等人工智能穿戴产品,被越来越多的人运用到运动中去,成为一种新的运动时尚潮流。

(六)青少年的运动带动家庭消费

随着国家对青少年的健康越来越关注,青少年参加的各项运动夏令营、游学等活动越来越多,这也带动了整个家庭在运动休闲方面的消费。近年来,以家庭户外运动、家庭休闲运动为核心特征的体育旅游和运动休闲旅游十分火爆。

(七)度假体育成为重要的发展方向

世界旅游组织的数据表明,当一个国家人均 GDP 到达 5 000 美元时,会进入成熟的度假经济时期。这一时期,体育旅游会呈现"井喷式"的发展态势。当人均 GDP 为 8 000 美元时,体育便成为国民经济支柱产业。根据世界银行的数据,中国早在 2011 年人均 GDP 就超过了 5 000 美元,在 2022 年已经达到 12 741 美元,休闲度假旅游需求越来越多元化。随着人们对健康的关注,以度假体育为代表的体育旅游新领域将迭代出现。

第五节 研学旅游

一、研学旅游的概念

研学旅游是指由学校根据区域特色、学生年龄特点和各学科教学内容需要,组织学生通过集体旅行、集中食宿的方式走出校园,在与平常不同的生活中拓宽视野、丰富知识,加深与自然和文化的亲近感,增加对集体生活方式和社会公共道德的体验活动。研学旅行继承和发展了中国传统游学、"读万卷书,行万里路"的教育理念和人文精神,是新时代素质教育的新内容和新方式,有助于提升中小学生的自理能力、创新精神和实践能力。

鉴于研学旅游以"研学"为目的,我们不难总结研学旅游的范畴,即:无论是自然知识、人文知识,还是社会知识,均应纳入研学旅游的内容当中。但需要注意的是,研学旅游应按照一个特定的主题对研学内容进行归类和整合,以迎合不同的研学需求。按照资源类型分,研学旅行产品可分为知识科普型、自然观赏型、体验考察型、励志拓展型、文化康乐型等类型。

(1) 知识科普型。主要包括各种类型的博物馆、科技馆、展览馆、动物园、植物园、历史文化遗产、工业项目、科研场所等资源。

(2) 自然观赏型。主要包括山川、江、湖、海、草原、沙漠等资源。

(3) 体验考察型。主要包括农庄、实践基地、夏令营营地或团队拓展基地等资源。

(4) 励志拓展型。主要包括红色教育基地、大学校园、国防教育基地、军营等资源。

(5) 文化康乐型。主要包括各类主题公园、演艺影视城等资源。

二、研学旅游的意义与价值

(一) 提高科学素养

研学旅游过程中,组织者组织学生参观自然保护区、国家森林公园及湿地保护公园等景观,培养学生研究地质地貌、生态环境的科学方法和探究精神,帮助学生了解各类自然植被和珍稀动物。

(二) 提升人文素养

学生在学校学习期间阅读背诵大量中国古诗词,研学旅游组织者可开展"带着课本去研学"等相关体验式活动,例如带领学生游览长江三峡的同时阅读刘白羽的《长江三日》,游览武隆胜景的同时阅读陶渊明的《桃花源记》,游览绍兴古城的同时了解鲁迅的生平,通过课堂教学与社会实践相结合的方式,加强学生对古诗词的理解和印象。

(三) 提高审美和想象力

研学旅行将园林建造、工艺、茶艺、盆景、建筑、民俗、宗教等多学科知识融入研学旅行活动中,组织学生参观博物馆、天文馆、著名建筑,学习插花、烹饪、茶艺等技巧,提高动手水平和审美能力。伴随市场环境的不断变化,综合素质较高的人才更易受到市场青睐,而研学旅游可快速培养学生的综合素质,包括科学人文素养、审美能力和想象力,因此,教育观念更为包容的"70后""80后"家长开始为子女购买研学旅行产品,促使中国研学旅游的市场规模进一步扩大。

【头脑风暴】

南京发布4大类、70个暑期亲子研学游产品

2021年5月27日上午,南京市文化和旅游局在南京市博物馆(朝天宫景区)大成殿

内,举办了"研学南京 成长旅行"2021年度南京暑期亲子研学旅游产品发布会。

此次共发布了4大类、70个产品,包含"历史的教科书""自然的大课堂""文学的大都会""plus玩法"等主题。产品不仅融合了从幼儿园至大学不同学龄的学生,也兼顾了亲子家庭的出游需求。

"历史的教科书"着重依托红色旅游景区、爱国主义教育基地,以及具有历史意义的场馆组织参观活动、研学旅行,开展爱国主义和革命传统教育。针对孩子们对于传统文化、非遗、民俗特色等知识的向往,"文学的大都会"可以在南京城墙上行走,感知历史,感受南京作为文学之都的厚重底蕴。"自然的大课堂"侧重户外、自然、科普,可以去滨江风光带边走边学,可以夜探紫金山,寻找歌唱的宁蝉,或是去长江传奇游轮学习如何保护母亲河。"plus玩法"则注重创新和趣味的综合体验,可以去南京可口可乐观光工厂边喝边创意绘画可口可乐玻璃瓶,在高淳陶瓷博物馆则可以体验手工拉坯、捏瓷、画瓷、柴窑烧成等传统陶瓷制作的全过程,在水木秦淮艺术街区开启秦淮河水环保知识小课堂。

值得一提的是,"研学南京 邀您打卡"主题游戏也同步上线,通过景点打卡、趣味问答等手机游戏方式增加亲子研学旅游产品体验的趣味性和娱乐性。

据悉,暑假期间,南京市文化和旅游局将持续进行产品的更新发布,并通过线上、线下的系列推广活动,服务产品、服务市场、服务企业,扩大"研学南京 成长旅行"的品牌效应。市民和旅游者可通过南京文旅微信、南京文旅信息服务平台等方式实时查看和咨询相关产品信息。

资料来源:"研学南京 成长旅行"2021年度南京暑期亲子研学旅游产品发布会今天举行.中国江苏网,2021-05-21

请面向中学生,设计一条自己家乡的研学线路。

三、研学旅游的发展趋势

研学的本质是教育,旅游是其载体。因此,研学市场的可持续健康发展离不开教育与旅游的形式融合、实质融合和精细发展。在教育日渐重视的新时代,我们可以看到,研学旅游市场和社会发展息息相关。归纳而言,主要有如下趋势。

(一)跨界融合或成未来主打方向

在未来,研学市场规模将进一步扩大,学校、培训机构、旅行社、营地单位、研学旅行服务机构等将会逐步实现跨界融合,研学市场的分散度会再次降低,行业集中性会不断加强。比如,研学与科技的融合,可以创造科技研学的基地,通过一些展馆、科技园区、实验室等科技教育目的地的体验达到研学旅行的目的;研学与农业的结合可为农旅研学提供方向。现阶段,以农业为主的研学主要分为两大类型,一种是以现代化农业示范区为主的研究型载体,另一种是以农庄为主的体验类农业基地。

(二)研学课程设计更加科学

研学课程的教育意义将愈加凸显。随着互联网一代的年龄群体逐渐成家立业,沉浸式的文化生活和体验会更加受到追捧。这也意味着在不久的将来,研学课程的设计会朝着更加精细化、科学化的方向发展,满足孩子和家长的多元需求和高期待。

部分品牌研学旅行企业结合心理学、教育学、运动学、脑科学等专业学科知识持续打造高质量特色课程,提升产品的教育性,帮助学生锻炼人际交往和团队协作能力,开阔眼界。有代表性的是国内著名研学企业青青部落推出了"熊猫志愿者"英语语言夏令营。该项目与四川大熊猫保护基地合作,让学生给大熊猫喂食,了解大熊猫的生活环境、成长习性,并围绕熊猫将主题教育延伸至川蜀文化、动物保护、珍稀动物灭绝等内容,采用寓教于乐的方式丰富学生的人文知识。部分研学旅行企业推出户外情景模拟推理活动,在各个指定地点设置数字密码、图形密码、文字密码,学生破译每关密码后才可进入下一关。该类型活动可培养学生深度观察与逻辑推理能力,帮助学生了解密码的由来、组成方式及多种破译方法。相比"密室逃脱"等室内推理活动,户外情景模拟的研学活动利用多场景的切换让学生深度体验所在城市的人文和自然风光,富有想象空间和发展空间。

(三)营地教育将受市场追捧

中国营地教育自 2013 年开始逐渐走热,来自旅游、地产、专业游学研学、留学、教育培训等领域的机构纷纷以不同的切入点和运作模式相继入局,目前,中国的营地教育机构主要有斯达营地教育、青青部落、营天下等品牌。

总之,相比发达国家,中国研学旅行市场起步较晚,但市场需求旺盛,发展速度也比较快。中国的研学旅行刚刚起步,需要探究和解决的问题很多,必须进行更深入的探索和调研,积极探索研学旅行发展的新形势和新方向。

【拓展阅读】

研学旅游应避免重"游"轻"学"

研学旅行又称修学旅游、教育旅游,是指学生集体参加的有组织、有计划、有目的的校外参观、学习体验的旅游活动,是大众旅游时代的消费新热点。研学旅行是青少年校外教育和社会教育的组成部分,是了解国情社情,走进自然、亲近文化的重要途径。研学旅行应当成为青少年成长的大课堂。2016 年 12 月,教育部、国家发改委、共青团中央等 11 部门联合印发《关于推进中小学生研学旅行的意见》。研学旅行寓教于游、寓学于行,深受学生、家长和学校的喜爱,可以说 2017 年暑假研学旅行红红火火,需求与供给两旺。

目前市场上的研学旅行产品大多是由旅行社经营,"游"的成分较多且重,而"学"的项目和安排较少且轻,与研学旅行强调的"由教育部门和学校有计划地组织安排,通过集体旅行、集中食宿方式开展的研究性学习和旅行体验相结合的校外教育活动"相距甚远。有些旅行社设计的所谓游学项目主题不具体、目的不明确,几乎没有结合学生年龄等特点进行任何针对性的设计。这样的项目与国家倡导研学旅行的初衷背道而驰。因此,厘清研学旅行的内涵、特征和规律,改变重"游"轻"学"的局面,对这一业态发展有着基础性的意义。

研学旅行是一个学习的过程、一种学习的方式、一种旅游的行为,有如下特点:一是青少年学生是研学旅行的主体和中心,是研学旅行能否成功开展的核心要素;二是学校是研学旅行的主要组织单位,以学校为组织单位的好处在于,有助于让青少年在熟悉的集体中开展学习活动,培养集体意识,也便于校方组织和管理,提高活动的安全性和针对性;三是有明确的主题和目的,有的放矢,才会事半功倍。如"名校游"作为高中生假期的一项重要活动,其主题和目的都非常明确,学生假期游访高校,目的是尽可能地了解各高校专业特色、校园环境等信息,以便为将来升学选择做好准备;高校在接待这些高中生时也希望通过讲座、校园参观等方式,尽可能吸引优秀学生选择本校。

要做好研学旅行产品,需避免重"游"轻"学"的窘境,真正实现"游""学"相协调,应从如下5个方面做好相关工作。

(1) 研学旅行的目的要明确。研学旅行应该是有着明确学习、教育目的的旅游行为。这是研学旅行区别于其他旅游形式的最核心特征,也是这种旅游产品获得市场欢迎的最重要吸引力。"游"仅仅是"知"的开始,不是简单地走走看看,而是结合学科教学内容和当地区域特色,真正做到让学生"在游中有所学、在行中有所思"。旅行社或学校要根据学科教学内容、特点和进度,参照研学旅行目的地要求,合理安排不同学段、不同课程、不同年龄学生的研学旅行主题。

(2) 研学旅行的计划要周详。研学旅行是融社会调查、参观访问、亲身体验、资料搜集、教师指导、集体活动、同伴互助、学习总结等为一体的综合性社会实践活动。普通的旅游活动要做旅游计划,而研学旅行更需要做好计划,突出活动中的研学环节,高质量的研学旅行一定需要学校参与。出游前,提出问题、划分小组,出游中组织讨论、寓学于游,出游后交流心得、总结评比。有的学校在出游后举行图片展,将学生提交的研学报告汇编成册。在计划制订过程中,旅游企业不应该成为旁观者,研学项目的推荐、活动场地的安排、讲解服务的准备、团队建设的指导都应该成为旅游企业服务的内容。

(3) 研学旅行的过程要指导。研学旅行中必须有教师指导或者年长同学的帮助,这是保证研学旅行质量、实现研学旅行目标的必要手段。日本神奈川大学的中国语学科与浙江旅游职业学院旅游日语专业开展合作,每年都会组织学生前往上海、杭州开展"修学旅游"。在两国教师的指导下,中日两国学生分成不同的任务小组,有的需要在游览过程中拍摄特定的景点充实教学资源库,有的需要采访旅游者并分析不同景点对日本旅游者的吸引力,有的则需要体验公共交通并比较两国的异同。在此过程中,教师将观察学生的表现并结合任务的完成情况,对学生进行评价。应该说教师的存在,才能真正将"游"与"学"捏合成一个整体,从而体现研学旅行的真正价值。

(4) 研学旅行的产品要丰富。研学旅行产品要让学生喜闻乐见,以培养学习兴趣作为主要出发点。如果说确保研学旅行的学习效果是教师的责任,那么丰富研学旅行的趣味性,提升研学旅行项目的吸引力,设计出好的研学旅行产品,则是旅游企业的任务。除了传统的田间地头、工厂学校、海外风情,近年来也不断有一些创新性项目受到了学生和家长的欢迎。例如,浙江绍兴推出的"跟着课本游绍兴"活动,结合中小学课本中鲁迅先生的作

(5) 研学旅行市场要共同培育。研学旅行有教育部等文件倡导，那么推动其快速健康发展就理应成为政府、学校和旅游企业的共同责任。例如，德国巴伐利亚州政府明确将修学旅行及其载体青年旅行社写入当地的教育法，对修学旅行的课程、方式、时间等都做了明确规定。政府部门应当通过倾斜性政策推动研学旅行市场发展完善。例如，在旅行费用方面可以采用"政府支持一点、学校自筹一点、家庭交付一点"的方法，并积极探索对家庭贫困学生实行半免或全免的优惠政策。同时政府应加强研学旅行市场监管；学校应通过有组织的研学旅行，解决研学旅行质量不高、游而不学、游学失度的情况，并总结经验，形成较为完善的研学旅行操作规程；旅游行业要考虑成立研学旅行协会组织，开展对研学旅行的研究，提供信息咨询服务。旅行社则要推出适合各年龄段、各类主题与国情、乡情教育的研学旅行产品。

资料来源：王昆欣．研学旅游应避免重"游"轻"学"．中国旅游报，2017-07-28

第六节　多元融合

一、康养旅游

（一）康养旅游概述

随着"健康中国"正式成为中国发展的战略之一以来，康养旅游已经成为新常态下旅游服务业发展的重要引擎。通常，人们康养的目的主要包括生理、心理的健康追求和生活品质的提升。康养旅游是指通过养颜健体、营养膳食、修心养性、关爱环境等各种手段，使人在身体、心智和精神上都达到自然和谐的优良状态的各种旅游活动的总和。康养旅游的特点是高度关注旅游者的身心健康和幸福感的提升。通常，旅游者在康养旅游目的地的居住时间较长，重复消费比例较高。

根据旅游资源的不同，康养旅游可以分为自然（如山林、海滨旅游）和人文（乡村、医疗旅游）两大类。而康养旅游目的地的吸引力则由旅游目的地的自然属性与服务水平共同决定。其中，气候、海滨与温泉资源是构建康养旅游目的地及其相关产品的核心自然资源。例如，有着"天然空调小镇"之称的重庆横山镇依托气候资源；号称"中国温泉之乡"的福建永泰依托温泉资源。此外，旅游目的地的特有文化和特色产业也是构成旅游目的地吸引力的重要因素，例如，山东济南平阴县依托玫瑰和阿胶产业建设阿胶特色小镇，而作为中国医药城的江苏泰州则大力发展中医药旅游。目前，国内康养旅游业主要有两大发展模式："医疗＋旅游"和"养生＋旅游"。"医疗＋旅游"模式的产品通常提供特色医疗服务并配备有医护人员，其特点是以医疗为主、旅游为辅。"养生＋旅游"的模式主打理疗服务或者美容服务，主要针对有保健需求或者美容需求的旅游者，其特点是"疗""旅"并举。

近年来,康养旅游产业的发展和康养旅游市场的扩大,使得健康类的旅游产品得到更多消费者的青睐。例如,酒店推出的"安心住"客房产品受到欢迎。康养类的酒店品牌也将加速发展,例如,洲际酒店集团旗下的逸衡品牌旨在倡导健康生活方式。同时,中国消费者对于康养旅游活动的兴趣也将与日俱增。

(二)康养旅游的发展趋势

1. 乡村康养旅游成为疫后复苏的重要旅游形式

乡村旅游产业主要服务于本地居民,其旅游活动大多发生在开阔的户外,能有效防止新冠病毒的传播。同时,疫情促使人们反思人与自然的关系,消费者更想亲近自然,释放压力。山林和海滨拥有优于市区的自然环境,有利于旅游者舒缓情绪,放松心情。因此,自然类的康养旅游目的地将越来越多地受到消费者的青睐。

2. 康养旅游呈现多元化的特点

由于不同的旅游者群体对于康养旅游有着不同的需求,康养旅游市场呈现出需求多样化的特点。从年龄角度来看,出生于20世纪六七十年代的消费者更关注医疗和养生休闲,因此,该客户群体需要包含医疗介入并且能提供养生、理疗服务的康养旅游产品。出生于改革开放后八九十年代的消费者则对亚健康问题和强身健体的关注度更高。因此,结合中医、体育等特色主题的康养旅游产品将更受他们的青睐。另外,注重健康的旅游客源结构将渐趋年轻化。研究显示,生于八九十年代的消费者对健康的关注度越来越高,尤其聚焦于强身健体、精神、膳食均衡和睡眠质量4个领域。从性别角度来看,女性在美容美体方面的消费需求较大,该客户群体对养生产品的购买力也较强。从文化背景的角度来看,传统的推拿、茶道、禅修等中国特色项目受到不少外国旅游者的欢迎;而SPA、瑜伽也丰富着中国消费者的康养旅游体验。

3. 康养旅游的融合发展初步确立

康养旅游业将与其他行业联动,实现跨产业融合发展。例如,康养旅游业与第二产业融合,形成了康养旅游地产、康养旅游装备等行业。康养旅游业与绿色有机农业融合,培育出有当地特色的养生用品和保健品。康养旅游业与互联网行业相结合,开发出新的康养旅游模式,并且共同推动智能康养旅游产业体系的完善。康养旅游业与酒店、餐饮行业联动,衍生出诸如养生酒店、食疗餐厅等新的旅游产品品类。康养旅游业与体育产业联动,催生出体育小镇、运动度假村、运动康养城等新的产业形态。此外,在后疫情时代,康养旅游企业也可以与公共卫生服务体系合作,致力于疫情防控工作,成为患者的隔离、康复和医疗随访的场所,分摊公共医疗机构的压力。

总之,中国康养旅游业的发展呈现出需求多样化、客群年轻化、产业联合化的新趋势。作为健康理念革新的产物,康养旅游的概念势必会随着时代的演进而进一步拓展,其经营模式也将更加丰富。为了发展中国康养旅游业和提升全民健康水平,政府及相关企业应当因地制宜,合理利用自然、文化资源建设国家康养旅游示范基地,打造特色鲜明的康养旅游核心区;同时加强康养旅游依托区的基础设施建设,为核心区提供优质的产业联动平台。"康养"体现了消费者对理想生活方式的一种追求。为了达到养老、养生、养病、养心的目标,康养旅游目的地应当致力于持续改善环境质量;提供无障碍服务;建立完善公共休闲、信息咨询、旅游安全等公共服务体系;实现康养旅游业态与观光旅游、度假旅游、体育旅游、研修旅游等旅游业态的产业联动；并且推动康养旅游业与当地相关产业如养老产业、生态农业等的融合发展。

二、工业旅游

工业旅游是指以工业生产过程、工厂风貌、工人劳动生活场景为主要吸引物的旅游活动。工业旅游在欧美发达国家早已有之，在中国出现则是最近十多年间。尽管业态出现时间晚，但发展十分迅速，已成为深受广大旅游者喜爱的新业态。现代工业企业开展工业旅游不仅能带来直接的经济效益，而且潜在的广告效益也是巨大的，可谓"锦上添花"。随着传统工业在改造升级中退出舞台，利用这些工业遗产开展工业旅游，不仅能够保护工业遗产，也能够推动地方经济的转型、土地的再利用进程。因而，在中国东北地区，工业旅游成为许多城市转型升级的主抓手。究其分类，大体有工业遗产旅游、工业科普旅游、产业公园、企业文化旅游和工业购物旅游 5 种。

1. 工业遗产旅游

工业遗产旅游起源于英国，是从工业化到逆工业化的历史进程中出现的一种从工业考古、工业遗产的保护而发展起来的新的旅游形式。通过保护和再利用原有的工业机器、生产设备、厂房建筑等，改造成一种能够吸引现代人们了解工业文化和文明，同时具有独特的观光、休闲和旅游功能的新方式。一个典型案例是德国的鲁尔区，作为传统工业区的代表，在其由衰退走向振兴的历程中，通过工业遗产旅游的开发打造了一处处颇具特色的工业遗产旅游点。

2. 工业科普旅游

工业科普旅游，是指以工业企业或产业园区为依托，以某一特定工业领域的科学技术为主题开展的科普、教育旅游产品。该类型的工业旅游产品是在专设的特定场所开辟旅游功能区供旅游者参观游览，并通过相关的博物馆、展览厅，配备专职导游员对各种科学技术现象进行现场讲解，邀请专家举办专场的科普性知识讲座，出售一些相关仿制科技产品、书籍等，多方面为旅游者提供专业知识。工业科普旅游通过展示高科技工业企业或产业园区特有高新技术成果及其产业化的魅力来赢得旅游者，适合那些拥有高新技术和先进的生产工艺的工业企业或工业园区，如美国的硅谷，日本的筑波科学城，中国的西昌卫星发射中心和沈飞航空博览园等。

3. 产业公园

产业公园是指以整个企业或工业园区为主体资源，结合周边环境和其他旅游资源，将企业或工业园区开发成具有观光、休闲、科普等功能的综合性旅游区的一种工业旅游类型。它兴起于欧美地区，源于人们对工厂或产业园区综合利用的理念，即从工厂或产业园区规划建设时即开始进行综合功能的设计，将旅游理念和功能融入园区，从一开始便预设了旅游的功能。产业公园的开发，既要利用厂区、园区内的资源，又要利用好所在地的自然环境和人文景观，与工业旅游一体开发，形成具有多种不同资源的综合性旅游区。例如，美国拉斯维加斯及其附近建在沙漠中的胡佛水库，中国的三峡库区、杭州娃哈哈集团等都是典型案例。

4. 企业文化旅游

企业文化旅游是指将企业独特的生产技术、生产工艺、产品以及企业的人文精神、企业环境等作为资源或载体,以市场需求为导向,开发成具有观光、休闲、科普等功能的旅游产品,并通过旅游来达到宣传企业、树立企业形象目的的活动。以德国的宝马集团,中国的贵州茅台酒厂、山东胜利油田为代表的企业文化旅游便是其中的代表。

5. 工业购物旅游

工业购物旅游是指通过生产演示或专门演示产品生产过程来宣传和销售企业产品、引导旅游者购买的一种旅游类型。其主要特点是以工业生产的产品为龙头纽带,带动工业旅游的发展。其开发主体通常会利用一定的工业空间建立一个购物中心,并配备一定的休闲娱乐设施,进行以购物为主,休闲、娱乐为辅的旅游开发。

【拓展阅读】

工业旅游,有看头

走进位于赣州经济技术开发区的章贡酒文化园,门口"国家3A级旅游景区"的标志告诉来客,这里不只是一家白酒加工厂,也是一处工业旅游观光园。

这是一种怎样的"旅游体验"?进入游客中心,跟随讲解员沿着参观通道,从制曲、酿造、储酒、洞藏、酒文化博物馆等展厅一路走来,一边细嗅醇厚酒香,一边体验百年赣派白酒文化。自章贡酒文化园对外开放以来,便深受广大旅游者的喜爱。章贡酒文化园文旅部经理彭涛告诉记者:"有非常多专业的旅游者和学校的研学团来文化园参观了解酒文化,我们也会根据酿酒的季节性特点举办一些主题性活动,如春酿大典,一年可接待旅游者数万人。"

在工业转型升级和旅游业蓬勃兴起的今天,"旅游+工业"的资源整合、跨界融合,无疑成为全域旅游的重要载体。

近年来,赣州经济技术开发区紧紧围绕赣州建设江西省域副中心城市和赣、粤、闽、湘四省通衢区域性现代化中心城市的战略目标,以创新为引领,以产城融合发展为导向,以项目建设为抓手,全力汇聚发展要素保障,全力推动旅游经济高质量发展。当前,赣州经济技术开发区正在大力实施"旅游+"战略,充分利用自身的优势,在赣州市开通了首条工业旅游直通车,把金凤梅园、菲尔雪、章贡酒文化园、国机智骏、航空航天科普体验中心等穿点成线。

"比如,在蛋糕工厂,旅游者可以亲自动手做糕点;在航空航天科普体验中心,可以动手制作一架小飞机;在国机智骏,还能试驾最新款的新能源汽车……"赣州经济技术开发区经济发展局相关负责人介绍,"通过这样的方式,让工业旅游项目更有'看头',旅游者更有玩劲。"让消费者目睹产品的生产过程、体验产品生产工艺、感受企业科学的管理水平和先进的企业文化,不仅展示了赣州经济技术开发区的特色产业,更向世人打开了多扇展现文化、工业、经济的窗口。赣州经济技术开发区还与全市旅行社和游客集散中心合作开通了工业旅游直通车,共计20班次,全年接待旅游者近万人。

"接下来,我们将建设更多的工业旅游基地,促使企业逐步规范并完善各项旅游服务设施,进一步丰富体验项目,融入休闲、高科技元素,让旅游者观赏工业、参与工业、沉浸式体验工业,构建一个'可观、可玩、可学、可购、可闲'的工业旅游运营生态。"赣州经济技术开发区经济发展局相关负责人向记者介绍。

资料来源:田豆豆等.工业旅游,有看头.中国日报,2018-03-30

三、影视旅游

(一)影视旅游概述

影视旅游,即由影视剧引发的旅游行为,是潜在旅游者被影视作品的人物、故事情节、风景等所吸引,萌生旅游动机,进而到影视拍摄地参观游览的旅游活动。它是影视与旅游交叉的产物,或者说是影视产品在旅游领域的延伸。相对于传统的观光旅游而言,影视旅游属于深度旅游,它有着受众范围广、促进旅游发展、影视与旅游相互渗透转化的特点。

(二)影视旅游的发展趋势

1. 产品组合呈现多元化趋势

新时代的影视旅游正走向产品组合多元化、产品体验高科技化的道路。传统的以单一影视基地观光、影视角色扮演等产品已经不再适应市场的需求。例如,著名的影视娱乐产品沉浸式喜剧《消失的新郎》,通过可移动式剧院,打破观众与剧情、演员的固定空间关系,以确定主题还原故事场景,同时融入特色餐饮和各种彩蛋惊喜,让观众在剧情中自由体验发挥。这种影视娱乐产品突破传统形式,在产品组合中,利用影视主题娱乐和影视主题休闲商业作为吸引客流的重要法宝,同时注重IP植入,因而能让观众获得完美的感官体验。

2. 沉浸式实景娱乐产品愈受追捧

实景娱乐体验作为一种互动娱乐新模式,其主要突出现场参与和沉浸式场景,形成近距离观看演员表演,与演员、场景互动、探索的沉浸式娱乐互动产品。如作为中国首个"现场娱乐"引爆后观影市场的"触电鬼吹灯"项目,通过将"触电"与《鬼吹灯》的IP进行嫁接,同时利用10种体验技术,打造结合沉浸戏剧、密室逃脱、RPG于一体的新娱乐产品。这不仅能为体验者提供高自由度的沉浸式互动娱乐体验,同时实景娱乐体验和角色扮演的沉浸式手法也让体验者更深切地进入IP内容。

3. VR、AR等高科技在影视旅游中广泛应用

虚拟现实、混合现实技术、3D全息影像技术等现代科技的流行,为影视旅游的发展带来了新的活力,VR、AR技术作为嫁接影视IP与旅游者体验的纽带,充分解决了影视主题公园、影视基地投资大、空间局限运营时间受限、游乐体验同质、低级等问题,涵盖娱乐体验、旅游纪念、休闲等多功能服务。例如,韩国MBC WORLD电视节目通过VR、场景还原等高科技,让旅游者可以体验到MBC的电视剧、综艺节目的现场,体会与艺人面对面的奇特感受。

四、茶文化旅游

(一)茶文化旅游概述

茶文化旅游兼具传统与现代,是中国璀璨物质遗存与旅游结合的产物。茶文化旅游

是以茶和茶文化为主题,涵盖了茶园观光、茶叶品鉴、茶古迹游览、茶特色建筑参观、茶事劳作、茶俗体验、茶艺观赏和茶商品购物等多种内容,是集乡村旅游、生态旅游、文化旅游、主题旅游和养生旅游为一体的新型旅游模式。茶文化旅游突破传统茶业单一的生产模式,有着明显的社会效益、经济效益和生态效益,促进了整个茶产业、旅游业乃至整个社会的发展。茶文化旅游具备多种社会功能,在诸多社会热点问题上起着积极的作用。

(二) 茶文化旅游的优势

茶文化旅游是当今旅游业的新兴板块,以其独特的自然气息与人文魅力吸引着越来越多的旅游者加入其中,在中国乃至世界范围内掀起了一场文化旅游的热潮。作为茶叶的发源地,中国拥有丰富的茶园、茶事、茶艺、茶俗等资源。综合国内外发展情境,中国茶文化旅游的发展趋势可以归纳为如下几个方面。

1. 以茶园资源为依托的绿色生态观光游备受旅游者青睐

中国茶园自然地理条件得天独厚,大都位于环境优美、风光旖旎之处,这正满足了现代人追求自然、回归自然、品味自然的精神文化需求。

2. 以茶叶的药用价值与保健功效为依托的生态保健旅游正逐步升温

茶叶含有丰富的微量元素,相当一部分已经被古今医学家证明拥有显著的保健作用,这些在《神农食经》《千金翼方》等著作中均有体现。饮茶活动可以帮助旅游者消除疲乏感,加速生理机能的恢复与提升,长期饮茶更可预防多种疾病,起到延年益寿之功效,这正与当前大热的生态保健旅游不谋而合。

3. 以茶艺茶俗为主题的文化旅游产品不断涌现

茶艺是茶道精神的物质载体,通过观赏茶艺表演,人们不仅能够领略到茶叶冲泡、烹煮、品饮之中的深厚学问,还可以切身感受到茶文化的深刻内涵以及茶道精神的博大精深,在物质层面与精神层面获得美的享受。很多茶文化旅游基地都兴建以品茶为主旋律的茶馆、茶社等文化交流场所,在为茶文化旅游增加项目、注入活力的同时,极大地提升了茶文化的吸引力,促进了茶文化的传承与发展。与茶艺一样,茶俗也是中国茶文化的重要组成部分,如云南大理白族的三道茶、土家族的擂茶等都是在浓郁的民族风情之中开采出来的,其制作过程带有鲜明的民族特色与地域色彩。参与茶俗活动可以让旅游者领略到多种多样的民族文化,进一步深化旅游者对生活的认识和对世界的看法,提升对人生价值的理解层次,达到净化心灵之目的。

4. 以茶文化研讨交流为契机的茶文化旅游推陈出新

中国国际茶文化研究会多次举办国际茶文化研讨会,对于推进茶文化走向世界、促进产茶地区旅游业的发展都具有显著的效果。在重庆、成都、武夷山等地举办的茶文化旅游节同样效果突出,极大地推动了当地的经济发展,拓宽了茶文化旅游的发展空间。

五、非物质文化遗产旅游

(一) 非物质文化遗产的概念

非物质文化遗产(以下简称"非遗")是各民族人民在漫长的历史进程中与其所处的自然和人文社会环境相互作用的产物,是承载着各民族历史记忆和生存发展智慧的文化瑰宝。非遗旅游是建立在非遗资源开发基础上的文化旅游消费形式。非遗资源包括各族人民世代相承的、与人民生活密切相关的各种传统文化的表现形式。

非遗资源主要包括口头文学以及作为非遗资源载体的美术、书法、音乐、舞蹈、戏剧、曲艺和杂技、传统技艺、医药和历法、礼仪、节庆、体育和游艺等形式。旅游与非遗共融发展，既能把数量庞大的存量文化资源激活，丰富旅游供给，又能使中华五千多年的优秀传统文化得到传承与发展。因此，努力实现旅游新业态的发展，是全面提升区域品牌形象的关键。

中国的非遗资源十分丰富。截至 2020 年，入选联合国教科文组织非遗名录的项目已达 42 个，是目前世界上拥有非遗数量最多的国家。在国家级非遗方面，国务院分别在 2006 年、2008 年、2011 年和 2014 年公布了 4 批代表名录，共包含 1 372 个国家级项目。丰富而多元的资源为打造非遗旅游产业提供了良好的基础。

从行业政策的角度来看，《国务院关于印发"十四五"文化旅游业发展规划》《国家级文化生态保护区管理办法》等纷纷将非遗与旅游融合纳入重点发展工程，非遗旅游有望释放发展活力。从市场角度来看，非遗旅游正逐步从政府部门"输血"向自身"造血"发展，多产业跨界融合发展也成为趋势。围绕非遗旅游，非遗研学、非遗民宿、非遗演艺、非遗文创等产品形态不断涌现。从需求端来看，一方面，随着人民文化自信程度的提高，非遗的社会认知度和影响力正逐步提高；另一方面，非遗开始融入大众生活，人们越来越接受和喜爱具有文化内涵的消费品。以故宫文创为例，2017 年其收入就达到 15 亿元。在人民群众文化和旅游消费需求日益高涨的背景下，非遗旅游市场前景广阔。

(二) 非遗旅游的意义与价值

(1) 保护传承非遗是延续历史文脉、增强民族凝聚力的必然要求。中华优秀传统文化是中华民族的"根"和"魂"，是中华儿女共有的精神家园。中华民族在历史长河中自强不息，薪火相传，很重要的一个原因，就是中华民族有一脉相承的精神追求、精神特质、精神脉络。

(2) 要充分认识保护非遗对于坚定全民族文化自信、维护人类文化多样性的重要意义。在与世界不同文明对话中，保持中华文化的气质、品格和民族特性，使中国精神、中国风格、中国气派赓续传承、不断发展。要充分发挥非遗在激发全民族文化创新创造活力方面的巨大作用，为推动社会主义文化繁荣兴盛、建设社会主义文化强国作出重要贡献。

(3) 保护传承非遗，是服务经济社会发展、完善社会治理的重要力量。非物质文化遗产涵盖传统表演艺术、传统技艺、传统医药、民俗等多个门类，涉及我们生产、生活的各个方面，在与现实生活相融相通的过程中，始终发挥着以文化人、服务社会的重要作用。例如，传统技艺可以帮助传承人群增加收入、带动就业、促进经济发展；传统医药与人民大众的健康生活紧密相连；村规民约等制度实践反映了人们对社会关系的调整和规范，千百年来就是乡村社会的治理传统，具有促进乡村社会稳定发展的重要功能。我们要深入挖掘非遗蕴含的有益价值，推动非遗的保护，利用非遗更好地服务于经济社会发展，促进社会善治，满足人民日益增长的美好生活的需要。中国非遗保护的当代实践，是中华优秀传统文化与现代生活相融相通，实现创造性转化、创新性发展的过程。

【第五章复习思考题】

一、简答题

1. 简述文化旅游的概念。
2. 什么是红色旅游？
3. 简述红色旅游资源的特点。
4. 简述中国乡村旅游的主要类型。
5. 体育赛事与体育旅游产业的关系是怎样的？

二、论述题

1. 试论文旅产业新的发展机遇。
2. 试分析研学旅游有哪些发展趋势。

第六章 旅游市场——旅游发展的活力

■ **本章导读**

　　市场是社会生产力发展到一定阶段的产物。随着商品经济的发展,在市场这个大舞台上,紧密地连接起了商品生产者和消费者。旅游市场指旅游产品交换过程中的各种经济行为和经济关系的总和,是现实的和潜在的旅游者的综合体。不同的旅游客源市场,呈现出不同的客观规律。入境旅游、出境旅游和国内旅游构成了三大旅游市场。伴随着经济、社会、文化的发展,三大旅游市场呈现不同的发展趋势。对于旅游企业而言,市场细分意味着要正确地选择目标市场、开发旅游产品和科学的促销等。本章节将介绍三大旅游市场,即入境旅游、出境旅游和国内旅游。

■ 学习目标

● 知识目标

1. 理解旅游市场的相关概念和分类
2. 熟悉入境旅游、出境旅游和国内旅游三大旅游市场的发展和现状
3. 了解入境旅游、出境旅游和国内旅游三大旅游市场的发展趋势

● 能力目标

1. 能分析旅游市场的特点
2. 能简述影响出境旅游市场的因素

● 素养目标

1. 树立全球发展观,以发展旅游促进世界和平、减贫和共同繁荣
2. 了解"十四五"期间新发展格局对旅游市场的影响,大力促进旅游高质量发展

■ 思维导图

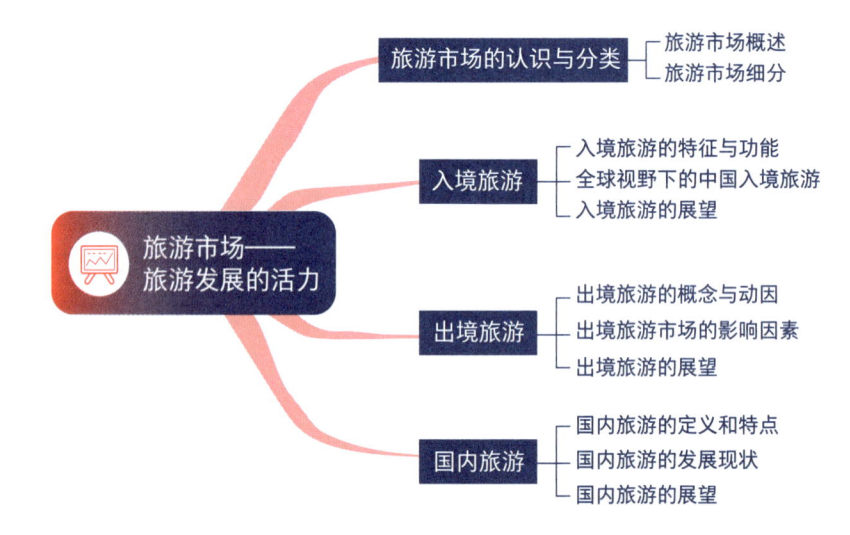

旅游市场——旅游发展的活力
- 旅游市场的认识与分类
  - 旅游市场概述
  - 旅游市场细分
- 入境旅游
  - 入境旅游的特征与功能
  - 全球视野下的中国入境旅游
  - 入境旅游的展望
- 出境旅游
  - 出境旅游的概念与动因
  - 出境旅游市场的影响因素
  - 出境旅游的展望
- 国内旅游
  - 国内旅游的定义和特点
  - 国内旅游的发展现状
  - 国内旅游的展望

第一节　旅游市场的认识与分类

一、旅游市场概述

（一）旅游市场的概念

在了解旅游市场的概念之前，首先要弄明白什么是市场。狭义的市场是指商品买卖的场所。比如，我们要配置电脑，会去电子科技市场，买菜会去农贸市场等，这些都是市场。而广义的市场是指商品交换关系的总和。它不仅包含经济行为，还包括各种经济关系。宏观的市场的概念，包含了买卖双方——也就是说市场是由买卖双方构成的。

旅游市场也有广义和狭义的区别。广义的旅游市场指旅游产品交换过程中的各种经济行为和经济关系的总和，即旅游市场反映了旅游产品实现过程中的各种经济活动现象和经济活动的关系。在旅游市场中，存在着相互对立又相互依存的各方。一方是旅游产品的供应者，也就是旅游企业。而另外一方则是旅游产品的消费者，也就是旅游者，双方通过市场紧密地联系在了一起。旅游经营者通过市场销售产品，而旅游者通过市场取得自己需要的产品。这种市场交换的关系实际上就是人与人之间的经济关系。

狭义的旅游市场是从市场学的角度出发，认为旅游市场是指旅游区内某一特定旅游产品的现实购买者与潜在购买者。在这个意义上，旅游市场指的就是旅游需求市场，也叫旅游客源市场，即由不同地域、国家、阶层、年龄等的旅游者组成。对旅游企业来说，客源市场是其经营管理的核心之一。著名管理学家彼得多拉克曾说过，顾客便是生意。也就是说，只有首先满足了顾客的需要，才能够满足企业的需要。

从经济学的角度，狭义的旅游市场指的是旅游产品交换的场所，如旅游景区、游乐场、旅游饭店等。狭义的旅游市场的构成主要有两方面。一方面是购买能力，也就是人们对某一特定旅游产品的货币支付能力。另一方面是购买欲望，即旅游者对某一特定旅游产品的需求动机。在各国和各地区旅游业竞争激烈的今天，了解和掌握必要的市场情况，都会大大提高旅游企业取得成功的可能性以及成功的程度。

（二）旅游市场的特点

旅游市场的特点有以下几个方面。

1. 旅游产品的无形性

从供给方来看，旅游市场供给的主要产品是无形的旅游服务。供给的有形产品只销售使用权而不是所有权。比如，住酒店的客人只能有酒店的使用权，而没有酒店的所有权。同时，旅游者购买一般是整体性旅游产品，而不是一种服务或产品，往往是多种产品和服务的同时消费。

2. 旅游市场的适应性

通常旅游产品在地点上是不可移动的，在所有权上也是不可发生转移的。旅游供给与旅游需求之间的矛盾关系，不像普通商品的生产完全以适应市场和迎合市场为导向。原因在于：旅游市场供给要适应旅游需求的特性和要求。比如，老年人旅游市场，对旅行时舒缓、方便、交通无障碍等的要求比较高；而儿童旅游市场，则要求充满活跃、明快和奇异性。因此，旅游供给只能针对不同目标市场的不同需求和特点开发出适销对路的产品，方能实现预期的目标。

  3. 旅游市场的敏感性

旅游业作为一种综合性社会经济现象，它影响和被影响的因素几乎涉及整个社会的方方面面，如战争、政治局势、治安、自然灾害、经济水平等。这些因素都会导致市场的波动，进而可能影响旅游流向的变化、市场结构的变化或消费结构的变化。

  4. 旅游市场的季节性

季节性的特征来自主体、客体两个方面的因素。自然旅游资源为主的旅游地，受自然气候的影响，产生季节性的特征。它会增强或削弱旅游区（旅游点）的吸引力。例如哈尔滨的冰雪节，就具有明显的季节性特征。客源国和客源地的风俗、节假日制度等也会影响到旅游市场，进而出现季节性的变化。中国的传统节日和西方国家的传统节日有很大的差异，季节性的特征就不一样。旅游经营者要充分注意到旅游市场的这一特点。客源在时间分布上的不平衡，既给旅游经营带来困难，也可成为旅游市场可以利用的机会。

（三）旅游市场的作用

旅游市场的作用主要有以下几个方面。

  1. 交换作用

旅游产品生产者通过市场为旅游产品寻找买者，旅游需求者通过市场寻求、选择并购买自己所偏好的旅游产品。

  2. 调节作用

表现为对供求平衡的调节和旅游经营的调节，比如旅游市场竞争加剧和旅游产品的价格波动。

  3. 信息交流作用

这种信息交流，主要是旅游者、旅游市场、旅游企业三者之间的一种信息交互。

  4. 检验评价作用

检验评价作用即检验旅游企业及其产品质量的优劣。

二、旅游市场细分

（一）市场细分的定义

市场细分是指将一个整体市场按照消费者的某种或某些特点分解或划分为不同消费者群体的过程。市场细分的概念是美国市场学家温德尔·史密斯在20世纪50年代中期提出来的。他认为，由于消费者个性不同，消费需求千变万化。一个企业无论多大规模，也不能满足全部消费者的所有需求，企业只能满足市场上某一部分消费者的某种需求。旅游市场细分就是将全部旅游市场依据旅游者的某种或某些特点划分为不同的细分市场，如旅游市场中的学生夏令营游、老年人的"夕阳红"游、年轻夫妇的蜜月旅游等，就是旅游的细分市场。

（二）市场细分的意义

旅游市场细分的意义主要表现在 3 个方面。

（1）有助于选定目标市场。旅游目的地和旅游企业在对市场进行细分的基础上，便于分析各细分市场的需要特点和购买潜力，从而可以根据自己的经营实力有效地选定适合自己经营的目标市场。同时，也有利于企业发现新的市场机会，形成新的目标市场。

（2）有利于有针对性地开发产品。旅游目的地和旅游企业在选定目标市场的基础上，可以针对这些目标消费者的需要，开发适销对路的产品。这样不但可以避免盲目开发产品而造成的失误和浪费，也为旅游者满意提供了基本保障。

（3）有利于针对性地开展促销。对于旅游目的地和旅游企业来说，促销工作是非常重要的，针对目标市场开展促销，可以避免因盲目而造成的浪费，有助于提高促销的成效。

（三）市场细分的基本原则

旅游市场细分的基本原则是什么？

（1）可衡量性。细分市场中消费者的特征、市场的范围大小、消费者购买能力的大小必须是具体的、可以衡量的。

（2）可占领性。市场具有一定的空间，企业进入后，能够有所作为，才能在人力、财力、物力等方面有效地进入市场。

（3）收益性。细分出的市场要保证足够大，才能使企业获得经济效益。

（4）稳定性。市场能够保证企业在较长时间内获得经济效益，该市场必须具有一定的发展潜力，使企业能够通过自身能力来扩大市场。

（四）市场细分的标准

旅游市场的细分标准有很多，不同的旅游目的地，特别是不同的旅游企业应该根据自己的情况和需要，选用对自己的经营工作具有实际意义的细分标准。中国旅游业经营实践中最为常见的旅游市场细分标准有三大类。第一类是地理细分，包括国家、地区、城市、乡村等细分因素。第二类是人口统计学特征，主要包含年龄、性别、家庭人口、职业、收入、教育背景、种族、国籍等因素。第三类是心理细分，包含生活方式、个人性格、社会阶层和价值观等因素。

1. 地理因素的细分标准

人们常常以客源产生的地理或行政区域的地理因素为标准，对旅游市场进行划分。就对国际旅游市场的划分而言，这类地理因素可以是洲别、大区、国别或者地区。对于国内旅游市场的划分而言，这类标准通常是省、市等行政辖界。世界旅游组织根据研究工作的需要，并根据世界各国旅游发展的情况和客源的集中程度，将世界旅游市场分为了六大市场，即东亚和太平洋市场、南亚市场、中东市场、非洲市场、欧洲市场和美洲市场。各个国际旅游接待国则根据国际旅游者来源的数量，按旅游者来源的国别或地区，将其划分和排列为不同的客源市场。

2. 人口统计学特征的细分标准

这是根据旅游者的年龄、性别、家庭规模、婚姻状况、生命周期、收入水平、职业、文化程度、宗教信仰、民族、种族、社会阶层等因素进行的一种细分方式。例如，根据年龄分为老年、中年、青年旅游市场；根据性别，分为男性、女性旅游市场；根据婚姻状况，分为已婚者、未婚者旅游市场；根据受教育程度，分为受过高等、中等、初等教育的旅游者细分市场；根据家庭生活周期，分为新婚家庭、中年家庭和老年家庭市场，从而相应地推出"新婚旅游""合家欢旅游"和"银发旅游"等不同的旅游产品来满足个性化的需求。

3. 心理因素的细分标准

心理因素的细分标准是指按照消费者心理行为进行市场细分。此类划分的依据主要是消费者的性格、生活方式、旅游目的、购买时间和旅游者所追求的利益等。根据购买方式，可以细分为直接购买和通过旅行社购买两类市场。此外，由于旅游者的性格包括了个性外向化与内向化、独立与依赖、乐观与悲观、开放与保守等，加之人们在不同的社会环境中逐渐形成不同的习惯生活、消费倾向、观念看法，因而旅游经营者可以根据上述不同的标准将旅游市场进行细分。例如，依据购买组织形式，将旅游市场细分为团队市场和散客市场；根据旅游目的，可以将旅游市场细分为度假、观光、会议商务、奖励、探亲访友旅游市场；根据购买方式，可以细分为独自旅游、结伴旅游、家庭旅游、单位旅游市场等；根据购买时机，可以分为旺季旅游市场、淡季旅游市场、节假日旅游市场、寒暑假旅游市场等。

第二节 入境旅游

一、入境旅游的特征与功能

（一）入境旅游的概念和中国的入境旅游

入境旅游是指境外旅游者来中国内地（大陆）从事观光、度假、探亲访友、就医疗养、购物、参加会议或从事经济、文化、体育、宗教活动的行为。入境旅游对于提升国家（地区）软实力和国际影响力具有重要的作用，是衡量一个国家（地区）旅游国际竞争力的重要指标。

改革开放以来，中国入境旅游业的发展历程划分为起步、发展、稳定和波动4个阶段，在这4个阶段入境旅游业主要承担着创汇、提升国家形象、传播中华文化和促进中外文化交流的功能。在每个阶段发挥功能的过程中，入境旅游业都受到国家政策和国际环境等不同宏观因素的驱动。

杨玉英等学者根据中国的政策和国际形势，基于国家对入境旅游业在不同时期的功能定位，以中国入境旅游人次、入境旅游客源结构、旅游外汇收入和入境旅游者人均花费4个能综合反映中国入境旅游发展的指标为依据，把改革开放以来中国入境旅游开放进程划分为4个阶段：第一阶段为入境旅游起步阶段（1978—1991年），第二阶段为入境旅游发展阶段（1992—2001年），第三阶段为入境旅游稳定阶段（2002—2007年），第四阶段为入境旅游波动阶段（2008年至今）。

40多年来，中国入境旅游人数由1978年的180.92万人次增加到2018年的14 120万人次（如图6-1），增长了78倍，年均增长率为13.2%（见图6-1）；入境旅游者中，外国旅游者由 1978 年的 22.96 万人次增加到 2018 年的 4 795 万人次,增长了 208 倍,年均增长率为 15.9%。1978 年 10 月到 1979 年 7 月间,邓小平同志曾先后五次发表了关于促进旅游业发展的讲话,确定了中国率先发展入境旅游的基本政策方向,入境旅游开始加速发展。2008 年全球性的金融危机爆发之后,在欧美等发达国家经济持续低迷的情况下,随着中国经济的持续快速发展及国际地位和国际影响力逐步增强,特别是中国提出"一带一路"倡议以后,中国作为一个在国际上负责任的大国,正逐步成为境外旅游者最青睐的旅游目的地。

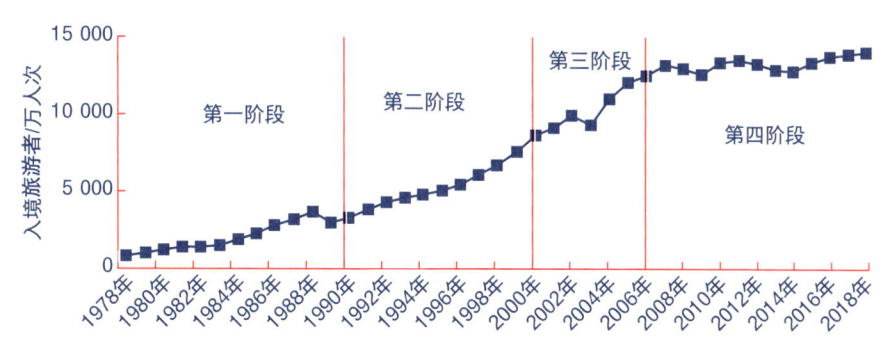

图 6-1 中国入境旅游业不同发展阶段游游人次发展趋势

资料来源:杨玉英,等. 中国入境旅游业功能定位与宏观驱动因素研究[J]. 宏观经济研究. 2020(2):131-139

(二)入境旅游的功能

1. 增加外汇收入

在经济视角下,国际旅游业具有强大的功能,它是世界经济持续高速稳定增长的重要战略性、支柱性和综合性产业。世界上绝大多数国家都开展入境旅游,它往往是很多发展中国家主要外汇收入来源之一。中国大规模入境旅游始于 1978 年。中国改革开放初期的一项主要工作是引进国外先进技术及设备,为了解决进口设备过程中外汇资金紧缺的问题,邓小平同志提出旅游业作为发展工业经济及创汇的重要手段必须大力发展。图 6-2 为中国入境旅游业不同阶段旅游收入和旅游者人均消费变化趋势图。

图 6-2 中国入境旅游业不同发展阶段旅游收入和旅游者人均消费变化趋势

资料来源:杨玉英,等. 中国入境旅游业功能定位与宏观驱动因素研究[J]. 宏观经济研究. 2020(2):131-139

2. 提升国家形象

入境旅游是国家形象的重要传播渠道之一。旅游可以建立桥梁,增进友谊,消除成见,帮助旅游者了解异国独特的文化和提高当地居民的本土文化意识。入境旅游增加了国与国之间普通民众的直接交流机会,同时也使普通民众作为传播主体直接参与国家形象的传播。入境旅游者不再仅仅依靠道听途说,而是通过亲身经历,将眼中所观察到的现实转变为头脑中真实的国家形象,并通过与东道主真诚的交流,去感受并沉淀出心目中的国家形象。自1992年起,中国为向世界更好展现国家形象、民族特色、历史文化以及改革开放所取得的成果,适应新媒体时代国家旅游形象宣传需要,中国政府推出了中国旅游年活动。2001年中国加入世界贸易组织,2008年北京奥运会等重大事件也促进了中国入境旅游的发展,展示了中国国家形象,提升了中国的国际地位。

3. 传播文化、促进交流

旅游作为当今世界最广泛、最大众的交流方式,必然是展示文化、传播文化、推动文化的重要载体。旅游是打破意识形态壁垒、经济贸易壁垒、行政壁垒、产业壁垒等,通过人流带动物流、信息流、资金流等,促进文化交融,实现民心相通的"最温和途径"。在经济全球化的背景下,随着全球经济的发展,入境旅游发展的宏观经济环境向好,入境旅游承担着促进中外文化交流、增进中外双方友谊的功能,为中国"一带一路"倡议得到国际社会的广泛认同发挥了媒介作用,入境旅游业已成为中国促进文化软实力提升的一个有效手段,为"一带一路"沿线各国之间搭起了文化融通的桥梁。旅游肩负着输出优质文化与价值观的使命。当今中国,尤其是中国旅游者,更需要在"一带一路"倡议中秉承张骞、郑和等古人的"丝路精神",传递中国优秀文化核心价值观,才能实现睦邻友好,共谋和平与发展的"中国梦"。

二、全球视野下的中国入境旅游

促进入境旅游发展是世界上多数国家的旅游基本国策。在2005年,日本提出的观光立国的基本国策,将入境旅游发展作为旅游发展的重中之重,出台了多项政策推动入境旅游发展,这与20世纪80年代,日本在国际贸易顺差影响下,为平衡国际贸易,大力推动出境旅游发展形成了明显的对照。

发展入境旅游,扩大入境旅游规模,不仅可以对冲货物贸易出口增速下降的影响,平衡出入境旅游外汇收支,提升国际社会对中国文化的认同,更重要的是,借助于入境旅游发展的需要,来推动中国旅游更深一步的改革和更进一步的开放,推进中国旅游高质量发展。

2019年中国入境旅游市场持续保持2015年以来的增长势头,市场结构持续优化。2019年,中国接待入境过夜旅游者6 573万人次,外国人入境旅游者3 188万人次,分别同比增长4.5%和4.4%。无论是入境过夜市场占比还是外国人入境旅游市场占比均继续保持上升趋势,客源市场机构持续优化。2019年,中国入境过夜市场、外国人入境旅游市场的占比分别为45.2%和21.9%,分别比2018年增加0.7和0.3个百分点。

突如其来的新冠疫情中断了入境旅游原有的增长态势。根据中国旅游研究院(文化和旅游部数据中心)的最新统计,2020年上半年,中国入境旅游者接待1 454万人次,同比下降80.1%。其中,入境过夜旅游者和外国人入境旅游者下滑幅度同样超过八成。在全球疫情得到彻底控制之前,入境旅游将大概率延续这种大幅下滑态势。

疫情对入境旅游者行为的影响也将改变中国入境旅游的客源市场和目的地结构。疫后潜在入境旅游者出于对安全的谨慎考虑,一方面将缩短出游距离,疫后入境旅游恢复初期,周边近距离市场成为主力市场,入境过夜旅游市场和外国人入境旅游市场的占比短期内将被拉低,入境旅游的市场结构发生调整;另一方面,人们更加偏爱受疫情影响较小的自然生态型旅游目的地,如位于西部地区的西藏、青海、宁夏、贵州、甘肃等,疫后,这些地区的入境旅游或将得以优先恢复,从而为入境旅游的发展带来机遇。

【拓展阅读】

世界旅游联盟发布《2019中国入境旅游数据分析报告》

世界旅游联盟《2019中国入境旅游数据分析报告》整合了多家数据资源,以2018年中国入境旅游整体数据概况为出发点,以旅游者入境旅游前、入境旅游中和入境旅游后三阶段为主线,对入境旅游者行为、未来趋势、发展潜力进行了综合分析。

分析报告显示,旅游者入境旅游前最关注目的地城市口碑及酒店两方面;特色体验和基础配套是入境旅游者来华考虑的主要因素;网络是入境旅游者主要的信息获取渠道;搜索引擎是旅游者获取旅游网络信息最常用的入口;北京、上海、广州被提及次数最多,同时,航班相关词汇搜索占比较大;2018年,广东省深圳的关注度涨幅最大,湖南省张家界和海南省海口、浙江省义乌次之。入境旅游中,男性旅游者居多,年龄以25到44岁为主,亚洲旅游者入境人次居多,访华目的以休闲观光为主;过夜人数前三的地区为北京、上海、广州;旅游者住宿以4星级酒店为主;过夜旅游者多为商务和家庭类,住宿更倾向于舒适类和豪华类酒店;入境旅游者客流节点、扩散路径比较集中,受旅游资源禀赋、交通区位、城市经济联系等要素驱动明显。

根据入境旅游者游后评论数据分析,故宫博物院、上海外滩、天安门广场最受欢迎,北京是景点受关注数量最多的城市;旅游者对历史建筑和自然景观类景点评价较高,其中,慕田峪长城居首;北京、上海、广州、深圳最受入境旅游者喜爱。

资料来源:世界旅游联盟官网,2019-09-01

三、入境旅游的展望

中国旅游研究院发布的《中国旅游集团发展报告(2020)》显示,2019年,中国国内旅游人数达60.06亿人次,出入境旅游总人数达3亿人次,全年旅游总收入6.63万亿元人民币。预测未来5年,中国有望形成年均百亿旅游人次和10万亿元消费规模的国内游大市场。

(一)高质量发展背景下,重视和提振入境旅游市场是必要选择

2020年,党中央提出要加快形成以国内大循环为主体,国内国际双循环互相促进的新发展格局。入境旅游连接内外,不仅是一国经济发展的动能,更是国家文化自信与产业兴旺的核心表征。在中欧全面投资协定、全面经济伙伴关系协定(RCEP)签署的时代节点之下，重视和提振入境旅游市场是中国经济全球化的增量路径之一。据中国旅游研究院统计数据，无论是入境过夜市场占比还是外国客源市场占比，"一带一路"沿线国家的活跃度逐年抬升，中国旅游出口地加速向"一带一路"沿线地区集聚。

(二) 安全保障前提下，入境旅游的需求恢复和价值提升是必然之势

长远来看，我们对入境旅游恢复的信心依然坚定。回顾历史，不管是流行病疫情、恐怖事件，或是其他自然及人为灾害，这些突发危机事件虽然使旅游业短期内遭受重创，但国际旅游市场均能实现较快恢复。伴随国内大众旅游市场日趋走向成熟，旅游基础设施不断完善，旅游服务品质持续提升，对与国内旅游处于同一空间下的入境旅游而言，这意味着未来入境旅游高质量发展的基础更加稳固，疫后入境旅游者的需求恢复和价值提升是必然的。

在抗击新型冠状病毒肺炎疫情的过程中，很多景点、酒店等都通过提前销售、打折优惠等措施获得现金流；也有企业开始谋划转向顾客直连战略，以打破传统业务模式长期对企业和中国入境游市场发展的制约。还有企业采用优化客户结构、寻求业务多元化策略，以改善由于企业业务模式太过单一导致的抗风险能力过低。我们还看到，一些坚守入境旅游领域的企业坚持通过各类自媒体进行低成本宣传，通过视频进行文化、美食等主题解说以让入境旅游者更多地了解他们的服务。

(三) 形象塑造需求下，文化传播和旅游营销持续结合是明智之举

2013年9月和10月，中国国家主席习近平在出访中亚和东南亚国家期间，先后提出共建"丝绸之路经济带"和"21世纪海上丝绸之路"(简称"一带一路")的倡议，得到国际社会的高度关注。"一带一路"倡议使亚欧非各国的联系更加紧密，促使互利合作共赢迈向新的历史高度，促进了沿线国家的政治互信、经济合作、文化交流和民间往来，其中，旅游业在"一带一路"沿线国家的交流合作中扮演了非常重要的角色。中国自然旅游资源奇特，文化旅游资源丰富，入境旅游势必在"一带一路"沿线国家的交流合作中发挥重要作用。

目的地的形象塑造需要结合当前"文旅融合"的发展背景，将文化传播内容和旅游营销进行深度结合，把中华优秀传统文化精神标识展示好，把当代中国发展进步和中国人民精彩生活表达好，持续提升国际开放程度，加强国家旅游形象宣传，为提高国家文化软实力和中华文化影响力做出贡献。文化创意产业正在全球范围内蓬勃发展，很多国家将促进文化创意产业的发展视为提高国家软实力、促进经济发展、建立民族与国家形象的重要政策。

第三节 出境旅游

一、出境旅游的概念与动因

(一) 出境旅游的概念和中国出境旅游的发展概况

关于出境旅游的概念，国际上认为是中国公民跨越国界到其他国家或地区开展的旅游活动。由于中国国情的特殊性，《中国旅游统计年鉴》对于出境旅游的定义为：指中国(大

陆)居民因公或因私出境前往其他国家、中国香港特别行政区、澳门特别行政区和台湾地区进行的观光、度假、探亲访友、就医疗病、购物、参加会议或从事经济、文化、体育、宗教等活动。目前,中国公民的出境旅游包括3种形式:一是中国公民出国旅游;二是中国公民边境旅游;三是中国公民到中国的港、澳、台地区的旅游。

经过多年发展,中国出境旅游市场迅速壮大,呈快速上升态势,已经成为全球最大的出境客源市场。1995年,中国出境人数居世界第17位,2002年以1 660万人次超过日本成为亚洲第一大出境客源国,2014—2016年稳居世界第一位,成为全球最大的出境游市场。2017年,出境旅游人次达到1.305亿,是1993年的35倍。

视频:1995年至2019年全球各国和地区出境旅游人次排行榜

(二)出境旅游的动因

1. 经济动因

国内生产总值(GDP)是衡量一国经济发展水平的重要指标。世界旅游组织研究表明,当人均GDP达到5 000美元时,这个国家便步入成熟的度假旅游经济,休闲需求和消费能力逐渐增加和多样化。一般来说,经济基础决定上层建筑,没有坚定充实的物质条件保障,没有在温饱之外富裕的经济能力,人们是无法去满足自己精神生活上的追求的。由此可知,中国经济发展能够对出境旅游起到很好的推动作用。中国人均GDP与城镇居民可支配收入不断增长,将促使更多的中国公民有经济能力外出旅游。中国公民出境旅游市场正在出现明显的跳跃式发展,而经济推动正是其火爆的深层原因。

2. 政策动因

出境旅游政策,将影响公民的出境旅游意愿。对出境旅游市场产生影响的政策主要包括旅行社管理政策、出入境管理政策以及民航改革政策。中国一直以来努力推动旅游业的发展,为实现旅游强国的梦想,出台了一系列对旅游业利好的政策和措施:2009年将旅游政策调整为"大力发展国内旅游,积极发展入境旅游,有序发展出境旅游";2020年,在《中华人民共和国国民经济和社会发展第十四个五年规划和2035年远景目标纲要》提出推动文化和旅游融合发展。坚持以文塑旅、以旅彰文,打造独具魅力的中华文化旅游体验。深入发展大众旅游、智慧旅游,创新旅游产品体系,改善旅游消费体验。加强区域旅游品牌和服务整合,建设一批富有文化底蕴的世界级旅游景区和度假区,打造一批文化特色鲜明的国家级旅游休闲城市和街区。在新的历史发展时期,旅游业肩负着重要的使命。

3. 行为动因

随着经济水平的提高,特别是经济发达地区,消费者提升个人价值和实现自我的需要在不断强化,而出境旅游正是最佳实现途径之一。出境旅游的实现,必须有主观和客观的条件相辅相成。从主观上讲,人们应该有想出去旅游的愿望,从客观上来讲,需要有一定的支付能力和闲暇时间,并且身体条件允许。同时,对社会文化、人际交往、寻求共同点的渴望等都是人们的旅游动机。一旦旅游者形成自身的旅游动机,不管是出于对目的地文化的向往,还是带着炫耀成分的旅游出行,最终都可以影响其对外出旅游的需求。当人们对国内旅游需求饱和之时,出境旅游必定获得更大的增长空间。

4. 文化动因

一方面,文化差异导致旅游吸引。在从国内旅游向国际旅游发展的过程中,在文化上

169

形成强烈反差是吸引许多旅游者前往的重要动因。另一方面,旅游者自身的文化背景,包括政治立场、经济水平、宗教信仰、受教育程度等方面的不同,会产生不同的生活观念和处事方式,而这些差异会直接影响旅游者的旅游决策、旅游动机、旅游偏好等。

二、出境旅游市场的影响因素

1. 旅游价格

在国际旅游情境下,旅游价格是指旅游者的旅游成本。旅游价格由目的地生活成本和交通成本两部分组成。其中,旅游目的地生活成本又包括目的地旅游商品服务价格和汇率成本;而旅游交通成本则指旅游者从客源国到旅游目的地的交通花费。根据消费者需求理论,旅游价格是旅游需求的重要决定因素,一般而言,旅游价格与旅游需求二者呈负向相关关系。

人民币汇率的变动,对外币兑换带来影响,在一定程度上影响中国旅游者出境消费意愿。

日益完善的国际航线网络为旅游者出境提供便利,出境游发展初期,国内仅有几十个国际航线,随着民航规模的扩大,截至 2018 年底,中国航空公司国际定期航班通行 65 个国家的 165 个城市,国际航线增至 849 个,国际航线运输人次也增长至 5 543 万人。出境游受交通因素制约很大,国际直飞航线的开通,大大缩短了旅游者前往世界各地的时间,出境游更加便利。

2. 签证等政策因素

近年来,随着国家综合国力的增强和中国旅游者消费水平的提高,中国护照的含金量也随之不断提高,主要体现在两方面:首先,免签国家数量增加,根据外交部领事司的数据,截至 2019 年 5 月,中国与 14 个国家实现全面互免签证,15 个国家和地区单方面给予中国公民免签入境待遇,43 个国家和地区单方面给予中国公民落地签证的便利,持普通护照的中国公民可免签或落地签前往 72 个国家和地区;其次,多个国家加大了签证优惠力度,对中国旅游者实施电子签证、简化签证材料等优惠政策,便利中国旅游者出境旅游。

3. 科技的发展

科技的发展改变着各行各业的运营方式,旅游业也不例外,信息技术的利用让旅游业能够充分利用和开发自身的资源优势,同时减少人力资本的投入。互联网技术及移动终端功能的高速发展,打破时间和地域限制。随着中国互联网及移动互联网用户规模的不断扩大,中国移动互联网市场已入高速发展阶段。互联网技术及移动终端功能的高速发展,中国在线旅游平台、移动支付等企业纷纷加速拓展海外市场,当下,中国移动互联网终端已覆盖用户出境旅游全场景,移动支付、智能翻译机、智能语音导航等技术的提升,这些都提高了旅游者海外旅游的舒适感。

4. 环境因素

出境旅游的发展不仅受经济条件制约,外在的环境因素包括社会因素和生态因素也会在一定程度上影响其发展。旅游者出行的动机是获得旅游体验,满足旅游需求,但前提是自身安全得到保障。一个区域的社会治安状况决定着入境旅游者的人身、财产等安全,一且有意外发生会对入境旅游造成严重的负面影响。此外,旅游是一种绿色健康出行活动,生态环境的优劣不仅会影响地区环境质量和气候变化,甚至造成一些自然灾害的发生,除此之外,还会影响景区的一些自然风貌,因此保护生态环境对于旅游发展具有重要意义。

三、出境旅游的展望

(一)出境旅游将长期向好

中国旅游研究院的发布的《中国出境旅游发展报告2020》中指出:2019年中国出境旅游仍然保持增长态势,规模达到1.55亿人次,相比2018年同比增长了3.3%。中国出境旅游者境外消费超过1 338亿美元,增速超过2%。疫情突然中断了出境旅游的平稳发展,2020年的出境旅游发展基本停滞。2020年的1至6月出境旅游人数的同比增长率皆为负数。

疫情使得中国出境旅游市场发展暂时中断,但是文化和旅游部门积极作为,在坚决保障出境旅游者生命安全和身体健康,维护合法权益的同时,还从产业端发力,先后推出了暂返旅行社质量保证金、恢复省内旅游业务、景区预约开放、调整旅游发展基金使用方向等支持旅游企业的政策,指导地方旅游部门和旅游商会、协会等行业组织,积极协调和多方争取有利的财政、金融、产业、投资政策和稳岗补贴。这些政策和措施直接或间接地提升了出境旅游市场主体的信心、增强了生存发展的能力,有益于出境旅游的复苏和振兴。

出境旅游市场的长期因素保持稳定,出境旅游的发展基础依然强固。尽管2020年遭受了新冠疫情的冲击,中国国民经济依然保持了强劲的韧性和坚定的增长态势。2020年前三季度国内生产总值同比增长0.7%,增速成功由负转正,主要经济指标呈现向好态势。这些表明出境旅游发展的经济支撑依然强固。

(二)旅游企业加快国际化布局

近20年高速增长的出境旅游把中国与世界旅游业紧密地联系在一起,并成为"一带一路"倡议、亚洲文明对话和人类命运共同体建设的重要组成部分。近年来,中国推进的旅游年、中美旅游峰会、中意文化交流、中俄人文交流等活动促进了文化旅游交流,中国发起成立的世界旅游联盟、世界旅游城市联合会、世界山地旅游组织等搭建了各国旅游合作的平台,为中国旅游企业国际化布局开拓了广阔前景。截至2018年底,中国与"一带一路"沿线国家直飞航线数已经达到近1 000条;截至2021年4月,已经有51个"一带一路"沿线国家面向中国旅游者开放便利签证政策。这些都为中国消费者出境旅游提供了便利。"一带一路"沿线是旅游资源的富集区,汇集了80%的世界文化遗产,涉及60多个国家、44亿人口,被视为世界上最具活力和潜力的黄金旅游之路。随着中国与"一带一路"沿线国家旅游合作的持续深入,旅游便利化水平持续提高,中国旅游企业沿着"一带一路"实施国际化布局的脚步将越走越快。

(三)对外开放的政策更加显著

中国出境旅游市场在推进与目的地国家和地区民心相通等方面发挥着重要作用。中国社会经济向好发展的趋势没有变,中国对外开放的决心和力度没有变,中国人民对于美好生活的向往没有变,这就意味着,出境旅游发展的根本逻辑没有改变。在中欧、中日韩、中非等合作框架下,亚太经合组织、上海合作组织、金砖国家等合作机制中,以及落实"一带一路"倡议的过程中,国际旅游合作以其促进经贸往来、增进交流互信等积极作用,在外交领域愈加凸显重要意义。

展望未来,在开放与合作成为主旋律的时代中,中国出境旅游市场的发展将更深刻地体现互利共赢、开放融通的特点,在文化与旅游深度融合的背景下,展现更广阔的发展前景,书写深化国际合作、增进各国人民福祉的新篇章。

第四节 国内旅游

一、国内旅游的定义和特点

旅行者的访问地在其居住国的地域内,这种旅游称为国内旅游。换句话说,人们为了休闲、商务和其他目的,到国内某些地方去以及在某些地方停留,但不超过1年的活动即是国内旅游。近年来,中国国内旅游呈现以下几个特点。

(一)从总量上看,国内旅游市场稳居三大旅游市场(入境旅游、国内旅游、出境旅游)的主体

我国人口众多,国土幅员辽阔,区域之间山川风貌、气候环境、历史人文等方面差异较大,易于形成超大规模的国内旅游市场。中国有着全球最大规模的国内旅游市场,已经展现出超大规模市场的优势。

进入21世纪以来,入境旅游增长放缓,入境旅游市场规模与国内旅游市场规模的差距迅速拉大,2001—2019年,国内旅游者人次比入境旅游者人次倍数由8.81倍迅速攀升到41.33倍。虽然21世纪以来出境旅游发展迅猛,但与庞大的国内旅游市场相比,依旧不可同日而语,2019年,国内旅游者人次是出境旅游者人次的35.49倍。从国内旅游总花费情况来看,由2001年的3 522.4亿元增长到2019年的57 250.92亿元,后者是前者的16.25倍。国内旅游者人均旅游花费从2001年的449.29元增长到2019年的953.23元,翻了一番。国内旅游消费市场早已经稳居三大旅游市场的绝对主体地位。

(二)从距离上看,中短程客流高于远程客流

从地理学的角度看,人的活动空间范围是呈距离递减的,距离愈近的范围内,人们活动的机会就会越多,随着距离的不断增加,人们活动的机会也逐渐减少,这就是人类空间行为活动的距离衰减规律。距离衰减规律反映在旅游空间行为上,表现为距离越近,旅游者出游率分布的概率就越大;距离越远,分布的可能性则越小。

目前,国内旅游客流仍以中短程客流为主,远程客流较少。如苏州、杭州的旅游者多来自长江三角洲,北戴河的旅游者则以北京、天津、河北、辽宁的居多。国内旅游客流主要有3种流向:一是由大中城市向城市周边流动的休闲度假客流;二是由中小城市及农村向大城市流动的观光购物客流;三是由东向西、由南向北、由北向南而形成的长距离观光度假客流。

(三)从节律上看,黄金周和小长假呈现"井喷"现象

自从2007年国务院修改《全国年节及纪念日放假办法》后,国内旅游市场逐步形成出游相对集中的"春节""十一"两个"黄金周"和多个"小长假"高峰期,在这些旅游高峰期,大量旅游者集中出游,从而引起一系列的问题:交通拥挤、饭店爆满、景区人满为患。特别是一些重点城市和热点景区,更是不堪负荷。这不仅严重影响了旅游者的消费热情和对目的地的印象,同时也威胁着区域旅游业的可持续发展。集中出游现象,既反映了中国国内旅游宏大的市场规模和巨大的发展潜力,同时也说明了国内旅游消费的节律性变化。2013年2月18日,国务院正式发布《国民旅游休闲纲要》,职工带薪年休假制度基本得到落实,城乡居民旅游休闲消费水平大幅增长,国民旅游休闲质量显著提高。

二、国内旅游的发展现状

国内旅游作为三大旅游市场之一,能促进总体旅游市场的发展,也能有效地推动地区经济增长。近年来,随着国家的各种政策不断完善,经济快速发展,人们的生活水平的提升,中国的旅游经济呈现出高速发展的态势。1978年改革开放以来,中国旅游业得到了迅速而长远的发展。进入21世纪之后,随着国家的各种政策出台和人们对旅游向往的意识提高,国内旅游形势更是稳步上升。

回顾国内旅游发展的历程,在2000年时,国内旅游人数达到7.44亿人次,国内旅游收入达3 176亿元人民币;2005年,国内旅游人数上升到12.12亿人次,国内旅游收入攀升为5 285.9亿元人民币;虽然经历了2008年的汶川特大地震并受到世界经济危机的影响,2010年的国内旅游人数仍然达到21.03亿人次,收入依然保持高增长;"十二五""十三五"期间,国内旅游人数和收入向上趋势一直不变;2019年全年国内旅游人数60.06亿人次,同比增长8.4%;2020年,受新冠疫情的影响,全年国内旅游者28.8亿人次,旅游收入22 286亿元,下降了61.1%。但是,中国国内旅游业消费信心正在稳步复苏,并有望迎来更大的市场空间。据中国旅游研究院测算,未来国内旅游市场空间将达到100亿人次、10万亿元消费。

在国内旅游不断取得辉煌业绩的背景下,汇聚了各个省(区、市)贡献的力量。尽管从纵向看,各省(区、市)的国内旅游发展也都在不断发展,但是从横向看差异还是存在,各个省(区、市)的国内旅游人次和收入也体现出明显的差异。

三、国内旅游的展望

全面建成小康社会为国内旅游的发展提供了重大机遇,人民日益增长的美好生活需要对旅游高质量发展提出了新的要求,国内旅游消费的快速增长彰显出中国旅游创新发展的巨大潜力。国内旅游呈现以下发展趋势。

(一) 文化和旅游的深度融合,促进多元业态的复合发展

文旅融合背景下,旅游行业与关联行业相互联系、相互依存,产生新的价值目标,构建跨行业的命运共同体,共同发展、共赢共享。例如,"旅游+互联网"模式将创新市场营销体系、开拓增量市场;"旅游+农业""旅游+科技"模式将优化产业供给体系,延长产业链条;"旅游+医疗康养""旅游+娱乐""旅游+人工智能"等模式,将促进多元业态的复合发展、激发产业活力、拓展国内旅游发展新领域。

(二)国内旅游消费增长,引领旅游产品品质提升

国家统计局公布的数据显示,2019年中国人均GDP突破1万美元,多层次、多样性消费升级态势明显。随着全面建成小康社会,居民可支配收入增加,大众旅游需求快速增长、高净值人群增多,消费市场规模逐步扩大,消费需求呈现出向品质化、高端化、个性化、订制化转变的趋势,消费者将更加注重舒适的消费体验、优质的消费环境、完善的要素供给和高质量的客户服务。旅游目的地将结合当地历史文化、自然资源的特点,开发出独特的旅游产品及纪念品,增加高品质的文体旅融合项目。未来中国"假期供给"方式也可能更加灵活,这也有助于提升消费者出行体验。

(三)科技赋能驱动,打造数字旅游新时代

旅游业是数字技术应用的重点领域。根据中国互联网信息中心最新公布的数据显示,截至2020年6月,中国网民规模达9.4亿人,互联网普及率达67%,庞大的网民规模和较高的网络普及率,是推进"互联网+旅游"发展的基础。数字经济将加速旅游产业数字化的进程,科技赋能驱动旅游智慧化的发展。

2020年,文化和旅游部、国家发改委等十部门联合印发的《关于深化"互联网+旅游"推动旅游业高质量发展的意见》提出,到2022年,旅游景区互联网应用水平大幅提高,建成一批智慧景区、度假区和村镇,全国旅游接待总人数和旅游消费恢复至新冠疫情前水平;到2025年,国家4A级及以上景区基本实现智慧化转型升级,全国旅游接待总人数和旅游消费规模大幅提升。

新科技在旅游领域有着丰富的应用场景,融合5G、AI、VR、AR、8K等技术可以创造出全新的旅游业态,为国内旅游者提供全新的消费体验;云旅游、云演艺、云娱乐、云直播、云展览等新业态发展,加速线上旅游消费取代线下消费的进程;在线上实现门票预订、旅游信息展示、文旅创意产品销售,提升公共文旅服务的智能化水平;运用大数据和云计算技术研判客源市场、分析消费者喜好、进行精准营销;依托大数据、云计算、物联网、人工智能等新技术,培育具有智能交互特征的文旅新业态。

视频:VR+旅游的神奇体验,未来能否发展起来?

【拓展阅读】

由火热直播引发的思考

回顾这一年,什么最火?直播可谓当仁不让。旅游业也在直播的形式中拓展了外延。中国旅游研究院的调查显示,21.7%的企业在疫情期间尝试了直播带货;43.4%的企业将微信、抖音、小红书等平台作为主要营销渠道。

在一轮又一轮技术变革后,旅行服务业经历了"从门店到人""从平台到人""从人到人"的产品分发渠道的变迁,个人品牌时代正在到来。

"无论是直播带货还是社群运营,都是'人·货·场·支付'的一体化,打破时空限制,每个人能够连接到的客户和资源都在呈指数级扩大。"中国旅游研究院产业所张杨博士说,目

前,旅游业内部已经产生了定制师、旅行顾问等新职业,未来在强大的供应链体系和数字化技术的支撑下,类似"旅游经纪人"的买手模式可能也会出现。

过去,消费者很少能感知到企业背后供应链的存在,原因在于供应链对消费者是不触达的,他们只能看到分销的产品与服务。但现在,上午订购的旅行产品恨不得下午就能使用,马上要出发了才想起咨询定制师,这些即时交付服务的能力都来源于新型供应链的支撑。如果企业无法快速满足旅游者的需求,就可能面临客户流失的风险。

在张杨看来,旅行服务业的供应链朝着更"短"、更"胖"的趋势变化。"'短'是缘于行业去中介化的过程。航空公司、酒店、景区的直销行动,平台和下游企业对资源的直采需求,都表明了整个旅游供应链的短链化趋势;'胖'则是指在变短的趋势中,也有越来越多的新业态主体进入供应链条,更多体现在资源端的供给,尤其是产品研发与内容生产方面,使得短化后的供应链显现出更丰满的样子。"

随着生产与消费边界的打破,在共创共益的导向下,生产者和消费者双方互为核心。

资料来源:刘圆圆.细分市场 旅游业之未来.人民日报人民文旅,2020-11-18

【第六章复习思考题】

一、简答题

1. 简述旅游市场的概念和特征。
2. 列举旅游市场细分的分类标准。
3. 简述入境旅游的特征。
4. 简述出境旅游的影响因素。
5. 简述国内旅游的发展趋势。

二、论述题

1. 为促进入境旅游发展,有哪些对策和建议?
2. 在文旅融合的大背景下,国内旅游可能迎来哪些消费热点和市场需求?

三、实践题

小组讨论:根据《中国入境旅游发展年度报告2020》,中国未来的入境旅游将面临哪些机遇和挑战?

第七章 依法治旅——旅游发展的保障

■ **本章导读**

在过去的几十年中,旅游业作为全球增长速度最快、影响规模最大的行业,取得了巨大的成绩。世界各国和中国旅游产业的发展充分说明,政府对旅游产业采取的管理体制直接影响着旅游产业的发展方式、产业结构、经济效益。本章主要从管理体制、旅游法律法规、文明旅游、危机处理和智慧旅游5个方面出发进行讲解,重点讲述了旅游管理体制的类型、《中华人民共和国旅游法》(以下简称《旅游法》)、文明旅游的实施、旅游危机的处理、智慧旅游的表现。通过本章的学习,学生可以了解目前在世界范围内的旅游管理体制以及中国的旅游管理体制、《旅游法》的意义、文明旅游的实施路径、如何进行危机处理以及如何实施智慧旅游。

■ 学习目标

● 知识目标

1. 了解旅游管理体制的内涵、类型,旅游标准化管理
2. 了解旅游法律、法规的分类,熟悉《旅游法》的内容
3. 掌握实施文明旅游的意义
4. 了解并掌握旅游危机的类型及处理的方法
5. 了解智慧旅游的表现特点及发展趋势

● 能力目标

1. 通过专业视角树立必要的制度自信
2. 能够全面分析不同旅游管理体制的特点
3. 能够全面分析《旅游法》对旅游业发展的重要作用
4. 能够准确判断旅游危机的类型,并具备解决危机的基础能力
5. 逐步养成行业必备的法律、法规意识,标准意识

● 素养目标

1. 学习我国的旅游法律法规,树立旅游法治意识,遵守职业法律规范、增强旅游法律素养
2. 践行旅游文明公约,树立社会公德意识,爱护环境,保护环境。正确引导旅游者的行为规范
3. 遵守职业规范,培养职业道德素养,诚实守信、爱岗敬业,努力成为具有社会责任感和进取精神的旅游人

■ 思维导图

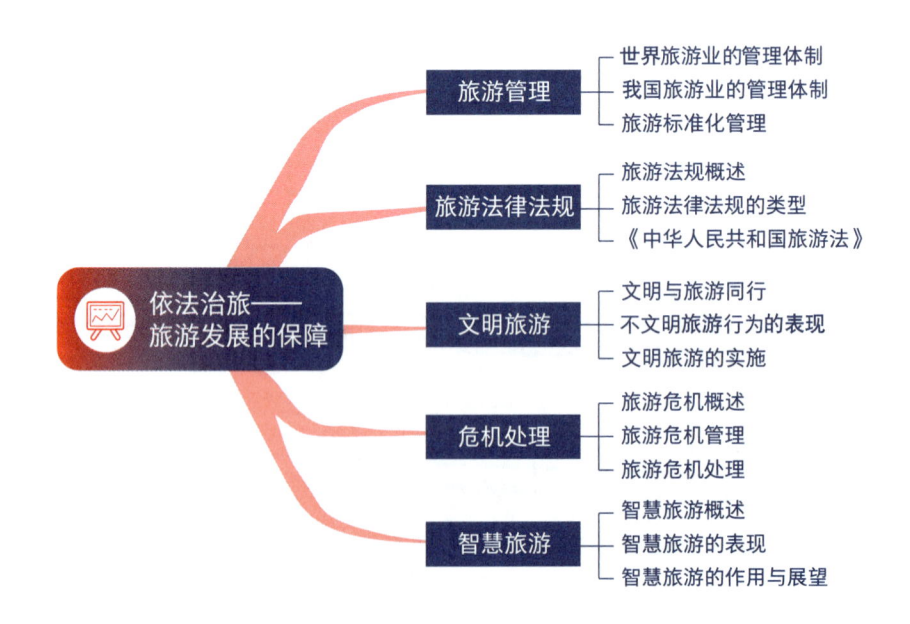

依法治旅——旅游发展的保障
- 旅游管理
  - 世界旅游业的管理体制
  - 我国旅游业的管理体制
  - 旅游标准化管理
- 旅游法律法规
  - 旅游法规概述
  - 旅游法律法规的类型
  - 《中华人民共和国旅游法》
- 文明旅游
  - 文明与旅游同行
  - 不文明旅游行为的表现
  - 文明旅游的实施
- 危机处理
  - 旅游危机概述
  - 旅游危机管理
  - 旅游危机处理
- 智慧旅游
  - 智慧旅游概述
  - 智慧旅游的表现
  - 智慧旅游的作用与展望

第一节 旅游管理

【案例导入】

2018年3月,文化和旅游部正式成立。文化和旅游部是根据党的十九届三中全会审议通过的《中共中央关于深化党和国家机构改革的决定》《深化党和国家机构改革方案》和第十三届全国人民代表大会第一次会议批准的《国务院机构改革方案》而设立的,文化和旅游部是国务院的组成部门,为正部级。

文化和旅游部的主要职责是贯彻落实党的宣传文化工作的方针政策,研究拟订文化和旅游工作政策措施,统筹规划文化事业、文化产业、旅游业的发展,深入实施文化惠民工程,组织实施文化资源普查、挖掘和保护工作,维护各类文化市场,包括旅游市场秩序,加强对外文化交流,推动中华文化走出去等。

思考:文化和旅游部是什么性质的管理部门? 与原国家旅游局在管理职能上一样吗?

一、旅游管理体制概述

(一)旅游管理体制的内涵

旅游管理体制是指因协调与管理旅游产业发展过程中所产生的各种复杂关系而形成的旅游组织形式和旅游管理制度。具体来说,它包括旅游业的组织机构、组织形式、调节机制、监督方式、各种机构或组织的责任、权限和利益等问题。

旅游管理体制是旅游管理的基础和核心,它渗透到旅游管理的各环节、各领域和各个方面,是旅游经济活动正常开展和旅游经济有效运行的重要保障,也是实现旅游经济发展目标的重要手段。各国的旅游管理体制不尽相同,但都是设立了相关的旅游主管机构对旅游经营活动和旅游事业实施领导和管理。

(二)旅游管理的组织机构

据世界旅游组织统计,全世界大约有68%的国家将旅游主管部门设在中央政府机构,约31%的国家是由大的国有公司管理旅游事业,还有少数国家的旅游业由私人企业经营,国家不直接进行管理。主要包括以下几种基本模式:

(1)旅游部模式。该模式管理的行政能力较强,机构为部级规格,管理职能单一,目前世界上约有25个国家的最高旅游行政管理机构为旅游部,如土耳其、菲律宾、埃及、墨西哥、意大利等。

(2)旅游委员会模式。该模式权利单一,其中一部分此类委员会只是协调机构而不是权力机构,采用这一模式的有部分东欧国家。

(3) 混合职能模式。分为混合职能部和在其他职能部下设旅游主管机构。目前采用混合职能部的国家有40多个,如法国的工业、邮电与旅游部设为一体,西班牙的交通、旅游与通信部等设为一体,再比如,中国的文化和旅游部也是这种模式。在其他职能部门下设旅游主管机构的国家,如美国的旅游部门设在商务部,韩国的旅游部门设在交通部。

(4) 旅游局模式。全球有10多个国家和地区采用此模式。

(5) 非中央机构模式。该模式中,最高旅游行政主管机构不属于政府部门系列。目前世界上有30多个国家和地区采用这种模式,如爱尔兰旅游局和伊拉克国家旅游组织。

二、中国旅游业的管理体制

新中国成立以来,特别是改革开放以来,旅游业和其他行业一样,管理体制几经改革和调整,促进了旅游业的不断发展。中国旅游业的管理体制的初步构架,是在入境旅游的需求诱导下促成的。此后不久,受政治大环境的影响,旅游管理体制迅速转为纯粹的供给主导型的模式。

(一) 中国旅游管理体制的现行模式

中国现行旅游管理体制是根据1981年《国务院关于加强旅游工作的决定》的精神,按照"统一领导,分散经营"的原则建立的。坚持"统一领导,分散经营"的原则,一方面,保证了中央对旅游事业的集中领导,把旅游业纳入统一的国民经济计划;另一方面,又因地制宜地发展了地方旅游事业,尊重企业在业务经营上的自主权。根据这一原则,中国旅游业实行政企分开的两级管理体制。

(二) 中国旅游管理体制的发展历程

新中国成立至今,中国的旅游管理体制的建立和演进,经历了以下阶段。

1. 1949—1978年,旅游管理体制基本构架阶段

这个阶段的管理体制是一种较为典型的诱导式制度变迁过程,以需求主导型变迁为主。这一时期,旅游管理机构的主要任务是负责从中央到地方的外事性、政治性的接待工作。1964年12月1日,中国旅行游览事业管理局作为国务院的直属机构正式成立,其主要职能有:负责管理外国自费旅游者的旅游业务工作;领导各有关地区的中国国际旅行社和直属服务机构的业务;负责对外联络和宣传。从此,中国旅游管理体制改革具备了独立的行政主体。

2. 1978—1985年,旅游管理体制转折与突破阶段

1978年7月,国务院成立了由副总理亲自挂帅、相关部门加入的旅游领导小组,开始建立各省级旅游管理机构,将旅游局变为国务院直属局。1982年,中国旅行游览事业管理总局和中国国际旅行社总社正式分家,这是中国旅游管理中政企分开的第一步,从此,中国才诞生了真正意义上的旅游企业和旅游行政管理机构。这一阶段,中国旅游管理体制得到突破,一是初步形成了旅游管理体系;二是旅游业向经济创汇产业逐步转轨;三是旅游管理与经营大一统的格局被打破,政企分开迈出关键性步伐,旅游管理体制趋向多元化。

3. 1986—1998年,旅游管理体制深化改革阶段

从1985年开始,各级旅游行政管理部门开始在实践中探索旅游全行业管理的内容和方法。这一时期旅游管理体制改革工作的重点,是旅游管理体制改革思路的进一步深化。在贯彻"国家调控市场,市场引导企业"的原则下,旅游业走上由行政管理向行业管理转变的道路,由直接管理企业转变为通过市场间接进行管理和调节。按照市场经济规律加强行业管理,管理手段日趋多样,管理方式更加规范,管理领域不断拓展。这一时期,入境旅游继续发展,国内旅游迅猛崛起,旅游促销形成系列工程,产业规模持续扩大,地位进一步提升。

4. 1999—2002年,旅游管理体制进一步完善阶段

到2001年,几乎所有的省、自治区、直辖市的政府都明确旅游业的产业地位,列为本地区新的支柱产业和新的经济增长点。

这一时期的标志性事件,一是国务院正式执行"黄金周"制度,实现了旅游业的突破,并成为旅游业发展史上最具有诱导式制度变迁性质的一次变革;二是2001年旅游业加入世界贸易组织的承诺表的公布,标志着中国旅游业从此开始着手新一轮的产业布局。与此同时,是理念上的大旅游观念进入主流意识,建设世界旅游强国被确立为中国旅游业的一个阶段性目标。

这一阶段的旅游管理体制改革是前一阶段管理体制改革的细化和完善,旅游管理体制向细部发展。

5. 2003年开始至今,旅游管理体制新调整阶段

这一阶段,中国经济社会进入新的调整期,"脱贫攻坚"问题被反复强调,习近平新时代中国特色社会主义思想深入人心。2018年3月,文化和旅游部成立,是旅游体制在新的条件下的调整。这个时期,旅游体制的变革更注重放管服的改革和新的市场化的宏观调控手段的设立。

三、旅游标准化管理

俗话说"不以规矩,不成方圆"。因此一个行业、一个企业要想做得好,标准的制定是很重要的。旅游企业提供的产品是服务,旅游者购买的是服务,追求的也是高质量的服务,市场需要规范的也是各种形式的服务活动。因此,旅游标准化的主要对象就是服务。

(一)旅游标准化概述

旅游标准化是指在标准意识的指导下,在遵循标准化发展规律的基础上,针对旅游产业生产经营的全过程和主导要素,通过规范化的管理制度、统一的岗位服务项目、程序、技术标准以及预期目标的设计与培训,向旅游产品及服务的消费者提供可追溯和可检验的重复服务的管理活动与过程。

旅游标准化的内容是旅游服务和管理领域中的具有重复特性的事物和概念,包括旅游业吃、住、行、游、购、娱六大要素各个环节中带有普遍性和重复性的事物和概念。根据2000年原国家旅游局发布的《旅游标准化管理暂行办法》第十四条的规定,旅游标准化的内容具体包括

以下 8 个方面：① 旅游企业基础、信息、通用标准；② 旅游标志、术语标准；③ 旅游基础设施和项目设施标准；④ 旅游服务质量标准；⑤ 旅游规划和资源普查标准；⑥ 旅游专门产品和质量标准；⑦ 旅游安全、卫生、环境保护和劳动保护标准；⑧ 旅游业标准规划体系所规定的其他标准。

旅游业国家标准和行业标准分为强制性标准和推荐性标准。保障人体健康和人身、财产安全的标准和法律、法规规定为强制执行的标准是强制性标准，其他旅游业标准均为推荐性标准。

旅游标准按性质划分为基础标准、设施标准、服务标准、产品标准和方法标准，涵盖了旅游业吃、住、行、游、购、娱及综合的其他要素。旅游标准化管理不仅是旅游企业提高质量水平的依据，也是旅游企业进行市场定位、树立市场形象、参与市场竞争的有力手段，最终目标是提升中国旅游业在国际旅游市场的竞争力。此外，旅游标准化工作是通过制定标准、实施标准和对标准实施情况进行监督、检查，加强管理，规范市场，提高质量，增进效益，以促进旅游全行业的健康发展。

（二）旅游标准化管理

全国旅游标准化技术委员会于 1995 年成立，负责旅游业的标准化技术归口工作，分别负责旅游标准化各个方面的研究工作和标准编制的组织工作。旅游标准化技术委员会由国务院标准化主管部门（即国家标准化管理委员会，简称"国家标准委"）委托文化和旅游部领导和管理，委员由旅游行政管理人员和旅游专家担任。

2000 年，颁布施行了《旅游标准化工作管理暂行办法》和《旅游业标准体系表》，是旅游标准化工作开展的重要依据，对全面提高旅游服务质量和管理水平、实现旅游业科学管理起到了积极的促进作用。截至 2020 年，已经发布的旅游标准达到 104 个（其中国家标准 42 个、行业标准 62 个），标准数量在中国服务行业中处于领先地位。

中国旅游标准化管理发展规划的目标是：通过努力在旅游基础、旅游质量、旅游资质、旅游设施、旅游信息、旅游安全和卫生、旅游环境保护等方面构建起一个完整的旅游标准化体系。目前，中国已经初步形成了基础标准、设施标准、服务标准、产品标准、方法标准等涵盖吃、住、行、游、购、娱各方面的旅游行业标准体系。

【拓展阅读】

旅游休闲街区等级如何划分？行业标准来了

为贯彻落实党的十九届五中全会精神，打造文化特色鲜明的国家级旅游休闲街区，文化和旅游部牵头编制的《旅游休闲街区等级划分》（LB/T 082—2021）行业标准（以下简称《标准》）近日颁布，于 2021 年 4 月 1 日起实施。

据了解，《标准》将旅游休闲街区划分为国家级旅游休闲街区和省级旅游休闲街区两个等级，对街区内培育和践行社会主义核心价值观，倡导文明旅游、节约饮食和绿色消费等方面作出了规范。《标准》提出，旅游休闲街区应具有明确的空间范围、稳定的访客接待量、统一有效的管理运营机构、一定比例的地方文化和创意文化业态等。《标准》还对旅游休闲街区的可进入性、文化和旅游特色、环境特色、业态布局、服务设施、综合服务、卫生、安全、管理等作出要求。

下一步,文化和旅游部将结合《标准》实施细则的制定,开展建设试点工作,增强国家级旅游休闲街区品牌的影响力,更好地发挥对行业的示范带动作用。

资料来源:旅游休闲街区等级如何划分?行业标准来了.中国旅游报,2021-01-28

【头脑风暴】

结合自己的旅游经历,谈谈人们对旅游标准化的需求。

第二节 旅游法律法规

随着旅游业的蓬勃发展,越来越多的法律问题便浮出水面,消费者的维权事宜、旅游中发生的利益纠纷等,都破坏了人们进行旅游的初衷,让人们带着抑郁的心情结束旅程。而这些,并不是旅游工作者希望看到的。作为每一个旅游者,都希望在健全的法律环境下愉快旅游,那么,目前中国的旅游法律、法规有哪些?旅游行业的国之大法《旅游法》规定了哪些内容?这些都将是我们学习的内容。

【案例导入】

《中华人民共和国旅游法》诞生记

"150票赞成,5票弃权。"2013年4月25日下午,第十二届全国人民代表大会常务委员会第二次会议表决通过了《中华人民共和国旅游法》。这是第十二届全国人民代表大会常务委员会通过的第一部法律,也是一部令人期待已久的法律——它酝酿了30多年,期间曾列入立法规划,又因时机和条件不成熟被搁置。如今,这部法律历经三审,终获通过,使中国旅游业有了专门的法律保障,填补了法律的空白,也为"依法之旅"打下了基础。

在注重经济增长质量和旅游业快速发展大势之下,它的出台亦可谓恰逢其时,不仅对于促进旅游业健康有序发展具有里程碑的意义,也有利于推动中国经济发展方式的转变和结构的调整,有利于提升广大人民群众的幸福指数。依据法律条款,2013年10月1日,《旅游法》正式实施。

思考:《旅游法》在中国旅游法律体系中占什么地位?

一、旅游法律法规概述

伴随着中国的改革开放、法制建设的发展进程,中国旅游法制建设为中国旅游业的可持续、健康发展保驾护航,历经起步探索、发展转轨、积蓄突破、不断完善4个阶段。形成了具有中国特色的旅游法规体系。

(1) 各级高度重视、着手早,与旅游业的发展相伴相随;有明确、清晰的立法思路和指导思想,从《中国旅游业发展"十五"计划》到《"十三五"旅游业发展规划》,立法战略契合中国国情。

(2) 起点高,立法技术上注重吸收旅游业发达国家的经验,立法内容注意从中国的实际出发,较好地实现了向市场经济的转轨。经过40年的不懈努力,初步构建起以《旅游法》为引领,旅游行政法规、部门规章、地方法规、地方部门规章相配套的旅游法制体系,为旅游业的可持续健康发展提供了保障、奠定了基础。

二、旅游法律法规的类型

中国目前的旅游法律法规包括以下几类。

(1) 全国人民代表大会及其常务委员会制定的旅游法律,如《中华人民共和国旅游法》。

(2) 国务院制定的旅游行政法规和条例,如《旅行社条例》《导游人员管理条例》《风景名胜区条例》。

(3) 国家旅游行政主管部门制定的部门规章,如《导游管理办法》《旅游安全管理办法》《中国公民出境旅游管理办法》《旅游投诉处理办法》《旅行社责任保险管理办法》等。

(4) 地方旅游法规(含地方人民代表大会颁布的地方旅游管理条例)。目前,中国31个省、自治区、直辖市均制定和颁布了《旅游管理条例》等地方性法规。

(5) 中国政府缔结、承认的国际旅游公约和规章等,如《国际饭店规章》《旅游权利法案和旅游者守则》《马尼拉世界旅游宣言》等。

【头脑风暴】

树立法律意识,增强法律观念,请根据中国现有的旅游法律、法规类型,分别举例说明。

三、《中华人民共和国旅游法》(以下简称《旅游法》)

(一)《旅游法》概述

《旅游法》是为保障旅游者和旅游经营者的合法权益,规范旅游市场秩序,保护和合理利用旅游资源,促进旅游业持续健康发展而制定的法律。《旅游法》是中国旅游业的根本大法。

《中华人民共和国旅游法》于2013年4月25日,经第十二届全国人民代表大会常务委员会第二次会议通过,自2013年10月1日起施行。2016年11月7日,第十二届全国人民代表大会常务委员会第二十四次会议对《旅游法》进行了修订,并实施。

《旅游法》全文共10章,112条,具体包括总则、旅游者、旅游规划和促进、旅游经营、旅游服务合同、旅游安全、旅游监督管理、旅游纠纷处理、法律责任和附则。

(二)《旅游法》的意义

1. 保障旅游者和旅游经营者的合法权益,规范旅游市场秩序

近年来,中国旅游市场不断扩大,旅游需求日益增长,但是旅游市场的经营管理还不健全,竞争秩序还不够规范,旅游者的合法权益受到损害的情况时有发生,特别是"零负团费"经营模式引发的恶意低价竞争、强迫购物、欺客宰客等问题屡禁不止,为实现旅游业的健康持续发展,必须通过规范旅游市场经营秩序来维护旅游经营者的合法权益。

2. 保护和合理利用旅游资源

旅游业的发展,在很大程度上依赖于旅游资源,旅游资源是旅游者进行旅游活动的基础和前提条件。近年来,一些地方旅游项目存在盲目建设、过度开发、忽视资源的自然价值和人文内涵等问题,破坏了旅游资源的区域整体性、文化代表性、地域特殊性,影响到旅游资源的永续利用和旅游业的可持续发展。对此,本法强调在有效保护旅游资源的前提下,依法合理利用旅游资源,实现保护和合理利用旅游资源的有机统一。

3. 促进旅游业持续健康发展

旅游产业是一个产业群,由多种产业组成,具有多样性和分散性,涉及的领域广、产业带动力强、创造就业多、资源消耗低、综合效益好,发展旅游业,可以有效拉动居民消费和社会投资,优化产业结构,扩大劳动就业,增加居民收入,推动科学发展,促进社会和谐。制定旅游法,是促进旅游业持续健康发展,充分发挥旅游业对经济建设、文化建设、社会建设、生态文明建设的综合推动作用的需要。

(三)《旅游法》的特点

1. 采取综合立法模式

综合立法的优点是在将旅游业发展最主要、最根本的问题囊括在一部法律中,能够满足明确旅游业发展促进措施、确立统一的市场规则和规范的权利义务关系,建立国家旅游发展协调机制等方面紧迫的立法需求,立法成本小、效力高。

2. 在权益平衡基础上注重保护旅游者

《旅游法》理清了政府与旅游者、旅游者和旅游经营者、旅游者和旅游从业人员等之间的权利、义务和责任。更加突出以旅游者为本,在强化政府监管、公共服务、旅游经营规则、民事行为规范、各方旅游安全保障义务等方面均有多项保护旅游者权益的相关规定。

3. 规范市场秩序,完善市场规则

《旅游法》严格规范了旅游者的经营行为,使其诚信经营、公平竞争,并出台了系列政策和制度保障。

4. 借鉴吸收国际立法经验

世界上有60多个国家制定了《旅游法》。国际旅游组织也有相关的规定。中国立足于本国旅游业发展经验和现实需求,在借鉴国外经验的基础上,做好与国际通行的行业规则的衔接,对国际旅游法律法规进行了选择性的吸收和创新。

第三节 文 明 旅 游

进入21世纪,中国旅游市场迅速发展壮大,市场规模、消费能力、增长潜力和产业带动性已经引来了社会各界的普遍关注。一方面,旅游市场的蓬勃发展直接推动了中国国民经济的发展与进步,且使数以亿计的普通民众观光游览、休闲娱乐的愿望终得实现;另一方面,伴随旅游市场的逐步壮大,部分旅游者在旅游行程中的不文明行为也越来越成为媒体和社会的关注热点。个别中国出境旅游者的不文明行为在一定程度上影响了我们的民族认同感和外国人对中国的认知和认同。文明旅游,不仅仅是一个人素质的体现,更是一个国家形象的展示。那么,什么是文明旅游呢?

【案例导入】

2019年,中共中央、国务院印发《新时代公民道德建设实施纲要》(以下简称《纲要》)引起社会的广泛关注。作为"推动道德实践养成"的重要组成部分,"文明旅游"在《纲要》中被多次提及。

大众旅游时代,旅游已成为满足人民日益增长的美好生活需要的重要手段,成为人民群众提升获得感和幸福感的重要路径,因此旅游相关话题自然也受到了社会的广泛关注。

文化和旅游部委托第三方机构完成的《2018中国出境游游客文明形象年度调查报告》显示,国外民众对中国旅游者文明素质的打分(10分制)由2016年的5.2分,上升到2018年的6.02分。从近年来的舆情监测情况来看,特别是国庆期间并没有出现有关不文明旅游报道明显增加的现象。业界普遍认为,得益于政府的有效引导、行业的大力宣传和社会各界的广泛监督,不文明旅游的行为确实比以往显著减少了。

思考:中国旅游者文明素质提升了,是不是就意味着不用再关注文明旅游现象? 文明旅游的内涵是什么?

一、文明与旅游同行

(一)文明旅游概述

谈起文明旅游,你一定会想到不文明旅游,没错,国内对文明旅游的认识也是分阶段逐步推进与深入的。文明旅游最初以一种呼吁和倡导的方式出现,倡导旅游者以文明的方式开展旅游活动。随着时间的推移,文明旅游被不断赋予新的内涵,越来越多的人开始关注文明旅游。目前明确提出文明旅游概念的代表性研究成果有:杨忠元和胡静认为,文明旅游者是指旅游者及旅游服务人员(包括导游、司机等)在旅游过程中遵守旅游的公共秩序,其言行举止符合法律、法规和道德行为规范;孙天胜认为,旅游文明行为是公民道德在其旅游行为中的外化,这一观点将文明旅游和公民道德直接挂钩;黄细嘉和李凉认为,文明旅游是旅游主体在参与旅游过程中,具文明感知、情感、知识、责任的文明行为的综合。总体来看,当前国内对文明旅游的概念研究尚未上升到学术层面,还处在探讨阶段,因此,对文明旅游的概念尚未达成广泛共识。

通过梳理上述学者的观点,本书认为:"文明旅游"作为一个大众话题,可以分解为两个部分——"文明"和"旅游",前者是用来界定后者性质的。舆论的共识性理解为:"文明旅游"的主体通常指旅游者;"文明旅游"是一个行动概念。

文明旅游有广义和狭义之分,广义的文明旅游是指旅游发展过程中符合文明规范的旅游利益相关者群体行为特征和行为结果的总体表现;狭义的文明旅游是指旅游活动中旅游者符合文明规范的旅游个体行为。

(二) 文明旅游的意义

旅游者的种种不文明行为不仅损害了文物古迹,破坏了景区生态环境,降低了其他旅游者的游览质量,更重要的是给社会造成了不良影响,使社会公众道德备受质疑,让国家形象蒙羞。文明旅游不仅关乎国民素质修养,也展示了一个国家的文明程度,无论是在国内还是在国外,国人的旅游行为以及旅游经营者的服务行为所表现的文明程度直接关系着外国人对国人形象乃至国家形象的评价,进而影响他们的出游决策,最终影响国家的入境旅游规模和国际旅游竞争力。

二、旅游中常见的不文明行为

旅游者在旅游过程中,所表现出来的不文明行为主要有如下方面。

(1) 随处抛丢垃圾、废弃物,随地吐痰、擤鼻涕、吐口香糖,污染公共环境。
(2) 上厕所不冲水,不讲卫生。
(3) 公共场所随便吸烟,污染公共空间。
(4) 乘坐公共交通工具时争抢座位、相互拥挤。
(5) 不遵守秩序,插队、加塞。
(6) 在公共场所高声接打电话、大声喧哗、扎堆吵闹。
(7) 在景区内随意攀爬、刻字留念、破坏景区草地、花木等。
(8) 在宗教、博物馆等场所嬉戏、玩笑、随意拍照。
(9) 大庭广众之下脱去鞋袜、赤膊袒胸,酒足饭饱后剔牙、打嗝。
(10) 说话脏字连篇,举止粗鲁专横,缺乏基本的社交修养。

这"十大"不文明行为,在旅游、出行的过程中只是冰山一角,远未涵盖所有的不文明旅游行为。例如,除了上述不文明行为外,在旅游、出行过程中,常会看到诸如闯红灯、乱停车,不遵守交通规则;衣衫不整、蓬头垢面;随地大小便;不分场合吃零食;吃自助餐时有喜欢的菜品一哄而上,吃不完浪费等不文明现象和行为。

旅游者的不文明行为是个人因素与其周围的环境因素相互作用的结果。从主观方面说,不文明行为的出现源于个人文明出游的意识空白。旅游者通常在旅游中追求一种"忘我"的状态,有钱就是任性,什么社会文明公德纷纷抛之脑后,尽兴就是玩乐宗旨。从客观方面而言,物理环境的暗示和行为的示范效应加剧了这种不文明现象的产生。比如在环境卫生脏乱差的地方,旅游者乱扔垃圾的发生行为率较高。借用经济学上的"马太效应"可以合理解释个人行为和环境之间的相互影响。此外,模仿和从众容易成为旅游者可靠的参照系统,让多数人对一些行为习以为常。譬如,草地上有一行人经过,很快那块草地便会走出一条路来,于是走的人多了就成了大家所为,不会有人觉得有什么不合理之处。

一言以蔽之,个人素质是不文明行为发生的病灶。首先,个人认识上的提升是解决旅游者不文明行为的关键。有意识地遵循自然、社会法则,不肆意妄为,对景区的文物、草木发自内心地爱护。例如,中国旅游者在泰国广受欢迎不仅是因为能给当地带来经济收入,更重要的是大多数旅游者都能做到入乡随俗。其次,提倡文明行为是应对不文明现象发生的有效之举。不盲从,不效仿,对有违社会公德的事坚决不做、不乱画、不乱丢,把个体的小行为内化为有规矩可依的自由状态。此外,多举措并行也是治理旅游乱象的应有之义。

微课:旅游者的不文明行为

【拓展阅读】

旅游者参观地震遗址嬉笑不已,导游怒怼:再笑请你出去!

2021年1月24日,在四川省汶川县映秀镇映秀震中遗址,几名旅游者在参观过程中不停地说说笑笑。导游看到后怒怼旅游者:"请文明祭奠,如果再笑请你出去!"这段视频在网上流传开来,旅游者在参观汶川大地震遗址时,嬉笑打闹,导游多次劝说无果后,最终怒怼旅游者。而导游的做法也让网民拍手称快。

《旅游法》规定,旅游者在旅游活动中应当遵守社会公共秩序和社会公德,遵守旅游文明行为规范。就算是参观普通的博物馆、纪念馆,都不应该大声说笑、影响他人,更何况是在承载千万生命的遗址之上?遗址纪念馆背负着沉重的生命代价和历史意义,人们参观遗址,接受的不仅是历史记忆和防灾知识,更是一种生命教育,许多网友更是将参观遗址称作"生与死的对话"。我们并不强求感同身受,但至少应该保持肃穆,心怀敬畏。

资料来源:根据网络资料整理

三、文明旅游的实施

(一)提升公民文明旅游意识

提升公民文明旅游的意识,不仅要加强宣传,更要举一些例子,让大家明白文明不仅关系个人修养,更关系着整个社会的精神面貌。在旅游的过程中,旅游者是文明的传导者,始终在与自然亲近,与同伴交流,与文明对话。旅游者之间应彼此宽容,相互欣赏,互为景观;同时还要认识到,旅游是消遣、是休闲,不是为所欲为。

(二)加强对文明旅游的引导

作为旅行社,在组团外出前,可以和旅游者签订文明旅游者合约,同时,旅行社还可以为旅游者准备旅游礼仪规范说明,派发"文明礼仪手册"。在旅途中,导游可利用坐车的时间提醒旅游者做到文明旅游,如果团中有小朋友,活动方式还可以相对灵活些,比如让小朋友出来讲"文明语"或者领读,或者用提问抢答的形式来教育引导旅游者注意自己的行为。

【拓展阅读】

图7-1为《中国公民国内旅游文明行为公约》。

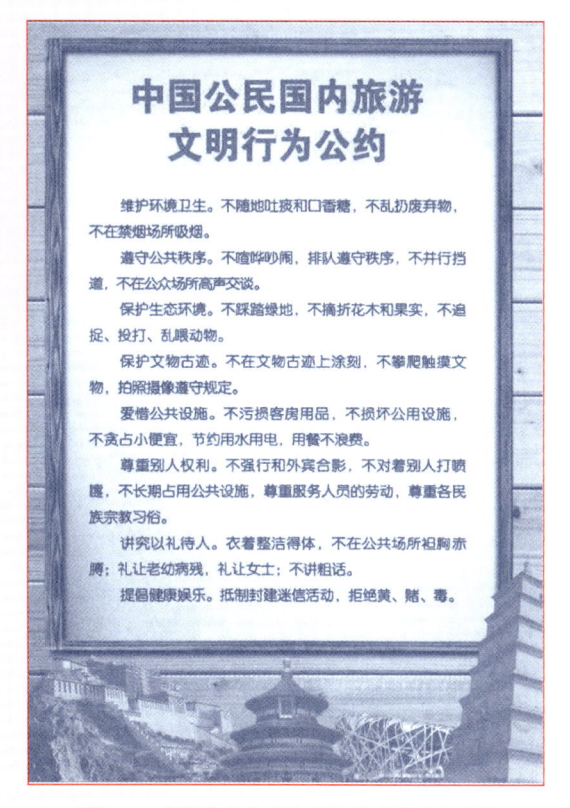

图7-1 《中国公民国内旅行文明行为公约》

《中国公民国内旅游文明行为公约》于2006年10月2日由中央文明办、原国家旅游局发布。

图7-2为《中国公民出境旅游文明行为指南》。

图7-2 《中国公民出境旅游文明行为指南》

《中国公民出境旅游文明行为指南》于2006年10月20日由中央文明办、原国家旅游局发布。

（三）加大景区对文明旅游的宣传

通过制作便于携带的"文明旅游提示卡"分发到各大旅游景区,让景区工作人员在旅游者购买门票时免费发到每一位旅游者手中。提示卡主要针对旅游者在进入景点后经常出现的随地吐痰、随处抽烟、乱写乱画、乱扔垃圾、不守秩序、不听劝阻等种种不文明行为,可采用漫画的形式,提示引导旅游者文明旅游,爱护景观,友爱互助。同时,景区可以定期举行相关文明旅游的活动,使旅游者响应并且积极参加,以此达到文明旅游的目的。

【头脑风暴】

写下你认为旅游景区应该在文明旅游宣传方面采取的举措,逐步树立爱岗敬业、诚实守信的职业意识和主人翁责任感。

（四）健全监督机制，赏罚结合

提升旅游者文明素质，既要靠公民提升个人素质，也要靠社会广大群体共同监督，既要靠正面引导，也要靠管理约束。要设立社会监督电话、媒体监督专栏，加强对旅游行业单位服务工作和旅游团体、旅游者的监督，及时曝光旅游不文明行为。同时要制定完善相关管理规章和制度，建立文明旅游引导工作考评机制，做到赏罚结合。对做得好的单位和个人给予适当奖励，对屡教不改的不文明旅游的旅游者可以采取一定的措施，如处罚等加强管理约束，再如，把不文明旅游的旅游者列入"黑名单"，进入"黑名单"的旅游者的信用体系会造成影响。对不能有效教育引导旅游者文明出行、造成不良影响的旅行社和相关责任人，要进行通报批评并责令整改。

（五）提高从业人员的素质

旅游从业人员主要包括旅游行政管理部门人员、导游、景区工作人员等直接与旅游者接触的工作者。

旅游政府主管部门及相关管理部门要率先起到示范作用，尽到相应的管理和服务责任，对旅游者的不文明行为要起到管理和监督作用。导游对旅游者的行为起到直接的示范、监督和制约作用。旅游景区既是为旅游者服务的前沿窗口，也是在潜移默化中对旅游者进行文明旅游教育的重要阵地。因此要努力创建文明景区，提升景区从业人员的文明素质，将各类旅游景区建设成传播文明旅游的重要场所。景区从业人员要以身作则，起到文明旅游带动和示范作用。

微课：提升旅游者文明旅游行为的途径

第四节 危机处理

新冠疫情再一次给我们敲响警钟：旅游业很容易受到社会稳定与否、经济发展程度、国际局势变动等因素的影响。如何应对旅游危机？对于危机事件，我们能够做些什么？这是我们需要解决的问题。

【案例导入】

2019年年末，突如其来的新冠疫情对中国和世界各国各地区旅游旅行业的影响是空前的，直接导致2020年国际旅游业绩断崖式下降。第一季度，全球96%的旅游目的地实行了出行限制措施，90%完全或有针对性地关闭边境。2020年春节期间，中国文化和旅游部按照"把人民的生命安全和身体健康放在第一位"的指示精神，及时将旅游市场政策从"繁荣市场、保障供给"，调整为"停组团、关景区、防控疫情"。受此影响，全球范围内的旅游人次大幅下跌，国际旅游者人数在4月降至最低。随着一些国家和地区的疫情防控效果的显现，中国国内旅游市场从5月开始逐渐恢复。中国从2020年3月14日就放开了省内旅游业务，5月的劳动节假日旅游接待人次按可比口径恢复了53.5%。两个月以后，中国进一步恢复了跨省旅游业务，国内旅游市场进一步好转。受各国各地区疫情防控效果的影响,旅游市场复苏的节奏呈现出明显的差异性。总体而言,早防控、严防控的国家和地区市场也是早复苏、快复苏,迟防控、松防控的国家和地区则是晚复苏、慢复苏。中国10月的国庆节假日,共接待6.37亿人次的国内旅游者,同比恢复了80%。我们也注意到,尽管国内市场复苏较快,但是中国公民出境旅游消费的收缩,还是显著影响了国际旅游业,特别是东亚、东南亚、西亚和北非地区的国际旅游市场景气指数很低。

思考:新冠疫情属于危机事件吗?中国旅游业是如何应对的?

一、旅游危机概述

(一)旅游危机的概念

旅游业是一个环境敏感型的产业,这种敏感表现在非常容易遭受突发事件的冲击和影响,从而导致严重的衰退和滑坡,形成所谓的旅游危机。

旅游危机通常是由各种不确定的因素或者突发性的重大事件(如自然灾害、急性传染病、战争、恐怖袭击、各类安全事故以及经济危机等)所引发的,且往往会导致旅游业遭受重大的损失以及长时间难以彻底根除的后续消极影响。

本书采用世界旅游组织给出的定义,即旅游危机是指影响旅游者对一个目的地的信心和扰乱旅游业继续正常经营的非预期性事件。

(二)旅游危机的类型

危机存在于社会、政治、经济、文化、宗教等各个方面,可以从不同的角度采用不同标准划分为不同的类型。

(1)按照危机的属性,可以划分为安全性危机、经济性危机、政治性危机、文化冲突危机。

(2)按照危机产生的动因,可以划分为自然危机和人为危机。

(3)按照危机的影响范围,可以划分为国际危机、局部性国际危机、国内危机、局部性国内危机。

(4)按照危机产生的部门类型,可以划分为旅游企业危机、饭店业危机、旅游景区危机。

(三)旅游危机的特点

旅游危机产生的原因多种多样,影响范围和持续时间长短不同,但旅游危机也有一些共同特征,掌握旅游危机的特征可以更好地掌握规律和应对旅游危机。

1. 突发性

旅游业是一种敏感度很高的产业,自然、经济、社会环境出现的"非常态状"都可能成为引发旅游危机的诱因。因此,旅游危机往往是在人们意想不到、没有做好充分准备的情况下突然爆发的。相对于常态的发展状况而言,旅游业危机是一种超出常规的突发性事件,表现为在短时间内给旅游业及相关行业造成措手不及的一系列的、连锁性的破坏,甚至使它们陷入混乱、跌入低谷。

2. 危害性

危害性主要是指危机发生会在短时间内对旅游业造成致命的打击。同时,由于旅游产业关联度很高,涉及吃、住、行、游、购、娱等许多产业,因此旅游危机往往会对经济社会带来很大的影响。旅游危机具有波及效应,常常会引发其他不同类型的危机,导致该危机的危害性被进一步放大和延续。

3. 紧迫性

当旅游业危机爆发以后,会以非常惊人以及出人意料的速度发展和演变,并引发一系列的后续问题。例如,旅游企业生存环境的明显恶化、虚假信息的传播以及公众人心浮动,常常会导致受到冲击的旅游企业面临着反应时间有限的突出问题。

4. 双重性

旅游危机的双重性表现为危险与契机并存,危机在对旅游业造成各种直接或间接的消极影响的同时也蕴含着前所未有的发展机遇,危中有机。因此,当危机爆发时,不仅要看到不利的方面,更应高瞻远瞩,充分认识到这种困难局势之中所包含着的发展机遇,把握机会,在逆境中取得突破。

二、旅游危机的管理

旅游危机管理是指一系列旨在应对旅游危机和灾难及减轻与危机相关的实际损害的行动,即它主要在于防止和降低旅游危机事件的负面影响,从而保护组织和人们免受损害。旅游危机管理包括4个基本因素:预防、处理、恢复、调查总结。

三、旅游危机的处理

旅游危机的处理分为宏观和微观两个方面。

(一) 宏观角度的危机处理

从宏观角度讲,旅游危机分为4个阶段:危机发生前、危机发生期、危机治理期、危机痊愈期。这4个阶段相互衔接,密切联系,因此在制定对策的时候可以从这4个阶段入手,各个击破,使旅游业在困难局势之中发展,在逆境中取得突破,在危险中求得生机。

微课:应对疫情,旅游企业面临的机遇与挑战

1. 建立旅游危机预防机制

在危机发生前,建立旅游危机预防机制是最好的办法。古语云:"凡事预则立,不预则废",意思是:要做好某项工作,必须事先做好准备。防为上,救次之,戒为下。强调在对付危机时,在其发生之前做好预防工作是上策。怎样预防?就是在危机发生前建立旅游预警系统,即成立相应的预防机制,在人力、财力、物力上都应有足够的准备。同时加强与媒体的沟通,树立"危机"意识,营造危机氛围,优化和提高旅游企业内部员工的免疫力,加大预防投入,减少灾害发生的概率。

2. 旅游危机发生期

当危机不可避免发生时,应以最快的速度启动危机处理管理,针对具体危机进行分析,建立危机处置指挥中心,随时修正和充实危机处理对策。坚持以人为本,生命高于一切,把公众的利益放在首位,对在危机中的受害方采取积极营救行动,保障医疗供给,尽量减少伤

亡,处置危机应公开、透明,提高公众对危机的心理承受力,增强对危机处理的信心。

【头脑风暴】

请谈谈你对旅游危机事件处理的步骤。

3. 旅游危机治理恢复期

旅游危机过后的危机治理恢复期,旅游管理部门应对危机的损失进行评估,采取有效的治理修补行动。其主要的工作就是恢复旅游者和旅游企业的信心,重振旅游业;同时要对危机管理战略的效用进行评估,将危机管理战略更新、提高。在这个恢复过程需要各部门的加倍努力,尤其是在信息沟通和宣传领域,通过宣传扭转旅游危机在旅游者心目中形成的消极形象。还要深入进行市场研究,对潜在游客和主要客源市场的合作伙伴,有针对性地调整促销活动计划,改变被破坏的形象。然后要听取多方意见,对在旅游危机发生期所采取的行动进行修正,使旅游危机管理战略得到进一步完善,以此来增强旅游目的地未来的安全性。

4. 旅游危机痊愈期

旅游危机痊愈期是危机管理的最后一个巩固环节。各部门要根据其在危机过程中所采取的行动和所实施的效果和形势的变化对危机战略计划进行回顾和总结,对安全程序进行评估,同时关注新的信息和组织的变化,加强与其他受危机影响的国家间的合作,相互借鉴危机管理措施有效性方面的相关知识和经验,危机过后还要就战略实施情况进行总结报告,以便从中吸取经验教训。

(二)微观角度的危机处理

从微观讲度讲,旅游业是一项极具生命力的行业,无论经受多么严重的危机,难关过后总能恢复到原有的发展水平。科学分析旅游危机的诱因、采取有效措施,可以消除危机对旅游业带来的长期负面影响。

1. 制定危机处理制度

制定危机处理制度,主要包括:设立危机管理小组和预先确定危机发生时的发言人。小组成员可由公司内部高级管理人员及有关专家组成,这些成员必须提供24小时的联络方式,确保在危机爆发后成员间能形成顺畅的通信网,每个人适时扮演相应的角色。

2. 加强员工危机管理理念教育

加强危机管理理念教育,将有利于提高旅游企业反制危机的能力。旅游企业危机教育不仅要注重单纯技术层面的强化,更要进一步加强危机处理前的心理建设,提高旅游从业人员承受危机的能力,建立起处理危机的必胜信念。

3. 注重危机公关

发生危机,应立即查明危机的原因和来源,及时向旅游者公布,制定合理的处理方案并以诚信的原则主动与旅游者进行沟通,任何一个不谨慎的反应都有可能使旅游企业遭受更大的破坏,而有效的危机应对措施则可以帮助旅游企业更快地从危机中走出来。危机公关的好坏,一方面体现出危机当事人的整体管理水平和能力,另一方面更直接影响到危机当事人的信誉和利益得失。而且有些危机事件处理得当,还能给企业提供一个改善品牌形象、提升品牌美誉度的机会。

4. 引导旅游者改变行为模式

人们的生活方式与旅游行为模式在不同程度上会受到危机的影响。危机过后,危机带来的负面影响将仍会潜伏在旅游者心中,并保持一段相当长的时间。旅游业应该根据危机后旅游者可能的行为模式,引导旅游者行为模式的变化,有利于促进旅游者的旅游愿望、旅游信心的恢复和旅游目的的实现。

【拓展阅读】

提升旅游安全形象 推动产业高质量发展

旅游业是我国经济发展的支柱产业之一,推动旅游业高质量发展,应将安全作为优先考虑的因素,打造和优化安全的旅游目的地形象。

第一,正确认识国家旅游安全形象的内涵。国家旅游安全形象是国家旅游形象的重要组成部分,是指人们对一个国家或地区旅游安全环境所持有的总体印象和看法,是影响旅游者是否愿意前往该国旅游的重要因素。国家旅游安全形象既受到旅游产业安全环境与安全管理水平影响,也受到国家宏观安全态势影响。一个国家的自然环境、社会环境、人文环境、公共治安环境、基础设施水平都会影响大众对其宏观安全态势的判断,疾病疫情、恐怖袭击等突发事件都会重创一个国家和地区的旅游安全形象。

第二,夯实旅游产业安全运作的基础要素。国家旅游安全形象源自国家宏观安全态势和旅游产业运作水平。例如,新冠疫情结束后,影响国家旅游安全形象的最主要因素得以消除。我国采取了一系列强有力的疫情防控举措,赢得国际社会广泛称赞。随着我国经济社会秩序逐渐恢复,旅游业有序复工复产,旅游产业恢复振兴也将成为国家旅游安全形象恢复的基础要素。

第三,提升旅游产业的安全运作水平。各级文旅行政管理部门和旅游企业要深刻审视危机对旅游产业安全发展带来的影响,评估旅游安全应急体系的执行水平、研究和改善方向。以此为基础,要对旅游安全的体制、机制、预案等应急体系进行优化升级,完善突发公共事件的应急预案,提升旅游产业应急管理水平,并对服务于安全突发事件处置的硬件设施水平进行优化升级,提升旅游安全智能化和科技化水平。

第四,加强国际旅游营销的系统协作。有关部门应积极协调国际旅游组织,树立国际旅游信心,共同开展地区营销和线路营销,举办旅游振兴系列营销活动,通过各种举措提振全球游客的旅游信心。

第五,以国家文化形象助推国家旅游安全形象。国家文化形象是以文化资源和文化吸引力作为基础的形象体系,具有持续影响力。良好的国家文化形象对于形成国家旅游安全形象具有重要作用。要进一步强化、优化、提升国家文化形象的塑造工作,积极打造形象元素丰富、体系鲜明、富有魅力的国家文化形象,为国家旅游安全形象的打造提供协同动力。

第六,打造中国安全旅游目的地形象。我国应重视中国最安全旅游目的地形象的宣传。一是主打"中国,最安全的旅游胜地"旅游形象,积极在国内和主要入境旅游市场进行广告投放和营销宣传。二是充分利用新媒体营销平台,制作具有跨文化传播能力的旅游短视频;利用名人效应,邀请有影响力的人物体验中国旅游、宣传中国旅游安全形象。

总之,国家旅游安全形象的建构和重塑是一个系统工程,要以国家经济社会整体情况、旅游产业安全健康发展为基础,需要旅游行业积极作为、相关部门支持配合,通过集中、系统、针对性强、受众明确、形象鲜明的营销活动,营造安全健康的旅游目的地形象。

资料来源:谢朝武.优化产业运作水平 提升旅游安全形象.中国旅游报,2020-03-19,作者有修改

第五节 智慧旅游

旅游业是一个开放的大系统,信息是旅游业生存和运转的根本基础,并贯穿了旅游活动的全过程。可以说,信息是旅游系统的灵魂。智慧旅游可以将与信息科技与旅游进行有效的融合。那么,发展智慧旅游,该从哪里入手?智慧旅游有哪些表现?智慧旅游的作用何在?

【案例导入】

泰山景区与美团合作共推景区智慧化建设

2020年9月,以"新常态、新思路、新营销"为主题,泰山景区与美团举行了战略合作签约。

如何打破单一门票经济的发展瓶颈,改变旅游者"为山而来,登完即走"的消费习惯,延长停留时间、形成以景区为中心的"过夜经济"?一直是泰山与其他山岳型景区同样面临的发展难题,行业也缺乏相对有效的解决方案。此次泰山与美团的战略合作正是为了弥补这一空白。泰山管委会宣布将以门票预约为合作基础,从景区智慧建设、数字化营销等方面展开深入合作,共同探索疫情防控新常态下山岳型景区营销新模式。同时,双方还将以泰山景区预约旅游、智慧建设为核心依托,聚焦大数据等创新技术应用,通过目的地"文旅大脑"共建、智慧旅游人才培养基地打造等,探索产业集聚发展新思路,促进"山城一体化"发展。

未来,旅游者打开美团App定位泰安,将直接进入以泰山等旅游景区为核心的泰安"吃、住、行、游、购、娱"一站式旅游平台,可以实现多维度、多场景的消费。与此同时,泰山

也可以通过数据中心实时了解旅游者的消费画像,再通过美团平台实现旅游线路、文创、农副土特产等多种内容和产品的精准营销和触达。

思考:谈谈你对智慧化景区的认识,你认为智慧化景区建设的关键着力点是什么?

一、智慧旅游概述

(一)智慧旅游的提出

智慧旅游来源于"智慧地球(Smarter Planet)"及其在中国实践的"智慧城市(Smarter Cities)",智慧旅游是二者在旅游行业中的具体应用。智慧旅游并不是突然爆发的新旅游模式,而是信息技术条件下旅游业发展到一定阶段的必然产物。

"智慧旅游"的概念最早在2009年5月的世界经济论坛《走向低碳的旅行及旅游业》的报告中正式提出。在中国,"智慧旅游"的实践在各城市中已经开始,但一直没有正式提出。直到2010年,江苏省镇江市在全国率先提出"智慧旅游"这一概念,并开展了"智慧旅游"的项目建设,引起全国的广泛关注。

简言之,智慧旅游是以计算机云技术等新的科学技术为基础,以提升旅游服务、改善旅游体验、创新旅游管理、优化旅游资源利用为目标,满足旅游者个性化需求,实现旅游的信息化、个性化和人性化的旅游模式。

【拓展阅读】

国家智慧旅游试点城市建设

2012年,为贯彻落实《国务院关于加快发展旅游业的意见》精神,积极引导和推动全国智慧旅游的发展,在自愿申报和综合评价的基础上,经认真研究和遴选,确定了18个国家智慧旅游试点城市,包括北京市、武汉市、成都市、南京市、福州市、大连市、厦门市、苏州市、黄山市、温州市、烟台市、洛阳市、无锡市、常州市、南通市、扬州市、镇江市、武夷山市。

2013年,原国家旅游局又公布了"第二批国家智慧旅游试点城市"名单,包括天津等共15个城市。试点城市在智慧旅游建设的实践中提出并实施的符合地方特色的方案及手段措施,为智慧旅游服务体系搭建了智慧平台,引领了旅游产业的转型升级。

(二)智慧旅游的发展现状

2010年,镇江市首先引入"智慧旅游"这一概念,并且实施了相关服务,包括2011年成立的"国家智慧旅游服务中心"、智慧旅游试点服务以及试水智慧旅游等硬件设施。镇江成为智慧旅游的先驱者,取得了不错的效果。随后,江苏境内的七大城市形成了智慧旅游联盟,使这一模式得到进一步的发展。截至目前,已经有多个省的大小城市成为智慧旅游联盟的一员,相关部门建立了智慧旅游的网络载体,出台了相关规定以确保其发展的规范化。以淘宝、携程旅行网、去哪儿网为代表的网络同样可以为旅客提供智慧旅游服务。如淘宝网的智能手机旅游服务，使旅游成为一种自发行为，旅行者可以通过智能手机及时了解当地的天气、旅游特点，并且完成机票购买等行为。去哪儿网则直接推出了"智慧旅游数字服务"，设计网格状服务流程，从而保证了旅游者旅游的全部流程。从搜索、预订、支付到评价旅游产品的使用流程，按酒店、机票等横向产品和互联网、手机多媒体终端等纵向服务渠道两个维度来完成数字化服务的全过程。但是，中国智慧旅游的兴起和发展时间并不长，难免会存在一定的问题。

科学技术虽然快速发展，但目前，与旅游的结合并不完善，体现为智慧旅游的推广力度不足，大量的企业为吸引顾客眼球，提出智慧旅游的概念，但在企业内部，却缺乏必要的技术支持，服务质量差，产品无法满足顾客的需求，都需要进一步改善。

【头脑风暴】

分组讨论，大数据与信息技术的发展，行业新技术、新标准的引入，为旅游业的发展带来了哪些机遇和挑战？身处信息时代的你，怎样培养自己的创新意识？

二、智慧旅游的表现

1. 智能感知

通过建设遍布风景区各处的传感前端，实现对景区实况的实时感知，实现面向风景区的智能感知和管理，以及面向旅游者的虚拟旅游。

2. 互联互通

通过建立一个"智慧大脑"，在实现对景区全面感知的同时，还实现多个系统的融合互通，将原本独立的各子系统进行整合，实现系统互联和数据互通。同时，还提供对外接口，实现与风景区外第三方系统的互联互通。

3. 分析预测

通过建设智慧景区，利用智能管理平台强大的商业智能功能，可以实现对历史数据的智能分析，并对预期客流量、车流量等未来数据进行预测。此外，部分公开数据还可支持旅游者进行旅游产品选择。

4. 信息推送

通过智慧景区建设，实现数据的差异化处理，将处理后的定制化信息通过智能平台向旅游者或管理部门进行主动推送。旅游者可在景区公共服务门户上，自动获得与其年龄、性别、地域、兴趣等相关度高的旅游产品推荐；管理部门则能获得诸如人车流量自动提示等主动信息。

三、智慧旅游的作用与展望

（一）智慧旅游更好地为旅游者服务

智慧旅游为旅游产业提供了自动化的服务系统和技术平台，包括政府发布的最新公告、旅游企业更新的优惠策略、旅游目的地的信息展示、最佳旅游线路、预订支付系统等。首先,智慧旅游的发展使旅游者足不出户就可以掌握旅游目的地的海量信息,消除旅游者、旅游企业和旅游管理部门之间的信息障碍,有效地解决旅游活动中的信息不对称问题。其次,智慧旅游可以辅助旅游者进行消费决策并提供更丰富的旅游公共产品,使旅游者获得更好的旅游感受和旅游体验。再次,智慧旅游还将改变旅游产品预订及支付方式,使旅游者能够及时获得更丰富的产品信息,并结合自身需求进行个性化定制,满足个性化旅游需求,并通过在线支付实现旅游产品的不间断销售,感受更加优质的旅游服务。

(二)智慧旅游改变着旅游营销方式

首先,智慧旅游通过分析旅游数据,可以发现旅游者的偏好、挖掘旅游热点,引导旅游企业打造符合旅游者需求的旅游产品,制定相应的营销策略,实现旅游产品创新和营销方式创新。其次,智慧旅游还可以通过投诉建议系统吸引广大旅游者主动参与旅游产品营销和信息传播,从而有利于提升旅游企业管理水平,降低旅游企业运营成本,提高旅游服务能力和产品竞争能力。

(三)智慧旅游实现了旅游科学化管理

智慧旅游将促进旅游管理创新,实现从传统旅游管理方式向现代管理方式的转变。首先,旅游管理部门通过信息技术可以获取旅游者的实时信息,对旅游企业实行动态监控,并及时发布旅游指导信息或管理意见。其次,智慧旅游可以使管理部门实时了解旅游景区的生态状况,通过在景区环境保护、旅游承载力管控等方面综合应用智慧旅游手段,均衡旅游者的分布,降低旅游者对资源的破坏,确保旅游者的满意度,缓解景区保护和旅游发展之间的矛盾。再次,智慧旅游可以实现与相关部门的信息共享与协作,联合维护旅游市场秩序,保护旅游者权益,有效处理旅游投诉等问题。此外,智慧旅游还可以及时监测和预防各种突发事件,提高旅游应急管理能力。可见,智慧旅游加强了旅游者、旅游企业、旅游景区和旅游管理部门之间的联系,有效整合了旅游资源,从而有助于实现科学的旅游管理。

(四)智慧旅游有利于带动产业发展

智慧旅游是旅游业和信息技术融合发展的结果。智慧旅游的应用可以降低旅游企业的运营成本,提高经营效率和管理水平,改善运营模式,优化旅游产业结构,从而推动旅游产业的整体发展。此外,智慧旅游的建设还会促进物联网、云计算等新兴信息产业的发展,促进智能手机、平板电脑等移动终端产业以及旅游在线服务、旅游搜索引擎等相关产业的快速发展。

(五)智慧旅游促进了智慧城市建设

智慧旅游是智慧城市建设的重要组成部分。智慧旅游与智慧医疗、智慧交通、智慧公共安全等其他系统密切联系、相互协作,共同促进智慧城市的建设和发展。智慧旅游可以增加收入,带动相关行业,助推区域经济稳步增长。在创造经济效益的同时,智慧旅游还带来了社会价值,可以扩大就业,促进和谐社会建设,提升城市品牌和知名度,增强吸引力。智慧旅游体系的建设体现了科学发展、创新城市的思想,可以进一步促进智慧城市的可持续发展。

【第七章复习思考题】

1. 旅游标准化的内容包括什么？
2. 简述《旅游法》的主要内容。
3. 简述《旅游法》实施的意义。
4. 2021年1月24日，在四川省汶川县映秀镇映秀震中遗址，有几名旅游者在参观汶川大地震遗址时，嬉笑打闹，导游多次劝说无果后，最终怒怼旅游者。而导游的做法也让网民拍手称快。如果你是带团导游，将如何引导旅游者文明旅游？
5. VR景区是不是智慧旅游的表现？你如何理解智慧景区？

第八章 生态环境保护——旅游可持续发展的要求与使命

■ **本章导读**

本章介绍了旅游可持续发展基础性指标——生态环境。"绿水青山就是金山银山"是习近平生态文明思想的重要组成部分,深刻阐释了生态保护和经济发展之间的辩证关系,彰显了保护生态环境就是保护生产力、改善生态环境就是发展生产力的重要意义。无论是未来的旅游从业者,抑或是管理者和旅游者,都必须意识到推进生态保护与经济发展同样重要,在适度开发、发展经济的同时,也要夯实生态本底,守住生态环境质量的底线。

■ **学习目标**

● **知识目标**

1. 认知生态旅游的概念
2. 掌握生态旅游的类型与特征
3. 了解旅游业可持续发展所面临的问题
4. 理解"两山"理论的基本理念
5. 认识"两山"理论对旅游可持续发展的影响

● **能力目标**

1. 能分析生态旅游的基本特点
2. 能简述"两山"理论的科学内涵
3. 能列举"两山"理论的成功实践

● **素养目标**

1. 学习"绿水青山就是金山银山"的生态文明思想，践行旅游业绿色生态发展理念
2. 像对待生命一样对待生态环境，统筹山水林田湖草沙系统治理，形成绿色发展方式和生活方式，坚定走生产发展、生活富裕、生态良好的共同富裕之路，建设美丽中国

■ **思维导图**

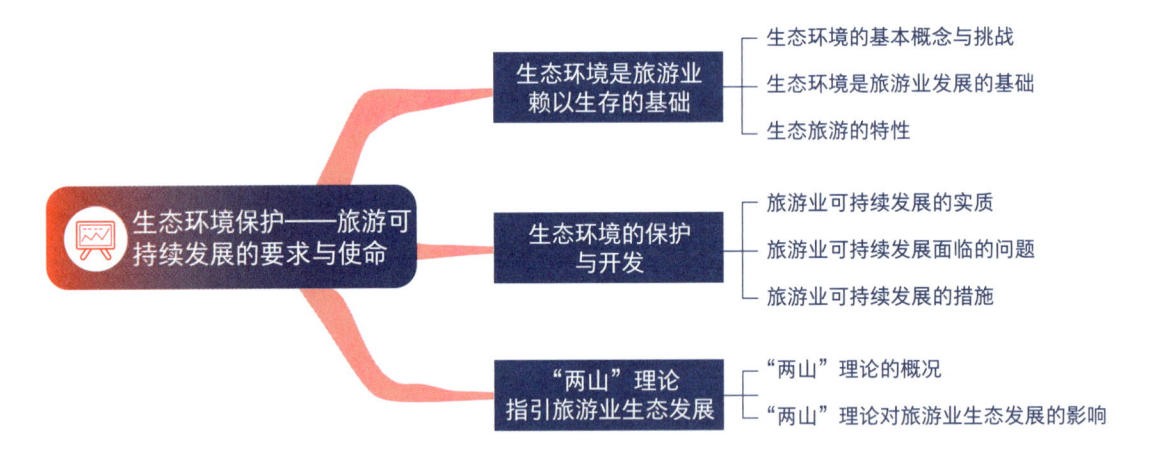

```
                                    ┌─ 生态环境的基本概念与挑战
                    ┌─ 生态环境是旅游业 ─┼─ 生态环境是旅游业发展的基础
                    │   赖以生存的基础   └─ 生态旅游的特性
                    │
生态环境保护——旅游可 │                    ┌─ 旅游业可持续发展的实质
持续发展的要求与使命 ─┼─ 生态环境的保护 ──┼─ 旅游业可持续发展面临的问题
                    │   与开发            └─ 旅游业可持续发展的措施
                    │
                    │  "两山"理论        ┌─ "两山"理论的概况
                    └─ 指引旅游业生态发展 ┴─ "两山"理论对旅游业生态发展的影响
```

第八章 生态环境保护——旅游可持续发展的要求与使命

【案例导入】

2016年,世界第一个暗夜公园在美国的天然桥国家公园中开辟。该公园位于犹他州的东南角,每年大约有10万旅游者驻足于此。公园最著名的景观是它的三座天然石桥,这也是其名字的由来。石桥呈白色,由砂岩在水流经年累月的侵蚀下形成。白天,这里复杂多变的地形和林立的峭壁为远足爱好者提供了足够的挑战;晚上,这里有足够的宁静与黑暗,夏天的夜空清澈得像湖水一样,星星多不胜数。

在光污染的侵袭和包夹中,黑暗的夜空成了一种稀缺资源。世界上有这么一些公园,专门为保护夜空而设立,被形象地称为"暗夜公园"或"星空保护区"。在晴朗的夜晚,旅游者和天文爱好者可以在这里重温久违的星空。

思考:为什么许多国家要设置暗夜公园?生态资源与旅游业的共生关系如何体现?

第一节　生态环境是旅游业赖以生存的基础

一、生态环境的基本概念与面临的挑战

(一)生态环境的概念

生态环境(ecological environment)是"由生态关系组成的环境"的简称,是指与人类密切相关的,影响人类生活和生产活动的各种自然(包括人工干预下形成的第二自然)力量(物质和能量)或作用的总和。我们知道,生态与环境虽然是两个相对独立的概念,但两者又紧密联系、相互交织,具体从生态和环境来理解,学界将生态概括为生物(原核生物、原生生物、动物、真菌、植物五大类)之间和生物与周围环境之间的相互联系、相互作用。就环境概念来看,主要泛指地理环境,是围绕人类的自然现象的总体,可分为自然环境、经济环境和社会文化环境。

生态环境与自然环境在含义上十分相近,有时人们将其混用,但严格说来,生态环境并不等同于自然环境。自然环境的外延比较广,各种天然因素的总体都可以说是自然环境,但只有具有一定生态关系构成的系统整体才能称为生态环境。仅有非生物因素组成的整体,虽然可以称为自然环境,但并不能叫作生态环境。

(二)生态环境面临的挑战

改革开放以来,中国先后实施"三北"防护林、长江中上游防护林、沿海防护林等一系列林业工程,开展黄河、长江等七大流域水土流失综合治理,加大荒漠化治理力度,推广旱作节水农业技术,加强草原和生态农业建设,使中国的生态环境建设取得了举世瞩目的成就,并对国民经济和社会可持续发展产生了积极、深远的影响。但是,我们还应当清醒地认识到,旅游发展所依赖的生态环境仍很脆弱,生态环境恶化的趋势还未得到遏制,生态环境的挑战仍然面对极大的挑战,主要表现在如下方面。

1. 自然环境先天不足

中国土地面积总量虽然较大,土地面积总量位居世界第三,但人均占有土地面积只有0.7公顷,是世界平均水平的1/3。山地、高原、丘陵面积占国土面积的69.27%,所构成的复杂地形地质条件,在重力梯度、水力梯度的外营力作用下易造成水土流失,再加上地质新构造运动较活跃,山崩、滑坡、泥石流危害严重。同时,还有分布广泛、类型多样、演变迅速的生态环境脆弱带,如沙漠、戈壁、冰川、永久冻土及石山、裸地等面积就占国土面积的28%,此外,还有沼泽、滩涂、荒漠、荒山等利用难度大的土地。在中国独特的地质地貌基底上,一旦植被被破坏,水热优势则立即会转化为强烈的破坏力量。特殊的地理位置使中国季风气候显著,雨热同季,夏季炎热多雨,冬季寒冷干燥。中国降水量不同区域之间和年内、年际变化大,导致全国范围内旱涝灾害频繁,严重影响旅游安全与旅游活动。

2. 水环境质量不容乐观

据2020年生态环境部数据显示,长江、黄河、珠江、松花江、淮河、海河、辽河、浙闽片河流、西南诸河和西北诸河等十大水系的国控断面中,Ⅰ-Ⅲ类、Ⅳ-Ⅴ类和劣Ⅴ类水质的断面比例分别为71.7%、19.3%和9.0%。珠江、西南诸河和西北诸河水质为优,长江和浙闽片河流水质良好,黄河、松花江、淮河和辽河为轻度污染,海河为中度污染。在监测营养状态的61个湖泊(水库)中,富营养状态的湖泊(水库)占27.8%,其中,轻度富营养和中度富营养的湖泊(水库)比例分别为26.2%和1.6%。在4 778个地下水监测点位中,较差和极差水质的监测点比例为59.6%。

3. 近岸海域水质总体一般

据2020年生态环境部数据显示,一、二类海水点位比例为66.4%,三、四类海水点位比例为15.0%,劣四类海水点位比例为18.6%。四大海区中,黄海和南海近岸海域水质良好,渤海近岸海域水质一般,东海近岸海域水质极差。9个重要海湾中,辽东湾、渤海湾和胶州湾水质差,长江口、杭州湾、闽江口和珠江口水质极差。

4. 城市环境、空气质量形势严峻

依据《环境空气质量标准》(GB 3095—2012)对六项污染物进行评价,74个新标准监测实施第一阶段,城市环境、空气质量达标城市比例仅为4.1%,其他256个城市执行空气质量旧标准,达标城市比例为69.5%。酸雨分布区域主要集中在长江沿线及中下游以南,酸雨区面积约占国土面积的10.6%。

5. 生物多样性衰减

中国是世界上生物多样性最丰富的国家之一,其丰富程度排世界第9位。中国的野生动物和植物分别占世界总数的9.8%和9.9%,中国陆地森林生态系统有16大类和185类,区系丰富,生态类型多,为野生动、植物栖息和繁衍创造了优越的条件,中国陆地的野生动、植物有80%以上物种在森林中生存。然而由于天然林生态系统的破坏,致使野生动物栖息繁衍地日益缩小,加之乱捕滥猎行为时有发生,导致物种数量减少和濒临灭绝。有关资料分析,中国有15%~20%的物种处于濒危和受威胁状态,包括4 600多种高等植物和400多种野生动物。20世纪60年代以来,在中华大地已绝迹的高等植物就有200多种,野生动物有10余种,还有20多种濒临灭绝。

二、生态环境是旅游业发展的基础

《旅游法》第四条规定:旅游业发展应当遵循社会效益、经济效益和生态效益相统一的原则。显然,对旅游者、旅游企业、旅游政府主管部门而言,旅游业发展必须遵循经济效益与社会效益、生态效益相统一的要求。

事实上,旅游业的发展高度依赖良好的空气质量、优美的自然景色、纯净的江河湖海、整洁的周边环境。因此,生态环境保护是旅游业可持续发展的重要基础。同时,旅游业的健康发展也可以培养人们热爱生态环境的自觉意识,并筹集资金促进生态环境的保护。所以,我们需要努力建立生态环境保护与旅游业发展相互促进的理念、行为与机制。

根据目前国内外学者对生态旅游类型的研究,以生态旅游资源类型为主要依据,可以将生态旅游景区细分为10个基本类型。

(一)森林游憩生态旅游景区

森林游憩生态旅游景区包括天然或人工森林生态环境。森林生态环境的旅游价值主要体现在:森林中富含的负离子氧能使人消除疲劳,提高人体免疫能力;一些植物分泌的植物精气能够杀菌和治疗人体某些疾病;森林美景能够给予人美的享受和情操的陶冶;森林中千姿百态的景物能够激活人的想象力和创造力;森林中所蕴含的大自然的奥秘能够激发人们更深层次地认识生命的价值。各级各类森林公园和植物园集动植物和森林景观于一体,人们在这里享受绿色环境,品尝绿色食品,体验人与大自然的和谐,别有一番情趣,是理想的森林游憩场所。

中国是世界上森林树种,特别是珍贵稀有树种最多的国家之一。据统计,中国有种子植物2万多种,其中森林树种有8 000余种,包括许多珍贵稀有树种,如水杉、银杏、秃杉、铁杉、油杉、红豆杉、望天树、连香树、水青树、珙桐等。到2019年底,全国已建立各级森林公园3 594处。森林游憩类生态旅游景区类型在中国生态旅游中占有重要的位置。

【拓展阅读】

走进森林小镇,享受美丽自然

西岭雪山的原始森林,是成都之巅的肺叶,也是成都人民喜爱的赏花、避暑、滑雪、度假胜地。"第八届中国成都森林文化旅游节"在西岭雪山举办,让成都之巅的森林旅游和"森林小镇旅游"成为热门话题。

被誉为成都之巅的西岭雪山,充分利用其独特的地理、自然资源,形成了"春看杜鹃夏避暑,秋赏红叶冬滑雪"的全季旅游形态,同时通过"+文化""+教育""+体育"等创新形式,逐步从单一的林业产业形态发展为集游乐、观赏、养生、体验、康养、教育为一体的复合式生态发展样板,并用触手可及的绿色经济带领周边乡镇和农户,走出了一条脱贫攻坚、乡村振兴的阳关大道。

来自各个领域的专家、代表,深度剖析了西岭雪山森林公园"绿水青山就是金山银山""冰天雪地也是金山银山"的发展模式,聚集西岭雪山"春看杜鹃夏避暑,秋赏红叶冬滑雪"的全季旅游形态,就森林文化品牌、森林旅游+森林产业等重大课题研讨、交流,并以权威、专业、高效的角度,总结出发展生态旅游的新思路。

为让越来越多的人走进森林亲近大自然,共享生态保护与建设带来的最普惠的生态福祉,在森林文化旅游节召开之际,西岭雪山景区在2018年国庆期间通过免滑雪场景区门票、免鸳鸯池索道往返票的"0元体验森林旅游"等一系列免费体验特惠活动,用实际行动让老百姓体验到森林旅游的独特魅力。

资料来源:国庆免费游西岭!森林文化旅游节喊您集合啦!四川省文化和旅游厅官网,2018-09-22

(二)草原风情生态旅游景区

草原是指在半干旱条件下,以旱生或半旱生的多年生草本植物为主的生态系统。草原在开展生态旅游方面的价值主要体现在:草原上的蓝天、白云和一望无际的绿色自然风光,体现了草原独有的生态美价值,能给人以美的享受,"天苍苍,野茫茫,风吹草低见牛羊"便是其集中体现;草原上独特的气候以及清新的空气,是夏季避暑疗养的胜地;与草原自然风光相协调的民族风情,体现了其独一无二的文化特征,对旅游者也具有强烈吸引力。

中国草原的主要类型为温带草原,集中分布在东北地区西部、内蒙古、黄土高原北部以及海拔较高地区的高山草甸。草地植被主要有4大类型,共56种生态系统,可开发出草原自然风光观光、草原民族风情体验、草原日光浴、野餐露营、滑草、骑马长途旅行等多种生态旅游产品。当人们离开紧张而喧嚣的生活环境,来到一望无际的大草原,面对蓝天、白云、绿草和在阳光下悠闲吃草的成群牛羊,呼吸着清新的空气,心情一定会得到极大的放松。

(三)湿地观鸟生态旅游景区

湿地是一种多功能、独特的生态系统。根据《国际湿地公约》的定义,湿地是指不论其为天然或人工,长久或暂时性沼泽地、湿原、泥炭地或水域地带,静止或流动,淡水、半咸水或咸水体,包括低潮时水深不超过6米的海域。湿地之所以成为生态旅游的主要目的地之一,除了其一般拥有优美的自然风光外,还因为它为众多的生物种群提供了优良的生存环境,从而拥有丰富的生物物种,堪称世界生物多样性的储存库,成为鸟类特别是候鸟的繁育和越冬的天堂,其中不乏珍稀濒危鸟类,如天鹅、朱鹮等。湿地的生态旅游功能主要体现在能给游人提供的新、奇、特、旷、野等旅游体验。

中国常见的湿地有沼泽地、泥炭地、浅水湖泊、河滩、海岸滩涂等。"十三五"期间,中国采取多种措施,统筹推进湿地保护与修复,增强湿地生态功能,维护湿地生物多样性,全面提升湿地保护与修复水平。5年来,新增湿地面积20多万公顷,国际重要湿地15处,国家重要湿地29处,国际重要湿地总数达64处;新增国家湿地公园201处,国家湿地公园总数达899处,湿地保护率达到50%以上。湿地生态旅游是中国具有广阔发展前景的生态旅游类型。

【拓展阅读】

生态环境好 候鸟来"歇脚"

2019年1月,世界极危鸟类青头潜鸭首次出现在保山市隆阳区诸葛堰。

2021年2月22日,保山青华海国家湿地公园管理中心工作人员在青华海东湖巡护时,监测到一只雄性青头潜鸭;3月1日,管理中心工作人员再次监测到两只青头潜鸭。青头潜鸭选择保山青华海国家湿地公园作为越冬栖息之地,正是保山市生态文明建设成就的生动写照。

以5 800多万浏览量登上了人民网微博热搜,央视新闻联播聚焦,新华社多平台报道……2021年2月下旬以来,第二次现身保山的极危鸟类——青头潜鸭成为"网红",引来了无数关注的目光,保山生态文明建设和生态保护成效成为中央和省级主流媒体争相报道和网民关注的热点。

从2016年底开始,保山青华海国家湿地公园开展了以保护和恢复湿地生态系统、合理利用湿地资源、开展湿地宣传教育和科学研究为目标的试点建设,区域内野生动植物种类和数量不断增加。

据保山青华海国家湿地公园管理中心负责人介绍,近年来,随着青华海湿地的恢复,湿地公园内植物种类由2016年的480种增加到目前的992种,湿地复杂多样的植物群落,为野生动物尤其是一些珍稀或濒危的野生动物提供了良好的栖息环境。

目前,保山青华海国家湿地公园鸟类种类数量达到216种,比公园建成之初的172种增加了44种。每年冬天,都有大量候鸟在青华海越冬、栖息,越冬水鸟数量最多时近17 000只。青华海成了越冬候鸟的重要栖息地,包括国家一级重点保护鸟类3种,二级重点保护鸟类19种,世界自然保护联盟(IUCN)物种红色名录极危鸟类2种、易危鸟类2种、近危鸟类7种。

资料来源:李美兰.云南青华海湿地公园迎来越冬新候鸟.云南日报,2020-11-14

(四)沙漠探险生态旅游景区

沙漠是在干旱、极端干旱的地区年降水量不足200毫米,蒸发量超过2 000毫米的条件下,地表裸露,植物生长极为贫乏之地。一般认为"生态"便意味着生机盎然、郁郁葱葱,作为不毛之地的沙漠不可能成为生态旅游之地。但是,沙漠生态系统凭借其苍凉荒芜的原始自然景色、神奇的沙漠海市蜃楼、壮观的风蚀地貌及沙漠探险中所蕴含的冒险精神,强烈地吸引着众多的探险旅游者。此外,沙漠生态系统中,生命在逆境中所表现出来的惊人的环境适应能力,蕴含着深刻的生命哲理,即丰富的生态美内涵。再者,与沙漠自然景观和谐相伴而生的人文景观,如中国敦煌鸣沙山、月牙泉与世界文物宝库莫高窟,罗布泊沙漠与楼兰古城等,与自然景观相得益彰,为沙漠旅游增色不少。沙漠中可以开展的生态旅游活动有沙漠探险、科考、游览、观光、滑沙等。不过,沙漠的自然生态环境十分脆弱,应坚持"保护为主,开发为辅,以利用促保护"的方针,防止沙漠化的扩大。

中国的沙漠主要分布在新疆、内蒙古、青海、甘肃、宁夏等地,著名的有塔克拉玛干沙漠、古尔班通古特沙漠、巴丹吉林沙漠、腾格里沙漠、乌兰布和沙漠、毛乌素沙漠等,其中,塔克拉玛干沙漠是中国最大的沙漠。自古以来,大漠戈壁就是人迹罕至、充满神奇的地方,而沙漠探险旅游,可以观赏连绵起伏的沙丘,大片的天然胡杨林和沙漠绿洲风光;沙漠中古城池的遗址令人有沧海桑田的历史变迁感;沙漠探险可以锻炼人的体魄,磨炼意志。对于热爱自然和生命的人来说,这里是生态系统的另一种色调,因此,沙漠也是生态旅游景区的一种重要类型。

【拓展阅读】

唤醒沉睡的沙漠资源——新疆"沙漠旅游"发展侧记

进入5月,"沙漠之门"景区愈发热闹起来。"随着天气越来越热,旅游者越来越多。""沙漠之门"景区负责人尹双龙告诉记者,2021年"五一"期间,他们为了更好地迎接旅游者,举办了璀璨沙漠嘉年华、摄影展、书法展、沙漠越野等10项活动。

该景区位于塔里木河南岸,毗邻世界第二大流动沙漠——塔克拉玛干沙漠,故有"沙漠之门"之称。近年来,随着"沙漠之门"景区基础设施不断完善,越野拉力赛场地旅游服务水平不断提升,在为承接大型体育赛事打下基础的同时,沙漠骆驼、骑马体验、滑翔伞等项目也为旅游者带去更好的游玩体验。

新疆沙漠神奇、壮美,沙丘形态各异,是独特的旅游资源。记者了解到,近年来,新疆旅游业发展势头良好,沙漠旅游这种特色旅游快速发展。滑沙、沙浴、全地形车驾驶、沙漠露营、沙滩排球……遍布天山南北的30余个国家沙漠公园让旅游者体验到了沙漠的独特魅力。

作为中国距离县城最近的沙漠,库木塔格沙漠与吐鲁番市鄯善县相连。20世纪90年代,鄯善县在县城边缘建设了一座沙山公园。经过多年发展,该景区各类设施不断完善,旅游产品愈发丰富,2014年,库木塔格沙漠景区正式挂牌"中国国家沙漠公园"。近年来,鄯善县以国家沙漠公园打造开发为抓手,投入近亿元建设资金,引进了自驾营地、沙漠越野、沙漠三角翼等项目,打造了独具特色的一站式旅游基地,"旅游+"内涵不断丰富,产业链条不断延伸。2016年至2019年,全县累计接待旅游者超1 865万人次,实现旅游收入逾145亿元。

资料来源:齐莉.库木塔格沙漠:城市繁华处未散的千年风沙.新华网,2019-10-29

(五) 农业体验生态旅游景区

农业体验生态旅游主要包括乡村生态旅游和生态农业旅游。前者是指以古朴、原始、自然的乡野自然风光及与其和谐相伴而生的独特的农业文化景观、农业生态环境、农业生产活动以及传统的民族习俗为资源所开展的旅游活动;后者是指以生态农业资源为基础,以生态旅游为主线,利用城乡差异来规划、设计、组合农业资源而引起旅游者特别是城市居民的消费欲望,满足其吃、住、行、游、购、娱的需求,并体验生态农业成果的一种旅游形式。农业体验生态旅游主要围绕大、中城市开展的农业生态观光、农事参与、体验、农家休闲等活动,可以看作是一种人与自然和谐共建、和谐共生的生态旅游景区类型。

中国具有悠久的农业文明史和广阔的农村地域,创造了各地不同的农业种植方式和独特的农业文化景观。不同的种植方式、耕作制度、作物搭配均是一个地区民族文化、传统习惯、地方风俗的具体体现,具有很高的观光价值,特别是不同颜色的作物,按不同地貌单元配置,可在空间上形成一幅优美的图画。这种人工形成的景色具有较高的美学价值,它可以陶冶人们的情操,激发人们热爱大自然的情趣。同时,中国在现代化进程中涌现出不少现代化的生态农业,为农业生态旅游的开展提供了坚实的基础。可以预见,农业体验型生态旅游将成为中国生态旅游的一种主要类型,农业体验型生态旅游景区类型也将成为中国为数最多的生态旅游景区类型。

(六)地貌奇景考察生态旅游景区

由于外力作用的不同,世界各地发育的地貌类型各种各样。有银埂玉盘似的流水地貌;有山清水秀洞奇的岩溶地貌;有宛如古城堡的风蚀地貌;有礁石累累的海岸地貌;更有色彩斑斓、独具一格的丹霞地貌。对这些不同地貌类型加以开发利用,可以成为理想的地貌奇景考察生态旅游景区。

中国地貌类型多样,可以开发地貌奇景考察的生态旅游胜地众多。例如,洞峡地貌奇观有贵州织金县的织金洞、重庆奉节县的天坑地缝风景区、湘西的龙山火岩洞群风景区、雅鲁藏布江峡谷等;石林、土林和沙林的地貌奇观有云南的路南石林、四川兴文县的兴文石林、甘肃天水市的砂砾石林、云南陆良县的陆良彩色沙林等;火山群地貌奇观有黑龙江五大连池市的五大连池火山群;雅丹地貌有甘肃瓜州县的布隆基雅丹地貌等。这些不同的地貌类型有些已建成了著名的生态旅游景区,如云南的路南石林,还有些景区待条件成熟便可以开发建设。

【拓展阅读】

中国最美的七大丹霞地貌

丹霞山、武夷山、大金湖、鹰潭龙虎山、资江—八角寨—良山丹霞地貌、张掖、赤水,你最心仪哪一个?

1. 张掖丹霞:宫殿式丹霞天地造

最佳旅游季节:每年6~9月,是全年最佳旅游季节。

地址:张掖丹霞地貌主要分为遥相呼应的南北两大群块。北群位于张掖市北侧合黎山脉,距市区约25千米;南群以肃南裕固族自治县白银乡为中心,距市区40~50千米。

2. 丹霞山:中国的红石公园

最佳旅游季节:四季皆宜。

地址:广东省韶关市仁化县境内。

3. 武夷山:碧水丹山甲东南

最佳旅游季节:夏季虽然气温偏高,却是万物生长最为茂盛之时。

地址：福建省武夷山市南郊。

4．大金湖：水上丹霞奇观

最佳旅游季节：气温适中，四季皆可旅游。

地址：福建省西北部，属三明市泰宁县。

5．鹰潭龙虎山：炼丹之处红崖显

最佳旅游季节：四季都适合旅游。

地址：江西省鹰潭市西南20千米处贵溪市境内。

6．资江—八角寨—良山丹霞地貌：青峰赤壁丹霞魂

最佳旅游季节：四季景色各异。

地址：广西、湖南。

7．赤水丹霞：银瀑飞泻映丹崖

最佳旅游季节：四季皆宜。

地址：贵州省赤水市境内，是青年早期丹霞地貌的代表。

资料来源：马蜂窝旅游网

（七）冰川探险生态旅游景区

冰川探险是极具刺激、惊险的生态旅游项目。尽管在受众度和参与度上不如其他旅游业态，但对许多年轻人而言很具吸引力。冰川探险生态旅游的形式可以是滑冰、冰雕、攀登冰山等。随着生态旅游的不断发展和生态旅游者的不断成熟，冰川探险生态旅游将受到越来越多的生态旅游者的欢迎。

中国的冰川生态旅游资源数量之多，景观之美，举世无双。在中国西北和西南地区，有不少海拔4 000米以上的山区，高峰耸立，雪山连绵。这些山峰北起新疆阿尔泰山的友谊峰，南抵云南的玉龙雪山，东至四川松潘东北的雪宝顶，纵横2 500千米，占全球山岳冰川总面积的26%，占亚洲冰川总面积的50%。中国冰川旅游资源分为现代冰川和古冰川两大类。中国最美的六大冰川是西藏的绒布冰川和米堆冰川、四川的海螺沟冰川、新疆的托木尔冰川和特拉木坎力冰川、甘肃的透明梦柯冰川。

（八）江河漂流生态旅游景区

"小小竹排江中流，巍巍青山两岸走"。沿山谷间河流溪水进行漂流，是颇受欢迎的一种生态旅游项目。漂流旅游，使游人从被动参与到主动参与，从静态观赏到动态观赏，在运动中感受大自然的力量和绮丽，在惊险中触摸大自然的脉搏。这项集生态旅游与体育运动于一身的项目受到越来越多人的青睐。不过，现在漂流所采用的工具除了竹筏以外，还有橡胶皮筏、木制扁舟和其他工具，应因地制宜。

目前中国比较成熟的江河漂流生态旅游景区有湖南猛洞河漂流、广西资源资江漂流、湖北神农溪漂流、福建武夷山九曲溪漂流、重庆芙蓉江漂流、河北张家口漂流、广东九泷十八滩漂流、宁夏黄河沙坡头漂流、广西柳州融水贝江漂流、贵州荔波水春河漂流、甘肃兰州黄河段漂流等。

(九) 滑雪(冰)生态旅游景区

滑雪(冰)也是一种将旅游与体育结合的、深受人们欢迎的生态旅游项目。滑雪(冰)速度快、运动量大,能增强肺活量,并能让腿部肌肉得到充分地有氧锻炼,强身健体;滑行中眼、手、腿、脚的密切配合能使人的反应速度、协调性、柔韧性、灵活性得到全面的锻炼;而且滑雪(冰)是一种对平衡性要求极高的运动,还能提高人的心理素质和应变能力;作为一项户外运动,滑雪(冰)运动最大的魅力在于人们能够从运动中体验到回归自然的感觉;此外,长距离的滑行能让人体验超越自我的成功感,人们会因此而更加有信心地去面对生活中的各种挑战。

中国滑雪(冰)运动近几年才兴起,但是发展速度很快,从北方到南方开辟了不少天然和人工滑雪(冰)旅游场地。就天然滑雪(冰)场而言,很多在中国的东北,因为东北三省积雪厚、雪期长、雪质好,是进行高山滑雪和越野滑雪的好地方,如吉林的长白山、净月潭、松花湖、北大湖、黑龙江的亚布力、玉泉,辽宁的辉山,河北的木兰围场等,其中最著名的是长白山高原冰雪基地。在南方有云南的玉龙雪山,重庆的仙女山,四川的瓦屋山、西岭雪山等。中国的滑雪(冰)场已经遍布全国近20个省(自治区、直辖市),滑雪(冰)场总数量达到180余家,全国的滑雪(冰)爱好者也从1996年的不足1万人,发展到如今的近500万人。

(十) 新兴的生态旅游景区类型

随着生态旅游的不断发展,会不断出现新的生态旅游景区类型。例如,近几年国内外新兴的一种环境保护游。这种类似志愿者行动的生态旅游,把需要进行环保的地段作为"生态旅游景区"。如"跨世纪黄河植树行动"将黄河河岸植树地点作为"生态旅游景区"。需要说明的是,上述地段并不是严格意义上的生态旅游景区,只是生态旅游行动的地域对象,但因体现了生态旅游环境保护的主旨。所以,算作是一种广义的生态旅游景区类型。

三、生态旅游的特性

尽管人们对生态旅游还没有统一的定义,但是,从上面的论述可以看出,全球学界对生态旅游的内涵的认识却是基本一致的。中国学者王跃华在1999年将生态旅游概括为两大要点、三大标准和四大功能。两大要点指:旅游对象的自然性和旅游对象不应受到损害。三大标准指:旅游对象是原生、和谐的生态系统,旅游对象应该受到保护,社区的参与。四大功能指:旅游功能、保护功能、扶贫功能及环境教育功能。综合有关的观察和研究成果,可以将生态旅游的特征概括为下述3个方面。

(一) 保护性

与传统旅游业一样,生态旅游也会对旅游资源和旅游环境产生负面影响。但是,生态旅游是针对传统旅游活动对旅游资源和环境的负面影响而提出的。因此,保护性是它区别于传统旅游的最大特点。

生态旅游保护性的实质是要求旅游者和旅游业约束自己的行为,以保护旅游资源和旅游环境。例如,在卢旺达原始森林中观赏野生动物时,传统旅游允许旅游者进入野生动物的生活区域并随意地与野生动物嬉戏,而生态旅游采用对旅游资源(野生动物)影响最小的用望远镜进行远距离观察的旅游活动方式。

生态旅游的保护性体现在旅游业中的各个方面。对旅游开发规划者而言,保护性体现在遵循自然生态规律,进行人与自然和谐统一的旅游产品开发设计,充分认识旅游资源的经济价值,将资源的价值纳入成本核算,在科学的开发规划基础上谋求持续的投资效益。对管理者而言,保护性体现在资源环境容量范围内的旅游利用,杜绝短期行为,谋求可持续的经济、社会、环境三大效益的协调发展。对旅游者而言,保护性体现在环境意识和自身素质的提高,自觉地保护旅游资源和环境。对于与旅游业关系密切的业态而言,保护性体现在对当地产业结构进行合理的规划和布局,谋求当地长久的最佳综合效益。

另外,传统旅游的最大受益者是开发商和旅游者,而旅游活动对旅游资源和当地环境所造成的负面影响(如旅游基础设施和交通设施的建设、污染物的排放往往在一定程度上破坏了景观和生态环境)则主要由当地居民承担,使旅游业与当地社区之间处于对立状态,不利于旅游资源和当地环境的可持续发展,甚至造成旅游资源和环境的严重破坏。而生态旅游则强调当地社区的居民是旅游活动的积极参与者,这一群体应当公平地获得分配旅游业社会经济效益的机会。换言之,只有旅游资源的利用和保护让当地居民受益,才可能实现旅游资源和环境的可持续发展。强调当地居民公平地获得分享旅游业的社会经济效益的权利也是生态旅游保护性的内容之一。

(二)专业性

生态旅游具有比较高的科学文化内涵,这就要求旅游设施、旅游项目、旅游路线、旅游服务的设计和管理均要体现出很强的专业性,以使旅游者在较短的时间内获得回归大自然的精神享受和满足,启发和提高旅游者热爱和保护大自然的意识,进而自觉地保护旅游资源和环境。同时,生态旅游的专业性也是旅游资源和环境得以保护和持续利用以及实现效益的协调发展的前提条件之一。再者,专业性还体现在旅游者的旅游心理上。生态旅游者不是没有自己确定的旅游目的、被卷入旅游时尚潮流的盲目旅游者,也不是为追求豪华奢侈的物质享受、认为金钱可以买断自然的旅游者,而是具有欣赏、探索和认识大自然和当地文化的明确要求的较高层次的旅游者。

(三)普及性

在中国,生态旅游的普及性不仅体现在生态旅游者的普及上,也体现在旅游资源的普及上。生态旅游是建立在传统旅游基础上的,因此,中国的生态旅游不应是高消费和高素质者的特权,只要以了解当地环境的文化与自然历史知识为旅游目的,并能够自觉地保护和珍视旅游资源和环境,普通的工人、农民、职员、学生等都可成为生态旅游者。从旅游资源上说,西方国家将生态旅游仅仅定位于自然景观,而中国是具有五千年悠久历史的文明古国,中国的自然已经与文化深度融合,所以,中国生态旅游的对象不仅仅是自然景观,还包括与自然和谐的文化景观。

【头脑风暴】

如何将文旅资源转化为文旅经济？

研究、梳理与传播各地文旅资源不仅是促进旅游经济的有效之举，也有利于繁荣和传承新时代中华民族优秀文化作为文旅融合的核心表征，文化旅游资源越来越受到业界的关注。不少文化旅游资源面临着影响力待提升、场景延展待加强、资源活化受阻等问题，其传播、传承与保护的进展与各界期望仍有一定距离。追本溯源，文化和旅游的资源属性是上述阻滞现象的主因。历史经验告诉我们，一般情况下，能够以音乐、舞蹈、艺术等形式传播的文化旅游资源占总量的极少数。许多文化旅游资源（如曲艺、山歌、戏曲、民族服饰等）具有鲜明的地域性：囿于方言、生活方式、民俗习惯等差异，其传播范围往往局限在文化相关的区域，地理空间和受众人群等要素限制了传播。欣赏不了、无法共鸣、市场萎缩的现状是困扰地方文旅事业的痛点。

放眼世界，各国文化旅游资源富集区多位于"险远"之地，交通可进入性差。高昂的开发成本使得商业行为愈加注重短期效益。当地政府的工作重心往往聚焦于招商引资和社会发展领域，而在商业监管和文旅资源可持续发展方面的考量相对弱化。现实情况是，越靠近旅游风景区的地方，售卖的旅游纪念品越工业化、商业化。

对此，《人民日报》曾发表评论指出，一样的竹雕、一样的小木刀、一样的木梳……千百个景区都在卖同样的"地方特产"。匠人精神和文化要素的缺失使得旅游纪念品缺乏原创性，为粗制滥造、名不副实的"副产品"提供了生存土壤。

资料来源：高明．如何将文旅资源转化为文旅经济？中国旅游报，2020-01-17

思考：在文旅融合的时代，如何破解上述难题？有哪些可遵循的路径？

第二节　生态环境的保护与开发

一、旅游业可持续发展的实质

旅游可持续发展是指不破坏当地自然环境，不损坏现有和潜在的旅游资源，保护已开发的现有资源的情况下，在环境、社会、经济三效合一的基础上可持续发展的旅游经济开发行为。实现旅游业可持续发展是推动中国经济发展、扩大社会就业总量的有效举措。旅游业具有联动性广、经济性强的特点，可以对相关产业的发展起到显著的促进作用。通过之前章节的学习，我们已经认识到旅游业具有就业门槛低、覆盖面广、劳动密集的特点，可以有效带动其他行业就业。联合国世界旅游组织研究发现，旅游业每增加1个就业岗位就可为其他产业带来5个就业机会。因此，加快发展旅游业，能有效缓解严峻的就业压力，为中国经济社会的稳定发展起到助推作用。

实现旅游业可持续发展是促进发展方式转变、推动低碳经济发展的巨大助力。旅游业相较其他产业而言,具有资源消耗低、环境成本小的优势。加快发展旅游业,可以实现依靠资源消耗促进经济增长的传统模式向低耗能、高收益的新模式转变,达到自然文化资源和生态环境可持续发展的和谐统一。同时,大力发展旅游业,可以引领和带动相关服务业及服务贸易的快速发展,转变以能源密集型和污染密集型为主的贸易出口模式,发展低碳经济,构建低碳社会。

实现旅游业可持续发展是扩大国际文化交流、提升国家软实力的重要保障。一方面,积极接待入境旅游,打开国门,欢迎各国朋友,通过旅游让其充分了解中国社会、经济、文化等各个方面的发展状况,逐渐消除他们的一些错误认识和偏见;另一方面,积极组织民众出境旅游,走出国门,通过宣传中华文明来提升华夏文化在世界各国的影响力和知名度,塑造开放、自信、民主、富强的国家形象。

二、旅游业可持续发展面临的问题

在公民出境游人数和花费方面,中国是公认的全球第一大客源国,与之相关的报道数量通常超过了中国作为旅游目的地的消息。事实上,在世界旅游组织2019年公布的最受欢迎目的地国家榜单上,中国以接待旅游者6 290万而成为2018年全球第四大旅游目的地国。表8-1为2018年全球最重要的旅游目的地国家。

表8-1 2018年全球最重要的国际旅游目的地国家国际旅游者数量

排名	国家/地区	国际旅游者数量/人次	较前年增长
1	法国	89 400 000	2.9%
2	西班牙	82 800 000	1.1%
3	美国	79 600 000	3.5%
4	中国	62 900 000	3.6%
5	意大利	62 100 000	6.7%
6	土耳其	45 800 000	21.7%
7	墨西哥	41 400 000	5.5%
8	德国	38 900 000	3.8%
9	泰国	38 300 000	7.9%
10	英国	36 300 000	-3.5%

资料来源:世界旅游组织官网

旅游业发达本应是利国利民的好事,以西班牙为例,2016年西班牙接待旅游者7 560万人次,旅游收入占该国经济收入的12%。但这些旅游热门地区的居民却感觉生活备受"干扰",比如意大利著名的旅游城市威尼斯,当地有5.5万居民,每年接待的旅游者却高达2 000万人次。在这两个国家的旅游热门城市,许多居民参与抗议,认为大量旅游者的到来推动短租行业,直接导致本地房租上涨,本地人负担加重,有些人甚至被迫搬离家园。此外,城市设施受损,一些旅游者的不文明举动以及邮轮给附近水域带来的污染等都是这些居民反对旅游者的原因。这个"反旅游者运动"实际上凸显的是可持续发展对于旅游业的重要性。

中国在国际旅游者人数榜单上位列第四,加上庞大的国内旅游市场,一些景区面临的压力也不容小觑。经中国旅游研究院测算,仅2021年"五一"小长假期间,全国就接待国内旅游者1.47亿人次,北京、大连、上海、三亚、杭州、西安、重庆等热门旅游目的地人满为患。据人民网报道,武汉北部黄陂地区在2021年"五一"小长假时出现严重拥堵。据报道,4月30日该地区锦里沟两边上山公路完全瘫痪,直至30日晚上10点依然还有自驾游客人1 500余人未能下山。后经多方积极协调,5月1日深夜12点公路全部打通,所有滞留旅游者全部安全下山。这只是热门景点在"五一""十一"及春节等假期承受压力的一个例子。以往,每逢旅游旺季,总能看到类似的新闻报道。不过,近些年来,中国在疏解旅游热门景点压力这一点上,做出了如下努力。

1. 景区限流

早在2007年,原国家旅游局就发布实施首部《旅游资源保护暂行办法》,明确提出景区需限定最大接待容量。该办法规定,旅游景区从事旅游接待活动,应在旅游资源保护允许容量范围内开展,并制定相应的旅游高峰安全运行预案,及时向社会公布旅游者流量占景区最大接待容量的信息,合理疏导旅游者。此外,该办法还明确规定,旅行社、旅游景区、导游不仅仅是旅游服务的提供方,还应担负起教育旅游者在旅游活动中保护旅游资源的职责。

2. 提高旅游者保护意识

提高旅游者保护旅游地资源的意识对于可持续旅游业至关重要。环境是旅游业生存和发展的基础,也是衡量旅游区质量高低的重要标准。保持旅游业和环境保护的可持续发展是长远之计。旅游目的地的生态环境是中国地理环境的重要组成部分,是在中国地质变化的亿万年来自然形成的珍贵资源,对旅游目的地的生态环境的有效保护不仅关系到中国大环境的生态平衡,还是对自然资源的一种维护,具有非常高的社会价值和经济价值。近些年,中国借鉴国外旅游目的地的常用做法,将教育作为实现这一目的的有效和必然途径,各类环境教育和环境意识的培养教育渐次展开。

3. 科技赋能

充分利用新科技为旅游者带来便利,是提高景区容量的方法之一。据新华网报道,安徽省打造的"旅游大数据信息服务平台",利用基站实时采集用户位置信息技术,实时统计景区旅游者数量、漫游用户数、过夜数,分析旅游者来源地、驻留时间、景区热度等信息,全面实现景区人流量实时监测、景区客流属性分析、超负荷短信预警等功能,为旅游主管部门在人员监管、景区管理和旅游者服务等方面提供大数据支撑服务。不过,中国的旅游业目前仍然面临容量考验、景区同质化、配套设施升级等诸多问题,因此如何实现旅游业健康、有序地发展是一个长期课题,但可以肯定的是,可持续化是不容忽视的基本原则。

三、旅游业可持续发展的措施

(一) 转变旅游业发展方式,实现产业融合

转变旅游业发展方式,要着重将简单粗放的发展模式向规模化、效益化进行转变,不仅要注重硬件设施的建设,还要优化服务和提高环境质量,实现旅游业与其他产业间的融合发展。一方面,在景点建设开发时,要充分考虑当地生态环境的可持续发展以及对当地居民生活可能造成的影响。坚持保护为主的原则,适度、科学地开发生态旅游资源。另一方面,应加速旅游业与其他产业的融合发展。合理利用农村的特色旅游资源,依托当地生态环境,积极发展草原旅游、湖泊旅游、山川旅游等,同时借助历史文化资源,开发一大批特色古镇、古村,完善乡村旅游设施和旅游产品,增加乡村旅游的吸引力,推动乡村经济发展;加强对旅游工艺品、纪念品的创新设计,鼓励旅游用品的研发,推动旅游装备制造业的发展;充分借助文化、体育、信息、交通等行业优势,实现不同行业间的交叉互补,推动旅游产品和行业的发展。

(二) 构建多样化旅游产品,实现结构创新

随着生活水平的日益提高,人们对于旅游的需求也日益增加。当前旅游产品仍然比较单一,为满足群众的需求,需要加大对旅游产品多样化的开发。旅游产品开发要从市场需求出发,通过对当地旅游资源的开发、建设,吸引更多的旅游者参观游览。其一,要抓住人们对于休闲旅游的内在需求,开发休闲旅游产品,建设公共休闲设施,营造积极健康的休闲文化。其二,大胆创新方式方法,不断升级旅游产业结构,促进旅游业持续健康发展。例如,要遵循深化旅游业改革开放、实现旅游业可持续发展的理念,切实加强规划工作,在编制旅游规划时本着高标准、高要求的原则,做到专业、个性、创意和特色;要加快发展国际旅游,坚持入境游和出境游并重的思路,转变旅游市场结构,实现国内游和国际游均衡发展;要实施精品战略计划,加快重点景区建设步伐,将景区打造成集观光、度假、休闲、商务等多维一体的综合景区。

(三) 进行旅游业管理创新,深化市场机制

旅游管理机制创新是在现代企业管理制度的基础上,通过升级旅游产业结构,规范旅游市场秩序,革新人才培养方案,创造出适合旅游业健康发展的良好环境。政府要加快职能转变,引导企业深化改革,完善市场竞争机制,坚持公平竞争原则。企业要实行自负盈亏、自担风险、自我发展,改革企业发展模式,建立现代企业制度,通过社会融资和政府支持,提高规模效益和服务质量,加强市场竞争力。通过整合中小型旅行社,建成一批集旅游、购物、住宿、娱乐为一体的跨行业、跨地区的大型旅游企业,使旅行社从"小、散、弱"向龙头式的集团化方向转变,成为推动旅游业体制改革和管理创新的中坚力量。大力发展旅游行业协会组织,加强行业自律、监督,规范企业行为,遵循市场秩序,并不断鼓励民营、私营企业的参加。

(四) 建设旅游业保障体系,加强旅游安全

建立旅游业的安全保障体系,首先要完善旅游业咨询、信息服务和安全救援体系等旅游管理的服务能力,实现对广大旅游者生命、财产的负责。其次要建立、健全旅游保险制

度,完善旅行社责任险、旅游意外险等旅游险种,增强旅游保险的理赔效能,提高规避和化解风险的能力。最后,要不断完善旅游投诉处理机制,及时、认真听取和处理旅游者的投诉意见,切实维护旅游者的合法权益。具体而言,各地旅游景区应完善安全规章制度,建立、健全应急预案及紧急救援机制;强化对游船、大型观光旅游设施、索道等的安全管理;加强景区内餐饮住宿卫生管理;大力宣传安全防范知识,加强安全教育,提高安全意识,强化应急能力,切实保障旅游者的生命、财产安全。

第三节 "两山"理论指引旅游业生态发展

【案例导入】

万村景区化——浙江乡村振兴战略的创新实践

浙江省第十四次党代会提出"大力发展全域旅游,积极培育旅游风情小镇,推进万村景区化建设,提升发展乡村旅游、民宿经济,全面建成'诗画浙江'中国最佳旅游目的地"的目标,这是践行"绿水青山就是金山银山",实施乡村振兴战略的创新实践。

诗画浙江,因历时十余年的村庄整治行动而增添了更多景致。2万多个村落犹如晶莹剔透的珍珠洒落在大自然中,形成了一幅幅雅致、清新的画面。万村景区化,作为实现浙江打造"大景区"蓝图进一步走向纵深的有力抓手,是以美丽乡村建设成果为基础,促进乡村从"环境美"向"发展美"转型、实现"美丽乡村"到"美丽经济"题中之意的有效路径。

"采菊东篱下,悠然见南山。"田园是中国人心中唯美的理想生活。在步入全民休闲度假时代的今天,越来越多的人来到乡村,感受那一脉青山、一方绿水、炊烟袅袅的乡愁时光。顺应时势,浙江全域旅游大步率先迈入"村"时代,构建充满诗意栖居概念的景区村庄,通过"旅游+"推进乡村产业的融合发展,激发、吸附和释放环境生态优势,使村庄生态、生产、生活有机结合,以最直观的方式展现了乡村"产业兴旺、生态宜居、乡风文明、治理有效、生活富裕"的美好愿景。

得益于大自然馈赠的山水禀赋,得益于千百年人文的滋养浇灌,得益于浙江创新创业的拼搏精神,全省创建的首批2 000多个A级景区村庄已款款而来。或是百年烟雨中承续的历史村庄,或是山水重塑中的诗意栖居,或是创意迸发的现代乡村,或是三产融合的田园综合体。浙江大地上,星罗棋布的景区村庄各有鲜明个性、自成发展体系。山水和村庄融为一体、自然与文化相得益彰,阡陌桑田间换了新颜。这些景区村庄,不仅是村民生活的美好家园,更是具有深厚历史记忆、绵延不绝文脉的景区,为浙江大景区、大花园创建缀满点点明珠。浙江广袤土地上的生活形态、生产结构和情感传承,在被赋予了更多要素的A级景区村庄中,缔造出一个人人向往的乡村生活样本,使浙江的美丽乡村、美好生活愈发动人,显示了"两山"重要思想巨大的理论力量和实践力量。

在首批认定的200多个3A级景区村庄中,我们精选了50个示范样板村的创建纪实,为万村景区化建设发展探索蝶变方向和多元视角。它们的建设经验并不拘泥于形式,旅游业的包容性激发着各种不同的消费需求和建设主题,将政府、投资者、艺术家、村民等参与主体凝聚在一起,在乡村掀起创业致富的热潮。

多年发展实践证明,旅游业是辐射力度大、扶贫富民效益明显、综合贡献度高的产业。大力发展全域旅游、推进万村景区化,是浙江实现产业融合、促进转型升级的强力助推器。景区村庄,美在小桥流水的诗意,美在手艺风俗的繁盛,美在历史厚度的文化,美在灵动鲜活的产业,它让世界重新发现这片山水中的乡村隐藏的无限精彩。

资料来源:陆遥.4 876家A级景区村庄!浙江全域旅游迈入"村"时代.浙江省文化旅游厅官网,2019-05-09

一、"两山"理论的概况

(一)"两山"理论的背景

"两山"理论是习近平生态文明思想的科学内核和鲜明特色。深入推进生态文明建设,必须了解"两山"理论的发展历程,把握"两山"理论的科学内涵,明确"两山"理论的重大意义。

习近平同志在地方工作时就高度重视生态文明建设,积极探索"绿水青山"与"金山银山"之间的关系。2005年8月15日,习近平同志在浙江省安吉县考察时,明确提出了"绿水青山就是金山银山"的科学论断。2006年,习近平同志进一步总结出了3个阶段:第一个阶段是"用绿水青山去换金山银山";第二个阶段是"既要金山银山,但是也要保住绿水青山";第三个阶段是"绿水青山本身就是金山银山"。党的十八大以来,习近平总书记从战略高度更加重视生态文明建设。2013年9月7日,习近平总书记在哈萨克斯坦纳扎尔巴耶夫大学发表题为《弘扬人民友谊共创美好未来》的重要演讲并回答关于环境保护的学生提问时指出:"我们既要绿水青山,也要金山银山。宁要绿水青山,不要金山银山,而且绿水青山就是金山银山。"党的十九大把"两山"理论写入《中国共产党章程》,成为生态文明建设的行动指南。党的二十大进一步指出,必须牢固树立和践行绿水青山就是金山银山的理念,站在人与自然和谐共生的高度谋划发展。

(二)"两山"理论的内涵

总之,随着优质生态环境稀缺性的加剧及产权界定成本的降低,优质、独特的生态环境及其附加了优质生态环境的生态产品均可能通过市场进行交易,从而使绿水青山、冰天雪地等生态环境的价值得以实现。"两山"理论不仅仅是"绿水青山就是金山银山"一句话,而是一段完整的表述:"我们既要绿水青山,也要金山银山。宁要绿水青山,不要金山银山,而且绿水青山就是金山银山。"由此可见,"两山"理论的科学内涵包括下列3个方面。

1. "兼顾论"——"既要绿水青山,也要金山银山"

机械主义发展观认为,生态系统是经济系统的子系统,经济系统可以无限膨胀,人类可以不顾及环境容量,一味追求经济增长,由此导致生态破坏、环境污染、气候变暖等严重后果。环保主义发展观认为,生态系统的有限性决定了经济增长的极限,提出了"增长的极限""零增长观""小型化经济"等,没有顾及科技进步和制度创新的重要作用。"两山"理念认为,只要坚持人与自然和谐共生的理念,尊重自然、敬畏自然、顺应自然、保护自然,就可能兼顾生态保护与经济增长,实现生态环境和经济的协调发展。因此,"绿水青山"与"金山银山"的兼顾是可能的。

2."前提论"——"宁要绿水青山,不要金山银山"

经济增长是在特定约束条件下配置各种生产要素所带来的国民产出的增加。技术进步和制度创新可以使同样的要素投入带来更大的产出。但是,在环境容量给定、技术条件给定和制度体系给定的情况下,试图实现经济高速增长,只能建立在生态破坏和环境污染的基础之上,从而出现"以局部利益损害全局利益,以短期利益损害长远利益,以当代利益损害后代利益"的错误做法。

在环境容量给定的情况下,要以此作为约束性的前提条件,再来考虑经济增长的可能速度。除非通过技术进步和制度创新,才可能在同样的环境容量下实现更高的经济增长。这说明,在条件约束下,无法做到兼顾的特殊情况下,要有所选择,要坚持"生态优先"。

3."转化论"——"绿水青山就是金山银山"

从字面理解,不仅石油资源是经济资源,可以转化为金山银山,生态环境和生态产品也是经济资源,也可以转化为金山银山。深入一层理解,绿水青山是实现源源不断的金山银山的基础和前提,为此,要保护好绿水青山。再深入一层理解,保护好生态环境、保护好生态产品就是保护好金山银山。与之对应,减少资源消耗和污染排放就是减少绿水青山的损耗,也就是保护金山银山。因此,"绿水青山就是金山银山"不能仅仅理解成生态经济化,而是生态经济化和经济生态化的有机统一。

生态经济化是将自然资源、环境容量、气候容量视作经济资源加以保护、开发和使用。对于自然资源不仅要考察其经济价值,还要考察其生态价值;对于环境资源和气候资源,要根据其稀缺性赋予其价格信号,进行有偿使用和交易。经济生态化包括产业生态化和消费绿色化两个方面。产业生态化就是产业经济活动从有害于生态环境向无害于甚至有利于生态环境的转变过程,逐步形成环境友好型、气候友好型的产业经济体系。消费绿色化就是妥善处理人与自然的关系,逐步形成环境友好型的消费意识、消费模式和消费习惯。改变传统的摆阔式消费、破坏性消费、奢侈性消费、一次性消费等消费行为,推进节约型消费、环保型消费、适度型消费、重复性消费等新型消费行为。可见,"绿水青山就是金山银山"既要强调生态环境的价值转化,又要强调经济活动的绿色转型。

二、"两山"理论对旅游业生态发展的影响

(一)"两山"理论的区域意义

"两山"理论萌发于浙江省,最早践行于浙江省。自诞生以来,历届浙江省委省政府始终坚持以"两山"理论为指导,不断推进生态文明建设的战略深化,从生态浙江建设到美丽浙江建设,从美丽浙江建设到诗画浙江建设。在战略深化中,一方面始终紧紧抓住"绿色"

这一主线,另一方面又不断充实了审美和文化等内涵。正是在"两山"理论的指导下,浙江省率先创建成功全国第一个生态县——浙江省安吉县;浙江省省会城市杭州市被习近平总书记誉为"生态之都";浙江省率先成功创建全国第一个生态省;习近平同志亲自倡导并在践行"两山"理念过程中不断深化的"千村示范、万村整治"工程被联合国授予"地球卫士奖"。

可以说,浙江省是全国生态文明建设的优等生和示范生。正是因为浙江省各方面工作都做到"干在实处,走在前列",2020 年,习近平总书记考察浙江时对浙江省提出了"努力成为新时代全面展示中国特色社会主义制度优越性的重要窗口"的殷切期望。就生态文明建设而言,"两山"理论不仅要指导浙江省率先建成美丽浙江,而且要指导浙江省成为美丽世界的"重要窗口"。

(二)"两山"理论的国家意义

党的十八大以来,习近平总书记不断丰富和完善生态文明思想,形成了以"两山"理论为核心的习近平生态文明思想。党的十九大把"两山"理论、绿色发展理念、美丽中国建设写入《中国共产党章程》。

第十三届全国人民代表大会第一次会议通过的《中华人民共和国宪法》修正案第 32 条明确指出:"贯彻新发展理念,自力更生,艰苦奋斗,逐步实现工业、农业、国防和科学技术的现代化,推动物质文明、政治文明、精神文明、社会文明、生态文明协调发展,把我国建设成为富强民主文明和谐美丽的社会主义现代化强国,实现中华民族伟大复兴。"这段文字虽然没有直接使用"两山"理论的表述,但是把与"两山"理论紧密相关的绿色发展、生态文明、美丽中国等均纳入其中。党的十九大报告和全国生态环境保护大会描绘了中国生态文明建设的时间表:到 2035 年,基本建成美丽中国;到 21 世纪中叶,全面建成美丽中国。因此,"两山"理论对于建成美丽中国、加快中国从高速度增长转向高质量发展具有十分重要的指导意义。党的二十大进一步指出中国式现代化是人与自然和谐共生的现代化。

(三)"两山"理论的世界意义

长期以来,在生态文明建设领域都是西方国家处于引领地位。"可持续发展""循环经济""低碳经济"等核心概念均是"舶来品"。随着"两山"理论的诞生,"绿色发展""生态产品""自然资源资产"等源自中国的理念逐渐被西方国家所接受。

2016 年 5 月 26 日举行的第二届联合国环境大会高级别会议发布了《绿水青山就是金山银山:中国生态文明战略与行动》报告。联合国环境规划署前执行主任施泰纳表示,可持续发展的内涵丰富,实现路径具有多样性,不同国家应根据各自国情选择最佳的实施路径。中国的生态文明建设是对可持续发展理念的有益探索和具体实践,为其他国家应对类似的经济、环境和社会挑战提供了经验借鉴。

不仅"两山"理论被国际社会高度认可,而且以"两山"理论为指导的生态文明建设"中国做法""中国方案""中国经验"也得到国际社会的广泛借鉴。

【第八章复习思考题】

一、简答题
1. 生态旅游有哪几种类型？
2. 生态旅游所包含的要素有哪几个方面？
3. 简述生态旅游的特点。
4. 什么叫旅游可持续发展？
5. 简述"两山"理论的科学内涵。

二、论述题
1. 谈谈中国旅游景区如何实现可持续发展。
2. 为什么可持续发展的旅游是后疫情时代旅游业的发展方向。

三、实践题
调研浙江省美丽乡村，试归纳在"两山"理论指导下，浙江省乡村可持续旅游有哪些发展模式。

第九章 学会旅游——旅游让世界和生活更美好

■ **本章导读**

如何旅游？这是一个看起来很简单，却又不简单的问题。但可以确定的是，高质量的旅游是大部分人所追求和向往的。

作为旅游专业的学生，未来旅游行业的从业人员，需要了解什么是旅游需求和旅游体验，理解什么是旅游审美体验、旅游交往体验和旅游消费体验，如何学会旅游等。本章以旅游需求为导向，通过对旅游体验的认知，学会如何旅游，培养学生在专业里"做中学，学中做"的思维，努力实现旅游让世界和生活更美好的目标。

■ 学习目标

● 知识目标

1. 了解旅游需求、旅游体验的概念
2. 掌握天然需要、社会需要、精神需要的特点
3. 理解旅游审美体验、旅游交往体验、旅游消费体验
4. 了解旅游前的准备阶段、旅游中的游览阶段
5. 理解旅游的享受阶段和升华阶段

● 能力目标

1. 善于发现旅游需要
2. 结合所学知识,设计旅游体验项目
3. 能够运用所学的知识,创造选景、观景、赏景、忆景的过程

● 素养目标

1. 培养以人为本的意识,培养细致、专业的职业精神
2. 培育热爱大好河山和人文交流的情怀
3. 增强民族自信,成为祖国大好河山的优秀保护者与推广者

■ 思维导图

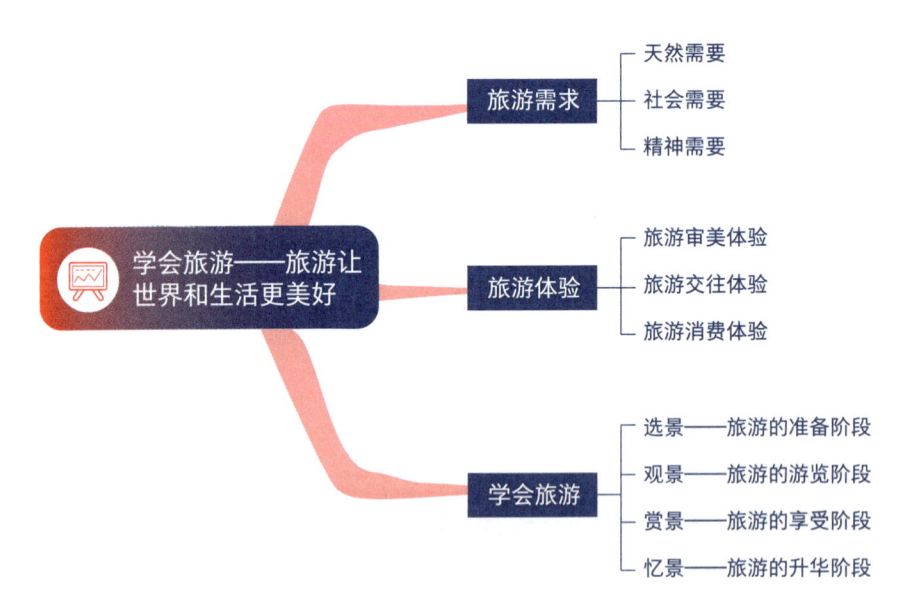

学会旅游——旅游让世界和生活更美好
- 旅游需求
  - 天然需要
  - 社会需要
  - 精神需要
- 旅游体验
  - 旅游审美体验
  - 旅游交往体验
  - 旅游消费体验
- 学会旅游
  - 选景——旅游的准备阶段
  - 观景——旅游的游览阶段
  - 赏景——旅游的享受阶段
  - 忆景——旅游的升华阶段

第一节　旅　游　需　求

"人们为什么去旅游？"这是一个有趣却难以准确回答的问题,多少年来许多学者都对此进行过探究。通过前面的章节我们已经明晰,人们出游的原因是多方面的,一方面是因为人们的需要是复杂的;另一方面则是因为旅游本身就是一项综合的活动。

需要或动机是心理学的范畴,如果再加上欲望这个社会学范畴,便可以较全面地描述人受自然力和社会力的支配而发生行为的心理和生理基础。旅游既然是人类的一种社会行为,那么不仅从需要或欲望上看旅游是社会发展的产物,或者说是内化了的社会需要的一种实现形式。今天可以说,旅游需求已经是一个经济化的概念,而且是一个旅游者在旅游购买决策系统中以相当清晰的特征表现出来的概念。要说明需要(need)、需求(demand)、欲求(desire)3个概念之间的差别,可以举一个未必准确但却很形象的例子。比如,当你感到饥饿时,就有"吃"的"需要";如果这时你面对可满足果腹需要的两种选择:家常便饭和满汉全席,那么经验会告诉你,满汉全席会比家常便饭好吃,于是你有了对满汉全席的"欲求";然而,可能很不幸,你囊中羞涩,只有支付家常便饭的能力,于是,你的"需求"就只能是家常便饭。这个例子可能多少揭示了社会的现实性,但实际上,这种依条件而转移的社会选择过程从没有停止过它的脚步。人如果要旅游,也免不了要面临这种经济上的约束。

"某种需要"是旅游者产生旅游兴趣和动机的源泉。人的需要是多种多样的,可以从不同的角度分类。按起源不同,可以分为天然需要和社会需要;按需要对象的性质,可以分为物质需要和精神需要,等等。旅游者的需要大致分为天然需要、社会需要和精神需要3种。

一、天然需要

旅游者的天然需要主要表现在生理需要。生理需要是维持肌体正常活动的各种需要,如饮食、衣物、住宿、休息、运动、阳光、空气、水等的需要。旅游者有时就是为了追求舒适的生理享受而旅游,有时虽不一定为满足生理需要而外出,但生理需要却是整个旅游活动中不可缺少的。到异地旅游,人们一般希望品尝当地的风味佳肴,满足自己的饮食需要。旅游者希望所到之处空气清新、阳光明媚、气候宜人。所以许多旅游者特意到树林去呼吸新鲜空气,到海滨晒太阳,到凉爽的地方避暑,到温暖的地方避寒。通过旅游活动满足生理的各种需要。

二、社会需要

旅游者的社会需要主要表现在人际交往和社会尊重的要求上。人们外出旅游有时希望和知心朋友同道共享旅游的乐趣;有时希望在旅游中结识新朋友,希望与周围的人交流感情,有的人就是为了增进友情而旅游的。旅游者对尊重的需要表现在整个旅游过程中,他们希望得到当地人们热情友好的接待,尊重他们的习惯,真诚对待他们。

社会性需要还包括各种公务、商务活动外出的旅游,如参加公务考察、学术活动、洽谈业务、经商购物等。

三、精神需要

旅游者的精神需要主要表现在对新事物的好奇,对异地文化的探求,对美和艺术的追求等。旅游者到他乡异地,许多事物对他们来说都是新奇的,他们为了追新猎奇和满足对异地文化的认识而去旅游。

旅游者往往对美和艺术价值很看重,他们希望眼之所见、耳之所闻、口之所尝、心之所感都是美好的。旅游者对宗教的需要表现非常明显,许多旅游活动与宗教密切相关。

由于旅游者的旅游需要,使他们产生了旅游动机。但需要和动机只是一种愿望和可能,并不是真正的行动。旅游需要和动机转化为旅游活动有一个过程,这个过程就是激发旅游动机。激发旅游动机有许多方法,如加强旅游宣传,为旅游者提供信息,帮助人们认识旅游的价值;开发旅游资源,增强旅游地的吸引力;提高服务质量,改善接待能力等。

第二节 旅游体验

当一个旅游者经过一番周详的计划而最终举步离家前往异地开始其旅游活动时,他其实是在开始一段人生经历的过程。换言之,旅游是他人生经历的一部分。在这个过程中,他经过不断地与外部世界发生联系和互动,从而取得有关外部世界的知识,并因此而获得愉悦感,满足其内心的需要。就个体而言,这样的旅游体验过程是旅游者活动的首要目的和主体内容,其满意程度决定了旅游的质量感知水平。具体而言,每个旅游者旅游体验的内容、时空特点和结构特性,是旅游行业规划和管理的基本依据。这一基本事实决定了旅游体验作为旅游科学研究的一个基本范畴的重要性。有关旅游体验的研究,在国外有些学者早在20世纪70年代末就提出过旅游体验(tourist experience)这一概念,并进行过比较深入的探讨。但此后有十多年的时间整个旅游学术界并没有做出积极的回应。尽管有个别相关研究成果问世,但人们对旅游体验的关注程度远远不够,缺乏深层次和系统性的理论分析。从20世纪末至今,国外关于旅游体验的研究有明显增长的趋势。在国内旅游学术界,旅游体验研究也已经从早期被学术界忽视而逐渐成为旅游学理论体系中最厚重的模块和最有力的支撑,被当作构建旅游知识共同体的核心成分加以广泛而深入的研究。

在人的一生中,总会经历种种事情。但比较起来,旅游体验颇有其独特之处。概而言之,旅游体验是一种综合性的体验。旅游是人生日常工作和生活状态的一种"逸出",是人生中的一个特殊时段。在这个时段中,由于生命现象本身的复杂性、生命所赖以存在和发展条件的复杂性、旅游者个体心理的复杂性、旅游所追求目标的多重性或不可分解性,等等,使旅游体验成为一种综合体验。在这种体验过程中,旅游者可以在风景观赏中获得审美愉悦,可以在与人交往中品味多彩人生,也可以在旅游消费过程中享受世俗之乐。

关于旅游体验,我们可以有几种理解:第一,旅游体验是一种心理现象,是体验个体集中地以情感或情绪表现出来的快感(愉悦)经验;第二,旅游体验与当下的旅游情境有关,通常不包括脱离了旅游世界的预期和回忆等范畴;第三,旅游体验过程中旅游者在与外部世界取得暂时性联系的过程中,会产生改变其心理水平并调整其心理结构的效果,这通常是旅游体验更为积极的人生意义之所在;第四,旅游体验是一个互动过程,体验深度与旅游者的融入程度相关,从而会形成深度体验和浅度体验的差异。

旅游体验可以大致分为旅游审美体验、旅游交往体验和旅游消费体验。

一、旅游审美体验

所谓旅游审美体验,是旅游者在欣赏美的自然、艺术品和其他人类产品时所产生的一种心理体验,是一种在没有利害感的观照中所得到的享受。按照王柯平的说法,这种体验在本质上是一项集自然美、艺术美和社会生活美之大成的综合性审美实践活动;像一般审美体验一样,给予人的快乐近乎一种天国的而非人间所有的快乐。

亚里士多德在其《伦理学》中指出,审美体验大致有6个特征:第一,这是一种在观看和倾听中获得的极其愉快的体验。这种愉快是如此强烈,以至于使人忘却一切忧虑而专注于眼前的对象;第二,这种经验可以使意志中断,不起作用,人似乎觉得自己像是在某种美景中陶醉;第三,这种经验有种种不同的强烈程度,即使它过于强烈或过量,也不会使人感觉到厌烦;第四,这种愉快的经验是人独有的,虽然其他生物也有自己的快乐,但那些快乐是来自于气味的嗅觉或味觉,而人的审美快乐则是源自视觉和听觉感受到的和谐;第五,虽然这种经验源自感官,但不能仅归因于感官的敏锐,动物的感官也许比人敏锐得多,但动物却不具有这种经验;第六,这种愉快直接来自对对象的感觉本身,而不是来自它引起的联想,对此亚里士多德解释说,感觉,有的可以因自身而愉快,有的是因为它使人联想到其他东西而愉快;例如,食物和饮料的气味就是因为它使人联想到吃喝的愉快而变得愉快,看和听到的愉快大都是因为其自身而得。

亚里士多德对审美体验的描述,使我们看到通过审美所获得的心理愉悦与一般的生理快感是有区别的。审美过程是一种高级的精神现象,而不是一种动物性的快感;是人在满足了基本的生物性需要之后向更高的精神境界的追求,而不是一种低级趣味;是一种涉及多种高级心理功能的复杂心理状态,而不是一种单一的"刺激－反应"过程。这种经验过程在旅游活动中经常发生,是造成旅游者心理愉悦和精神满足的重要途径。

旅游审美作为一种意识活动,是一种对美的认识过程。与美的认识相伴随,又有情绪和情感的心理活动,这样形成美的感受和感动,突出的是美感的愉快。这些心理因素在美感中以一定的结构方式互相联系,彼此渗透,构成完整而统一的美感心理过程。从人们所做的大量研究中可以看出,构成旅游审美体验的最主要的基石就是我们常说的感知、情感、联想和想象、理解等活动,它们之间的相互联系、相互依赖和相互作用是形成美感体验的源泉。

此外,旅游者在旅游审美体验中所体验到美的形态是多种多样的。产生于自然事物之上的美我们称之为自然美,存在于社会事物之中的美我们称之为社会美,而由人类对自然美和社会美进行加工并使之成为真、善、美的统一表现的,我们称之为艺术美。旅游者在旅游过程中,对这三种美的形态都会表现出浓厚的兴趣,它们由此而构成了旅游对象物中最具魅力的成分。

(一) 自然美

对于自然物与美的关系的问题,人们的认识一直是有所不同的。有人认为自然物本身存在着与人类无关的美的形式要素,如美的线条、色彩、形状、质地等,也有人认为自然的美只是人类主观意识投射的结果。人类对于自然物中包含的美的"材料"的认识呈现出明显的从无到有、由少而多、由粗糙而细腻、由单纯而丰富、由功利而超功利这样一个历史过程。在人类社会的幼年时期,人类看到美的世界之所以狭小粗糙,并非人类对自然物中美的领会能力因为无知而蛰伏起来,而是人类的社会实践还未能将人类自身充分解放出来,人类的生存还笼罩在令人恐惧的自然力量之下。这样,人类在以自身的力量改造自然的过程中不管是对力量和效果的评价上,还是由这个过程所培育的人类的整体意识上,都不具备整体地或人类赋予自然以美的意味的条件,这时,自然的美就不存在。此后,当人类进入到可以"寄托幸福生活和长生幻想的世界",那已经是积累了大量的人化的自然的时期。在这些人化的自然上面,人类开始对自身的力量有了自信,这种自信甚至可能使人类有了藐视尚远离其生活视野的自然的倾向。等到人类的足迹已经几乎无所不至,等到自然不再是神话的摇篮,不再是生活的背景,不再主要地作为寓意和象征的凭借,这时,自然就成了人类手中把玩的器物,自然本身的色彩、形体、线条、质地、姿态这些美的像素就独立地成为审美的对象了。这种变化不仅仅发生在"狭义的人化自然"上面,也扩及所有的自然物上面,这些自然物现在呈现着某种共同的类型的美,于是就有了"广义的人化自然"。由于有了这种广义的人化自然的过程,所以在今天,日月星辰、山色湖光、花鸟虫鱼、莽林旷野、高山流水、蓝天白云、猛禽野兽等才都纷纷成了人们观赏的对象。

所以我们认为,如果从整个人类社会的角度来说,自然美是人类社会整体发展的结果,不是先人类而存在的东西。是人类社会的发展或人类的社会化过程才赋予了自然以美的意味,而且这种美的意味仅仅对于人类才有意义,并且代代相因,渐有所积,最终成为在一定社会状态下为多数人所接受的类型的美。但是从另一方面来说,对于个体的人而言,自然美却是一种客观的存在,甚至成为人们认识美的源泉、临摹美的范本。由于每个人的社会化过程的差异,这种美又会有不同的形式和意义。这就是说,每个人在欣赏自然风物时,不仅不会全然抛弃(或脱离)社会的、或民族的、或文化的规则去发现或创造自然美,而且只有当个人心理与自然外物达到同形同构时才能体会到自然美的存在并欣赏它,并从这种体验中获得快乐。这个过程应该说是已经为审美发展史所证明了的。从这一点来说,今天的我们在谈论自然美时,总是肯定其客观性的。这种客观性虽然本意是指相对于个体的人类而言的,但也已经带有一般性。

现代旅游作为人类社会高度文明阶段的大众现象,就是主要以这种由人类所发展而又反过来外化于人类个体而存在的自然美为观赏对象的。对于旅游者来说,自然美是现代社会文化过程和城市化过程中难得保留下来的一片净土,因此也备受青睐。在后工业化社会中生活的人们极力想投身于尚未开发的地区度过一段与自然亲近的时光,其心理根源就在于对自然美的追求。在这种情况下,非洲草原、西藏雪域、热带雨林都成了现代人的趋之若鹜之地。自然山水作为旅游者观赏的对象,其内容是丰富多彩的。有展示生命力和丰富性的动植物之美,有能够表现造物主的造化之功的山川崖石之类形成的非生物之美,还有变幻不定的天象奇观。即使是同一旅游景观,在不同的时间里也会呈现不同的景象,这一点在我们阅读范仲淹的《岳阳楼记》之后,就有了至为深切的体会。

(二) 社会美

社会美是存在于人类社会生活中的美,是由社会生活的多层次、多侧面和复杂的内容结构所决定美的形态。首先,表现在人类改造自然和社会的实践过程中;其次,表现在实践活动的产品中,而人本身所体现的美更是社会美的核心。

从美的发展历程来看,社会美总是自然美形成和发展的基础或前奏。就是在社会美的形成过程中,自然得以直接或间接地人化,间接地人化自然的过程是通过类型自然的人化实现的,从而产生出自然美。与自然美相同的是,社会美也不直接是一种人类有目的的"美的作品",这是二者与艺术美相区别的关键。自然美与真相连,而社会美与善相关,二者相对于个体的人而言,均具有客观性、外在性。自然美以其真的形式令人愉悦,而社会美则以其善的形式令人愉悦。现代社会丰富多彩的社会生活,就是人们欣赏社会美的最好的画廊。尽管具有不同文化背景的人在欣赏不同社会状态下的社会美时会有不同程度甚至不同性质的愉悦体验,但异民族或异文化的奇特的社会美形态确已成为催动当今世界不同地域的人们走出家门的动力。这也是社会美成为当今旅游者重要的旅游目的的原因所在。中国作为拥有五千年文明史的伟大国度,在吸引西方旅游者的众多资源当中,能体现社会美的旅游资源几乎被列在首选的项目中。

(三) 艺术美

自然美和社会美都是现实的美,是客观存在的美的形态。它们虽然广阔、生动和丰富,但它们还不是依人所愿能达到集中、精粹和典型的程度,不能充分满足人们的审美的需要。因此,艺术美就为满足这种特殊的需要而历史地、必然地产生出来了。它是人类对现实美的全部感受、体验、理解的加工、提炼、熔铸和结晶,是人类对现实审美关系的集中表现,是艺术家创造性劳动的成果。由于这些原因,艺术美便成为满足人类审美需要的重要的审美对象,也是旅游者周游四方刻意追寻的对象。

艺术美的形式多种多样。绘画、雕塑、舞蹈、音乐、戏曲、诗歌等直接就是最典型的艺术形式,而园林、建筑、工程、器物、服饰等也是艺术美的载体。这些艺术形式在世界各地的标志性景观景点之中都有集中的体现。法国罗浮宫、美国大都会艺术博物馆、梵蒂冈博物馆、北京故宫博物院等,都是世界著名的汇集了艺术天地美精华的殿堂,因此,也是各国旅游者纷纷向往之地。

二、旅游交往体验

交往是人类社会的一种普遍现象。在日常生活当中,人们通过交往沟通感情,互通有无,并从交往当中获得个人心智的发展。交往在人类生活中的价值是如此重要,因此它也就成了许多学科研究的课题。由于研究的视角不同,便出现了对交往及其功能的不同理解。在人类学者看来,交往是神奇的生命世界的基本存在方式。作为"适者生存"原则的体现,交往伴随着生命进化的历程,通过植物性、振奋、相对、信号、符号、语言6个层次的递升,最终在劳动交往和语言交往中导致了人类社会的形成。文化学者则认为,人类历史上各种文化价值系统和其他信息形态是在多民族、多区域之间的文化交流、激荡和契合中形成的,又是通过交往渠道得以蔓延、扩散和协同。而在社会学者看来,纷繁复杂的人类社会是由各种社会关系耦合的网络系统,而交往正是联结社会之网中的个人与个人、个人与群体、群体与群体之间关系的桥梁,是促进人际关系和谐、保持社会稳定发展的强有力的纽带。

可见,交往对于人类来说如同布帛菽粟,不可或缺,甚至对于个体的人而言也是如此。离开了交往,人就没有机会参与社会化过程,这对于新生儿的智力发展将形成致命的障碍,而对于成人来说,也会导致智力退化和心理变态。所以,人类在其发展过程中总是自觉或不自觉地寻找着交往的机会,发展着交往的能力。在现代社会中,旅游就成了一种十分重要的交往方式。

从形式上看,旅游交往是旅游者与他人之间发生的一种暂时性的个人间的非正式平行交往。也就是说,旅游交往在时间上起始于旅游过程的开始,终止于旅游过程的结束,一般不会向这两极之外延伸,即使延伸,那不属于旅游交往,只能看作是旅游的准备或旅游交往的效应。在旅游交往期间,由于对象一般是脱离了原社会系统职能约束的平等的旅伴、交易者或东道国居民,所以,彼此的沟通多为平行的方式,并以感情上的沟通或物品交易为主要内容,当然也就没有组织规范的严格约束。这些形式上的特点是我们理解旅游交往的钥匙,同时也构成了我们预测旅游者行为的重要依据。

对于许多旅游者来说,他们不断地返回某个既定的旅游目的地的一个原因是他们已经与当地居民建立起一种关系,发展起一种友谊。他们日益成为当地社区的组成部分,哪怕为时很短。也许可以说,他们尽管不是来自目的地社区,但他们构成了社区的一部分。对于许多旅游者来说,最为惬意的事情就是与"当地人"谈天说地。在这种情况下,不难想象旅游者已经成为当地居民的朋友,这意味着他们可以在更为平等的基础上正式地参与到社区的某些事件中去。这就是克里斯·瑞安的"旅游者-朋友模式"中的最高境界。

三、旅游消费体验

从比较狭隘的意义上理解,消费是指人们消耗物质资料以满足其物质和文化生活需要的过程,即通常所指的生活消费。消费在人类生活中占据着重要的地位,它不仅是人类延续和发展的前提条件,也是决定人类众多活动的根本因素。在现代社会中,人们消费的对象通常都要通过交换来获得。因此,我们在这里所探讨的消费,也就自然是指个人对通过交换所获得的物质资料的消耗。

实际上,旅游消费与旅游者消费是不同的。如果把旅游者在旅游过程中所购买的物品和服务进行分解,就很容易看出,旅游者的消费在构成上是比较复杂的,包含了旅游消费的内容,而且它们在经济学意义上的差异也很值得注意。

（一）旅游者消费的情况

（1）旅游者购买的是旅游产品。这种旅游产品就是可以供人审美、寻求愉悦的核心旅游产品。

（2）旅游者购买的是与旅游相关的产品和服务。这些产品和服务有助于旅游活动的进行，也可能提高旅游体验的质量，但这些产品和服务给予消费者的利益属于对旅游产品核心利益的追加层次，这部分产品即通常意义上的旅游媒介型产品。

（3）旅游者购买的是非日常性的特殊商品。如纪念品、艺术品、特殊的家庭生活用品等，这些商品可以满足旅游者馈赠亲友、经济购物、玩味欣赏等需要，而这些需要一般是发生在旅游过程结束以后。

（4）旅游者购买的是作为满足旅游过程中的基本生活需要的一般消费品。这部分消费品的使用者可以是任何人，并可以在生活的任何时间和空间里使用，旅游者购买它们的目的也是为了满足其日常性的需要。

真正意义上的旅游消费实际上等价于旅游者对核心旅游产品的消费，也就是主要以购买可借以进入景区（点）进行观赏或娱乐的票证的方式消耗个人资金的过程。换言之，旅游消费是旅游者为达到愉悦的目的而购买和享用核心旅游产品的消费过程。

（二）旅游消费的特点

（1）旅游消费主要是一种心理体验过程。旅游消费成为实现旅游者寻求愉悦性休闲体验的手段。旅游者为了看到美丽的风景，尤其是为了身临其境仔细揣摩，就得花钱购买被当作产品开发出来的风光景点。这时，"风光"的拥有者是旅游产品的生产者。

由于旅游消费这种感觉消费或精神消费的特征，曾一度使人们产生一些片面的认识，忽略了旅游消费对旅游资源耗竭所应负有的责任。从理论上说，旅游消费确实不应该引起消费的对象物实体形态的任何改变或消耗，因为在旅游地旅游者"除了脚印什么也不留下，除了影像什么也没带走"。但实际上，伴随旅游者消费过程而发生的是旅游者随手丢下的废物，粗暴的足迹对植被的破坏，熙熙攘攘的身影和不绝于耳的嘈杂声对旅游环境的不良影响等，这些都对以环境为根基的旅游对象物的蚕食。所以，旅游消费虽然在本质上是精神消费，但旅游者在完成这种消费时的具体行为却对旅游消费的对象物本身及其存在环境有着实际的物质影响。

（2）旅游消费过程中的交换行为表现为旅游者通过支付货币而获得某种可以对消费对象作暂时观赏或使用的权利。在所有的商品交换过程中，交易的某一方通过失去某种东西而获得的都不外是对另一方所拥有的东西的所有权或使用权，后者意味着交易的一方暂时放弃而另一方暂时拥有对商品的使用权，但商品所有权的归属不做变更。旅游消费过程就属于后一种情况。旅游者在交易中失去的是对一定量货币的所有权，换得的是对旅游产品做暂时观赏（一种使用）的权利，而且这种权利被以信用形态体现在某种票券之上。

（3）旅游消费过程具有较强的自主参与性。旅游者在面对作为消费对象的旅游景观时，是借助高级感官对对象进行观赏，这种观赏带有几乎绝对的个人的性质，观赏的效果也决定于个人情感、意识和其他心理要素在这种特殊情境中的综合作用和交互反应。旅游者在整个消费过程中,需要身心的投入,而这种投入的方式和程度又完全是自决的。

(4) 由于旅游消费对象在空间上是固定的,因此旅游消费具有暂时性、异地性以及与生产的共时性的特点。

(5) 旅游消费的效果存在极大的个体差异。对于购买一般消费品的人们来说,由于商品的物化形态和实际效用的存在,决定了消费者对商品的评价具有一定的客观性,消费者对消费效果的评价也不会有太大的不同。但旅游消费则大不相同。虽然旅游者都买了同一张门票(旅游消费),进入了同一处景点,但看到的东西会截然不同,旅游者的心情很可能为一时一地一事一景所牵引和左右,直至不顾其余。所以我们常常看到,即使都同到一处旅游的人,回来后再谈起对旅游的感受,也竟然会有天壤之别。这就是由旅游消费的特点决定的。

(6) 旅游消费的对象常常是(但不总是)公益性的,而且在一定的限度内(比如在合理的旅游容量之内)不同旅游者对同一消费对象的消费并不完全地相互排斥,而是可以同时进行,这是与一般消费品的消费过程大不相同的。从这一点来说,不同的旅游者的旅游消费也具有共时性特点。

(7) 旅游消费的弹性在不同的时间前提下差异很大。在旅游者只是以潜在旅游者的身份存在着的时候,由于旅游消费是一种非基本生活消费,与个人的收入、产品的价格、个人的偏好、汇率的变动方向、客源地与目的地之间政治经济关系等因素有着密切的联系,这些因素的任何微妙的变化都可以改变人们对旅游消费的倾向和态度,从而成为阻止或推动旅游消费发生的巨大力量。因此,从这个角度看,旅游消费是高弹性的。但是,一旦旅游者身在旅途,旅游消费又呈现出明显的刚性。这是因为,旅游消费是旅游者全部消费结构中最基本的项目。这不仅表现在指向上的明确和不可变更,还表现在量的方面,那就是旅游者每到了一处向往很久的景点的门口(如长城、故宫),望着价目表,哪怕皱着眉头,最后基本不会折身而返。这便是旅游消费的刚性特点。而且,这种刚性特点还会表现在旅游者消费的内部构成上。也就是说,相对于旅游者的其他消费而言,旅游消费是刚性的。

第三节　学 会 旅 游

旅游是一种享受和愉悦,是在游览过程中通过体验在精神上和物质上得到某种满足。旅游是人类追求美与高尚生活的一种文化活动。随着人们生活水平的提高,对高质量的旅游活动需求也随之增加。要实现高质量的旅游,获取高质量的精神享受,我们应当学会旅游。完整旅游活动的基本过程是选景、观景、赏景与忆景,当您了解和掌握了这个基本过程,从中可以获得意想不到的感受。

一、选景——旅游的准备阶段

当人们背起行囊意欲远行时,首先考虑的是目的地。旅游不是盲从的,旅游是有目的的活动,选景是旅游的开端。选景是难而烦之事,且不说"众口难调",就是一个人去旅游,也必须要考虑目的地的气候、欲游览的景观、出行的方式、能够承受的费用等。

选景是一个不断判断和选择的过程,它没有固定的模式,每个人可以根据自身的爱好、身体状况、年龄等去选择,可以根据季节、路程、闲暇时间、经费等去选择,只要是符合自己实际能力的就是好的选择。

二、观景——旅游的游览阶段

"观"本身有游览的意思,观景是旅游过程中的体验和感受,人们通过视觉、嗅觉、听觉和肢体去感受自然和历史,人们常用"身临其境"来描述观景的过程。它是旅游活动的主体。观景是每一个旅游者都可以获得的享受。

观景要善于掌握方法,善于把握时机,善于感受和想象。一般而言,旅游景观的外在美学欣赏可分为形态美、色彩美、动态美、音感美等。

形态美包括景观的形象、结构、轮廓、线条。"横看成岭侧成峰,远近高低各不同",就是轮廓形象与视距视角变幻的结果。优美的形象会让旅游者流连忘返。

色彩美主要是由树木花草、江河湖海、烟岚云霞、景观建筑及在阳光作用下构成的,马克思曾说:"色彩的感觉在一般美感中是最大众化的形式。"色彩的变化、秩序、节律使色彩美感富有生命力,使得景物更具魅力。

动态美是由波涛、飞瀑、潮涌、云海流动产生的,它是景观的生气和活力所在。黄山云海、钱塘江潮、黄果树瀑布、三峡激流,都是各具形式的动态美。

音感美是形式各异的声音美,既有泉水叮咚、鸟语蝉鸣的诗情画意,又有细雨潇潇、水弦底语之委婉动人,也有如雷轰鸣、声震穹宇之激越豪情。

观景的过程就是从上述 4 个方面去观察、体验和感受。

三、赏景——旅游的享受阶段

《辞海》关于"赏"解释为"欣赏;赏识",孟浩然《夏日南亭怀辛大》诗云:"欲取鸣琴弹,恨无知音赏"。赏景是欣赏,是鉴赏,是一种比观景更高境界的享受。赏景由于旅游者的知识背景、文化修养、审美角度和年龄性别的差异,使旅游者欣赏的过程、内容、对象各异,从而人们欣赏的情绪、感受、理解和也各不相同。

有一篇散文《雨中西湖》。作者在描述雨中游览杭州西湖时,加入了在不同时段里自己对西湖的"雨"的理解与赏析。初到西湖时,文中写到"这里的湖光山色惊人地美。雨也解人地化作丝丝细雾,拂面来的时候只够沾湿眼睫毛。透过这薄纱的雨望去,新草是蒙蒙的绿,蔓延开去,湖边桥头,极目所至,都是这鼓鼓软软的氤氲。长条低垂的杨柳是湖边的临水照花人,含苞的花是淡淡的粉妆,这里的一丛一丛,一处一处,每一个角度都可以入诗入画。我就站在这字里行间,站在淡墨山水的落款处。"

当在"归程的船上,雨成珠连缀地洒下,吹过湖边的风也变得阴冷。这情状最合这一首:黑云翻墨未遮山,白雨跳珠乱入船……"

同是西湖的雨,同是一个赏析者,在不同的时间或许有不同的心情,文中的"雨"竟然差异这么大!

四、忆景——旅游的升华阶段

忆景是思索，是回味，是纪念。旧时人们通过笔墨纸砚记录和回忆旅游中难忘的事和景，于是有了《徐霞客游记》《马可·波罗游记》。自从产生了影像技术以后，忆景的方式多样、方便而快捷，于是有了电影《庐山恋》、电视《话说长江》，还有数不清的照片。无论是游记还是图片，人们都希望能将美好的景色和心情留下，以作永久的纪念。在无数忆景的记载中，唐朝诗人白居易的《忆江南》无疑是上品，让我们在此重温美丽的诗篇。

江南好，风景旧曾谙。日出江花红胜火，春来江水绿如蓝。能不忆江南？

江南忆，最忆是杭州。山寺月中寻桂子，郡亭枕上看潮头。何日更重游？

——白居易《忆江南》

这两首词描写江南春色、天堂杭州。前首总写江南美景，以色彩明丽取胜。那江边的红花在朝阳的映照下比火还要鲜亮。那江中的绿水在春天来时变得那么碧净，这就使"旧曾谙"和"能不忆"的江南风光得到了最典型、最生动的体现。开篇一个既浅切又圆活的"好"字，摄尽江南春色的种种佳处。同时，唯因"好"之已甚，方能"忆"之不休。

后首专忆名城杭州，以情怀悠然见长。在夜游山寺时寻觅月中飘落的桂子，在白天躺在郡亭内卧听声势浩大的钱塘江潮，这又使"最忆"和期盼"重游"有了最有力、最可人的支撑。

数个"忆"字既道出身在洛阳的作者对江南春色的无限怀念之情，又顿生出一种蓬蓬勃勃的韵致，把读者带入美不胜收的境界中。

2014年的春天，大街小巷的人们在唱着"时间都去哪儿了？"而对于热爱旅游的人来说，时间都是在选景、观景、赏景与忆景的过程中快乐、美好地度过的。

【拓展阅读】

旅游使人的成长更美好、更全面

旅游是社会经济发展到一定阶段的产物，是人们的一种社会实践、认知活动和需求体验，也是一种经济现象。人们为什么要旅游？这是一个有趣却难以回答的问题。但是可以肯定的是，人的需要是人们产生旅游兴趣和出游动机的源泉。

人的旅游需要大致可以分为三类：自然成长的需要、社会交流的需要和精神追求的需要。人的基本生存是水、空气、食物等必需的物质，而旅游作为人们心灵的润滑剂和成长的催化剂，是人享受高品质生活的标志性活动之一。旅游集旅行、教育、文化、休闲、愉悦、美食等多种体验于一身，不仅让人增长见识，而且是人们获得更多元、更丰富生命体验的重要载体。旅游活动可以帮助小朋友接触自然、了解社会，可以促进青少年德智体美劳全面发展，也可以满足成年人放松身心、快乐生活的追求。

寓教于旅，寓学于游，旅游是孩子成长的乐园。婴儿从呱呱落地起就对周围的事物充满好奇，随着一天天长大，孩子就像树苗一样，需要及时为其提供成长的养分。旅游就是补充人生"养分"的好办法,"寓教于旅,寓学于游"的教育理念,应当成为素质教育的新内容和新方式。"山水亦书也",旅游就像一本书,在家人的帮助下可以让小朋友走进自然、亲近社会、拓宽视野、丰富知识,加深与自然和文化的亲近感,增加对集体生活方式和社会公共道德的体验,同时培养对不同风土人情、自然面貌的好奇感,培养其探索求知的兴趣与爱好。家长们也都乐于以旅游的方式给茁壮成长的小朋友浇灌美育、自然、友谊的知识,让他们从小热爱家乡、亲人,爱惜粮食,爱护自然、环境,在旅游中树立起正确的世界观、人生观、价值观,扣好人生的第一颗扣子。

读万卷书,行万里路,旅游是青少年成长的大课堂。青少年是求知欲最旺盛的时期,是接受新观念、新知识、新事物的黄金时期。旅游可以让单一平面的课本知识转化为生动立体、丰富多元的人生体验,帮助青少年更好地认识自我,积极成长。中国传统文化历来提倡"纸上得来终觉浅,绝知此事要躬行"的成长方式,推崇"读万卷书,行万里路"的成长路径。尤其是研学旅行,对培养青少年的自理能力、创新精神和实践能力具有重要意义。它的基本特征是旅游目的明确、旅游计划周详、旅游过程有指导、旅游产品针对性强。组织者在开展研学旅游时,一般都会依据不同年龄段青少年的身心特点,结合兴趣爱好,对研学内容、时间、距离等进行充分考量并设计线路。如低年级学生身心发展尚未成熟,为了确保他们的安全,研学旅游的活动范围较小,目的地主要为周边场所;中学生的自理能力和求知欲望增强,研学旅行范围也随之扩大,甚至可以走出国门。这种轻松愉快的游学方式受到越来越多的学生和家长欢迎。

身心满足,收获幸福,旅游是伴人终身成长的新天地。随着年龄的增长,人们慢慢地积累了财富,也具备了更多自由支配时间的能力。当金钱、时间这两项旅游活动所需的客观要素得到有效保障时,更易激发人们的出游意愿,或许想去看看曾经憧憬过的大好河山,或许想实现曾经梦想过的美丽旅行,也可能想换个环境,体验一下独具特色的风土人情,那些年轻时候的梦想往往通过旅游来完成,从而弥补成长过程中的一些遗憾。随着人民生活水平的提高,中国居民的平均寿命越来越长,旅游越来越成为人们的生活必需品。有人选择到异地旅游,品尝当地的风味佳肴,以满足体验美食的需要;有人选择到空气清新、阳光明媚、气候宜人的地方旅游,以满足康养的需要;有人选择到凉爽的地方避暑,到温暖的地方避寒,以满足生活的需要等。出游的原因有多种,但通过旅游满足身心健康成长的目的却始终如一,毕竟世界那么大,大多数人还是想去看看。

如今,旅游已经不仅仅是经济发展的需要,更是满足人民日益增长的美好生活的需要、满足人们对自身可持续成长和发展的需要。旅游的学习性、成长性与发展性从来没有像今天这样重要,以至于旅游的内涵与外延需要再次得到调整、充实甚至重新定义。未来,旅游应当实现成长与体验、求知与休闲的融合,并将伴随人们终生,使人的成长和发展更美好、更全面。

资料来源:王昆欣.旅游使人的成长更美好更全面.学习强国,2021-04-02

【第九章复习思考题】

1. 什么是旅游需求和旅游体验？
2. 简述天然需要、社会需要、精神需要的特点。
3. 如何理解旅游审美体验、旅游交往体验、旅游消费体验？
4. 简述旅游前的准备阶段和旅游中的游览阶段。
5. 如何理解旅游的享受阶段和升华阶段？

参考文献

［1］郭胜,张红英,曹培培.旅游学概论［M］.4版.北京:高等教育出版社,2020.

［2］李天元.旅游学概论［M］.7版.天津:南开大学出版社,2014.

［3］王昆欣.旅游资源评价与开发［M］.北京:清华大学出版社,2010.

［4］狄保荣,魏凯.旅游职业道德［M］.北京:中国旅游出版社,2011.

［5］李洪波.旅游景区管理［M］.北京:机械工业出版社,2008.

［6］刘琼英,汪东亮.旅游学概论［M］.2版.桂林:广西师范大学出版社,2010.

［7］刘伟.旅游概论［M］.4版.北京:高等教育出版社,2019.

［8］刘敦荣,等.旅游商品学［M］.2版.天津:南开大学出版社,2005.

［9］谢彦君.基础旅游学［M］.4版.北京:商务印书馆,2015.

［10］彭顺生.世界旅游发展史［M］.2版.北京:中国旅游出版社,2017.

［11］吕佳颖,胡亮,黄欢.国际旅游业［M］.北京:清华大学出版社,2017.

［12］张北英,魏小安,魏诗华,等.中国旅游好案例［M］.北京:中国旅游出版社,2019.

［13］罗明义.旅游经济学［M］.北京:北京师范大学出版社,2009.

［14］陈家刚.中国旅游客源国概况［M］.2版.天津:南开大学出版社,2013.

［15］方叶林,黄震方,侯兵,等.中国入境游客周期波动特征及影响机理［J］.地理研究,2014,(10):1942–1955.

［16］唐弘久,保继刚.我国主要入境客源地游客的时空特征及影响因素［J］.经济地理,2018,(9):222–230.

［17］杨玉英,闫静,胡雨凯,等.中国入境旅游业功能定位与宏观驱动因素研究［J］.宏观经济研究,2020(2):131–139.

［18］宋瑞,金准,张玉静.世界旅游经济新趋势与中国发展新方略［J］.财经智库,2021.3(6):64–86,142.

［19］曾国军,蔡建东.中国旅游产业对国民经济的贡献研究［J］.旅游学刊,2012,27(5):23–31.

［20］余构雄,戴光全.基于《旅游学刊》关键词计量分析的旅游学科创新力及知识体系构建［J］.旅游学刊,2017,32(1):99–110.

［21］曹丽娜.浅析提升文明旅游的对策［J］.经济研究,2015,(26):65–66.

［22］李小健.旅游法诞生记［J］.中国人大,2013,(5):8–12.

［23］尹立杰,丁洁.基于游客体验的旅游景区质量提升策略研究——以南京灵谷寺旅游景区为例［J］.商业经济,2020,(12):114–115,116.

［24］贾慧.重庆市智慧旅游景区创新开发管理模式研究［J］.现代营销(经营版).2020,(12):56–57.

[25] 董续忠,赵丹,秦田田.中国旅游景区管理体制文献研究综述[J].旅游纵览(下半月),2016,(10):39-40.

[26] 刘婷.基于天河潭旅游景区实证分析的旅游景区管理体制研究[J].中国市场,2015,(35):216-218.

[27] 胡炜霞.周边环境与旅游景区和谐的调控机理探析——晋陕重点旅游景区例证[J].经济地理,2010,(4):682-687.

[28] 江怡欢.由旅游业发展趋势分析我国旅游管理体制改革[J].度假旅游,2018,(10):12-14.

[29] 孙颖.智慧旅游在旅游企业管理中的应用[J].城市地理,2016,(6):47.

[30] 李云霞.论旅游购物供给侧的结构优化[J].云南社会科学,2017,(6):69-72.

[31] 宋淑一.旅游景区礼品纪念品的开发[J].经营与管理,2008,(9):60-61.

[32] 管婧婧.国外美食与旅游研究述评——兼谈美食旅游概念泛化现象[J].旅游学刊,2012,(10):85-92.

[33] 张金山.对"十四五"时期构建国内旅游市场大循环格局的思考[N].中国旅游报,2021-01-27(3).

[34] 乔宁宁,陈建宝.宏观经济波动对我国入境旅游发展的影响分析[J].旅游学刊,2013,(2):44-51.

[35] 王昆欣.旅游使人的成长更美好更全面[N].学习强国,2021.

[36] Engel S,Pagiola S,Wunder S.Designing payments for environmental services in theory and practice:An overview of the issue[J].Ecological Economics,2008,65(4):663-674.

[37] Kroeger T.The quest for the "optimal" payment for environmental services program:Ambition meets reality,with useful lessons[J].Forest Policy & Economics,2013,37(3):65-74.

[38] 李小云,杨宇,刘毅.中国人地关系的历史演变过程及影响机制[J].地理研究,2018,(8):1495-1514.

[39] 苏芳,徐中民,尚海洋.可持续生计分析研究综述[J].地球科学进展,2009,24(1):61-69.

[40] Chambers R.Vulnerability,coping and policy(editorial introduction).IDS Bulletin,1989,20(2):1-7.

[41] Martha G R,杨国安.可持续发展研究方法国际进展——脆弱性分析方法与可持续生计方法比较[J].地理科学进展,2003,22(1):11-21.

[42] 孙九霞,保继刚.从缺失到凸显:社区参与旅游发展的研究脉络[J].旅游学刊,2006,2(7):63-68.

[43] 崔晓明.基于可持续生计框架的秦巴山区旅游与社区协同发展研究——以陕西安康市为例[D],西北大学,2018:23-46,79.

[44] 袁梁.生态补偿政策、生计资本对可持续生计的影响研究——以陕西秦巴生态功

能区为例[D].西北农林科技大学,2018:11-14.

[45] 童磊,郑珂,苏飞.生计脆弱性概念、分析框架与评价方法[J].地球科学进展,2020,(3):76-84.

[46] 李广东,邱道持,王利平,等.生计资产差异对农户耕地保护补偿模式选择的影响——渝西方山丘陵不同地带样点村的实证分析[J].地理学报,2012,67(4):504-515.

[47] 张佰林,杨庆媛,苏康传,等.基于生计视角的异质性农户转户退耕决策研究[J].地理科学进展,2013,32(2):170-180.

[48] 蒋依依,宋子千,张敏.旅游地生态补偿研究进展与展望[J].资源科学,2013,35(11):2194-2201.

[49] 李小云,董强,饶小龙,等.农户脆弱性分析方法及其本土化应用[J].中国农村经济,2007,(4):32-39.

[50] 汤青.可持续生计的研究现状及未来重点趋向[J].地球科学进展,2015,30(7):823-833.

[51] 何仁伟,刘邵权,陈国阶,等.中国农户可持续生计研究进展及趋向[J].地理科学进展,2013,32(4):657-670.

[52] 苏芳,宋妮妮,马静,等.生态脆弱区居民环境意识的影响因素研究——以甘肃省为例[J].干旱区资源与环境,2020,(5):9-14.

[53] 张一群,杨桂华.对旅游生态补偿内涵的思考[J].生态学杂志,2012,31(2):477-482.

[54] 丁士军.深度贫困地区的贫困特征与脱贫道路思考[J].人民论坛,2019,(19):48-54.

[55] 赵延东,罗家德.如何测量社会资本:一个经验研究综述[J].国外社会科学,2005,(2):18-24.

[56] 章铮.生态环境补偿费的若干基本问题[M].北京:中国环境科学出版社,1995:81-87.

[57] 庄国泰,高鹏,王学军.中国生态环境补偿费的理论与实践[J].中国环境科学,1995(6):413-418.

[58] 杨光梅,闵庆文,李文华,等.中国科学院地理科学与资源研究所.我国生态补偿研究中的科学问题[J].生态学报,2007,(10):4289-4300.

[59] 李文华,刘某承.关于中国生态补偿机制建设的几点思考[J].资源科学,2010,32(5):791-796.

郑重声明

高等教育出版社依法对本书享有专有出版权。任何未经许可的复制、销售行为均违反《中华人民共和国著作权法》，其行为人将承担相应的民事责任和行政责任；构成犯罪的，将被依法追究刑事责任。为了维护市场秩序，保护读者的合法权益，避免读者误用盗版书造成不良后果，我社将配合行政执法部门和司法机关对违法犯罪的单位和个人进行严厉打击。社会各界人士如发现上述侵权行为，希望及时举报，我社将奖励举报有功人员。

反盗版举报电话　（010）58581999　58582371
反盗版举报邮箱　dd@hep.com.cn
通信地址　北京市西城区德外大街4号　高等教育出版社法律事务部
邮政编码　100120

读者意见反馈

为收集对教材的意见建议，进一步完善教材编写并做好服务工作，读者可将对本教材的意见建议通过如下渠道反馈至我社。

咨询电话　400-810-0598
反馈邮箱　gjdzfwb@pub.hep.cn
通信地址　北京市朝阳区惠新东街4号富盛大厦1座
　　　　　高等教育出版社总编辑办公室
邮政编码　100029

责任编辑：张卫

高等教育出版社　高等职业教育出版事业部　综合分社
地　　址：北京市朝阳区惠新东街4号富盛大厦1座19层
邮　　编：100029
联系电话：(010)58582742
E-mail：zhangwei6@hep.com.cn
QQ：285674764
（申请配套教学资源请联系责任编辑）